KB235064

세상을 만든 부부

부부학 콘체르토

세상을 만든 부부

부부학 콘체르토

천광노 지음

이담
Books

서문

"네가 잘하지 왜 그랬어?!" 야단치면 딸이 울지요? 부부문제는 ①
행복하게 살거나 ② 마지못해 살거나 ③ 이혼하고 마느냐, 셋 중 하
나라고 생각합니다.

칼로 째고 소금을 탁 뿌릴 게 아니라 보듬어 안고 쓰다듬으며 부부
를 감싸는 천사를 만난다면, 누군가 그런 부부행복지킴이가 되어 준
다면 얼마나 좋을까요.

부부가 서로를 더욱 귀하게 여기며 사랑하고 살게 할 부부사랑 도
우미의 시대적 사명을 띠고 천사의 마음을 싣고 '신개념정신문화연
구시리즈'가 세상 모든 부부에게 『부부학 콘체르토』를 들고 찾아갑
니다.

잘사는 부부는 보다 더 행복하게 살기를 원하고 그러지 못한 부부
는 극단의 선택을 놓고 고민하다 누군가를 찾아 상담의 문을 두드리
게 되죠. 이때 천사를 만나야 합니다. 자칫 마귀를 만나 물어보면 가
정이 무너집니다.

그러나 진정으로 부부를 사랑하는 부부사랑도우미 천사를 만나기가 어렵습니다. 아무리 개성시대라지만 그냥 참고 살라는 말은 천사의 말이 아닙니다. 반대로 그러면서까지 살 필요가 없다며 갈라지라는 것도 천사의 말이 아닙니다. 도대체 천사의 말은 무엇이고 천사는 어디에 있을까요?

두 가지 사례가 있습니다. 개운하게 상담해 주는 스님이 계시는데 TV에도 자주 나와 부부 상담을 해오셨고 책도 펴내신 분에게 가자기에 따라 갔습니다. "남편이 본인이 원하는 대로 돼요, 안 돼요?" 스님이 물었습니다. "안 돼요." 하자 "예, 안 됩니다. 내가 바꾸고 맞춰 살아야 해요. 그게 다 전생의 내 업(카르마)입니다. 그러니 내가 수행해야 합니다"라고 스님이 친절하게 가르쳐 주었습니다.

묻고 답하고 상담을 마치고 돌아와 곰곰 생각해 보니 딱 갈라지든가 아니면 꾹 참고 살든가 아니면 내가 나를 부처님처럼 108배하고 닦아야 한다(수행)는 게 결론인데 세 가지가 모두 마음에 들지도 않고 쉬이 될 일도 아닙니다.

이혼 도장 찍을 거라면 고민할 게 없습니다. 뭐든 참고 살 수만 있어도 고심할 게 없습니다. 그렇다고 내가 나를 버리고 깨달아 부처님의 경지까지 바꾼다면야 또 고민할 게 없는 일입니다. 셋 다 말은 쉽지만 될 일이 아닙니다. 그럼 어쩌라는 거지요? 인간이란 원래 그런 거니까 스님처럼 출가를 해야 한단 말입니까? 이것도 천사의 말에는 미치지 못합니다.

또 다른 사람의 권유를 받아 교회에 가서 목사님께 안수기도를 받습니다. 남편이 무능하다, 습관도 나쁘다, 술 먹고 폭력까지 행사한다, 괜한 일에도 의심한다, 애들은 사춘기에 접어들었는데 잘못될까 걱정이다…… 자세히 듣더니 이제라도 교회에 나와 기도하라면서 같이 기도하자 하여 안수기도를 받고 돌아왔습니다.

천사는 새벽에 만난다는 말을 듣고 새벽기도도 나와 40일 작정기도도 했지만 "어떤 기도는 무응답이 응답입니다," "기도하는 즉시 받는 응답이 있고 어떤 기도는 1년, 3년, 10년 가야 받는 응답도 있습니다"라는 알아듣기 힘든 말을 들으면서 한 1년 다니다가 새벽기도도 나가지 않습니다. 무슨 방법이 없을까요?

이 책은 이런 분들을 찾아갑니다. 단, 처음에 말한 행복한 부부가 보다 더 행복해질 천사의 마음을 담은 책입니다. 상처 난 영혼을 나무라고 네 탓이라 하지 않고 오라 하여 감싸 안고 호호 불어주는 부부사랑도우미 천사의 『부부학 콘체르토』가 독자 여러분을 찾아갑니다.

참고 살지 않고 이혼도 않고 울지도 않으면서 가슴이 따뜻해지고 마음이 안정되는 천사의 품에 안겨 평안을 누릴 묘책은 세상에 없다는 분들은 이 책을 만나시기 바랍니다 네가 고쳐 살라는 말은 누구나 하는 말이지만, 아닙니다. 천사는 "내가 도와준다"고 말합니다. '안 된다, 어찌 돕느냐'는 투정은 사람의 말입니다. 사람도 착한 사람은 내가 도와준다 하지 너도 못하는데 내가 어떻게 푸느냐고 하지 않습니다.

예비부부, 신혼부부, 중년부부, 노년부부, 별거부부, 이혼한 부부,

다 끝난 파경부부에 이르기까지……

부부인생 전체를 감싸 아우를 최초의 부부교과서가 되어 보겠습니다.

혼자 선 듯한 세상…… 폐허의 광야……. 지금 힘겨운 부부가 많습니다. 그러나 "내가 천사다" 하고 사탄이 다가와 헷갈리게 하고 있습니다. 가짜가 호리고 꼬드겨 부부들이 시험에 든 에덴동산 같아요. 결국 그렇게 살 필요가 없다며 도장 찍고 헤어져라 속삭입니다. 부부에게 지혜와 사랑을 전해야 할 때입니다. 진정한 천사는 천상에서 내려오는 행복과 희망이 가득한 천사의 나팔만 불어줍니다.

어디도 씻을 곳이 없는 부부의 괴로움이 삭고 행복의 문을 열 열쇠가 없는 이들에게 찾아갑니다. 도와줄 교회를 찾습니까? 세상에 나를 도와줄 그 무엇은 원래 없으니 내가 풀고 내려놓아야 한다는 스님에게서도 답을 얻을 수 없다면 진정으로 부부를 돕는 부부사랑천사를 만나세요.

부부는 거래나 흥정의 대상이 아닙니다. 아내(남편)가 남편의 덕이나 보고 꼭 무엇인가를 받아 내자는 결합은 더더욱 아닙니다. 원초적 창조의 본능에 따른 욕망의 대상이 되어서도 안 될뿐더러, 어느 한쪽이 상대를 통해 삶에 무엇인가를 베풀고 받자는 흥정의 대상이 아니며, 부부는 부부만의 사랑을 주고받음에 있어 우주를 아우른 큰손이나 그가 보낸 천사로부터 보호받고 사랑받을 존재라는 그 무엇이 있다는 것이 이 책의 대 전제입니다.

아들딸 낳고 마주보고 웃으며 행복하게, 하늘과 땅이 축복하고 천지가 노래하며 반기는, 이게 바로 천지신명께서 이제 너희 두 사람 부부가 되었으니, 내가 할 게 아니라 둘이 하라고 시킨 대리 생명창조의 본분을 감당하면서, 그럼으로 인하여 행복하게 살라는 『부부학 콘체르토』의 원 뿌리가 될 것입니다. 이제 걱정하지 마세요.

길을 잘못 든 탓이고 만나지 못한 지혜 부족이며 거꾸로 사탄(세상만을 만났기 때문입니다. 희망을 덧입혀 주지 않고 절망과 낙심만 더하게 하는 세상의 잡다한 말들 전부 물리치십시오. 지구를 감쌀 순결·넉넉한 따뜻한 옷, 보자기, 사랑의 장막…… 부부에게만 있습니다. 보드랍습니다. 더러운 보자기 안 됩니다. 깨끗하고 따뜻하며 거룩하고 성결하며 곱고 아름다운 사랑의 보자기르 지구촌을 감쌀 속성과 속성의 신비로운 조화로 짝지어진 부부사랑의 신비로운 지혜를 모르십니까? 내 백성이 지혜가 없어 망한다는 성자의 말과 솔로몬의 지혜가 부부에게 있습니다.

부족한 이 작품을 출판해 주신 한국학술정보(주) 채종준 대표이사님을 비롯한 직원 여러분에게 감사드리면서, 천배 만배 알차고 복된 부부의 신비 지혜를 찾는 기회가 되십시오. 진정 부부를 돕는 천사의 사명으로 이 책을 바칩니다.

2012년 7월
저자 천광노

contents

/제1장 /

부부의 시작, 결혼

結婚論(결혼론)

차, 이제 드디어 그렇게도 원하던 부부로 맺어졌다. 한 몸 되어 가정을 꾸려, 위로는 부모와 조상님께 후손된 도리를 이제야 제대로 하게 될 출발지점에 오르게 된 것이며, 아래로는 다시금 부모가 되고 조상이 되는 하늘과 땅, 아니면 천지신명의 뜻을 따라 열매 맺을 온전한 인간이 완성된 것이다.

지금까지는 미완성이었다. 사람은 사람이로되 씨를 맺히지 못하는 반쪽 쭉정이에 다름없었다. 이제야 피어난 꽃이 꽃을 피운 목적을 이루게 된 것이다.

'얼마나 좋으냐? 얼마나 행복하냐?' 이렇게 물으면 유치하다? 격이 낮아? 그럼 무어라 물을까? 그래 묻지 않겠다. 말로 물을 수도 대답할 수도 없는 완성된 너와 너의 경이로움. 그래, 맞다. 부부가 되지 않은 사람은 말해도 모른다.

그간 둘이 만나 결혼하기까지는 줄여 말하지 못한다. 태어나 자라온 세월들, 수많은 사연과 과정이 있었고 산을 넘어오고 건너 온 수

많은 강도 있었다. 그런데 세상은 너무 넓다더니 좁기도 하였다. 바로 이 사람이 남편감으로 예비된 것이며, 아내로 자라 나를 만나려 기다리고 있었던 것이다.

태평양처럼 넓은 세상, 작은 한 마리 물고기와 다름없는 너와 네가 이렇게 부부로 만나다니. 70억 세계인 중 단 한 사람, 너와 네가 짝을 이룬 부부 선택 결정 비율은 35억 분의 1이다.

금이 어찌 이렇게 귀하고 다이아몬드를 어찌 이에 비할 것이냐. 땅속 열길 백길 파본들 나오는 금과 은과 비교도 하지 마라. 지구를 갈아 몽땅 가루 내어 찾아도 너는 거기에 없다. 지구보다 귀하고 더 값진 아내이며 남편이다.

잠깐,

지구를 값으로 따져본 이가 있단다. 그래서 돈으로 계산을 해보니 무려 541경 1,236조 원이라 하더라. 그럼 아내의 값은 억·조·경·해·자를 넘어 동그라미 16,100개를 붙여야 말이 되는 천양지차(이는 숫자를 일컫는 말임)라 할 때의 천양보다 더 크고 많다는 계산이니까, 동양에서는 더 이상 말이 없는 숫자 단어로서 항하사, 아승기, 나유타 불가사의로 이어진 다음 무량대수(1에 동그라미 68,100개를 붙인 수)보다 더 큰 것이라,

이제는 지구촌 전 세계에서 더는 말할 게 없는 구골 플렉스(googolplex)의 경지라 할 터, 1 뒤에 동그라미 101,000,000개를(1억 100개) 붙어야 구골 플렉스(googolplex)라 한다는데, 아니다. 아내와 남편은 거기에도 비교되지 않는 보배로운 만남이다.

동양에서 숫자를 말할 때는 '겁'을 친다. 억겁은 억이 억이라는 숫자를 이르는 말인데, 저자가 우스갯소리 하나를 생각해 보았다.

겁(劫)이 기겁(氣怯)을 하고 도망갔다는 이야기로서 이때의 겁이란 숫자를 말하는바, 바로 구글(Google)를 만나 쪽을 못 쓰고 기겁을 했다는 내용이다(Google=Googol로 접수하려다 오타가 발생하여 Google이 된 것임).

겁(億劫)이 겁 대가리도 없이 그레이엄 앞에서 나보다 큰 숫자 있으면 한번 나와 보라고 큰소리를 펑펑 쳤더란다. 그랬더니 멋도 모르고 항하사(恒河沙)가 튀어나와 여기 있다 하자 겁은 아승기(阿僧祇)를 시켜 네가 상대해 주라 했더란다.

항하사가 말하기를 나는 갠지스 강의 모래 숫자하고 같다고 하자 아승기가 웃기지마라 하자 물러갔다는데 아승기도 겁에 비하면 턱도 없는 숫자라는 것은 독자들도 알 것이다(참고: 조 다음의 숫자=경·해·자·양·구·간·정·재·극·항하사·아승기·나유타·불가사의·무량대수·겁·억겁……).

동양에서는 옷깃이 바위에 스쳐 닳아 없어지는 시간이라면서 겁을 최고 큰 숫자로 보지만도 이설(다른)이 분분한데, 구골 플렉스보다 크다는 서양의 숫자 그레이엄 수(Graham`s number)라고 하는 놈은 동그라미 1억 100개도 울고 갈 만큼 100조 개의 동그라미를 붙여야 한다는 말도 있는 등……. 허나 다 부질없는 말장난일 뿐이고 알 필요도 없지 않은가 싶어 그저 웃자고 한 말로 치부해도 된다.

하지만 저자가 객쩍은 농담이나 하고 웃자고 하는 개그콘서트를

중계할 이유는 없다. 생명이 태어났다고 하는 이 오묘한 이치—나아가 너와 너를 생명 재탄생을 위한 부부로 엮었다고 하는 사실은 그 어떤, 이런 숫자로도 그 깊은 이치를 설명하지 못할 정도로 존귀하다는 말을 하고자 함이다.

간단하게 부부라는 것은 누군가가 소개하여 만나 부부로 산다고 생각하면 편하기는 하다. 그러나 생명 탄생 그 자체 이상으로 '재생산+탄생'을 위해 만든 부부는 그 누군가라고 하는 그 사람이 태어난 것 자체까지 파고 들어가면, 1 뒤에 동그라미 100조 개를 붙여도 기계적이거나 우리의 두뇌로는 원리를 밝혀내지 못할 손길이 작용한 것만은 분명하다.

이에 쉽게 천생연분이라 하거나 인연이라 하고 넘어가면 간단키는 하다. 기독교는 이를 섭리라 하고 불교는 연이라 하는 말로 줄였지만, 그러나 저자는 진지하게 부부가 된 고귀함을 느끼자는 의도에서 숫자타령을 해본 것이다. 다시 말하지만 부부는 이 세상 그 어떤 만남과 비교되지 않고 수학이나 과학으로도 풀지 못할 손길이 지은 짝이다.

이렇게 귀하고 보배로운 내 아내와 남편은 어디서 왔는가. 지구에 그득한(70%) 바다에서, 넓고 넓다는 지구의 토지(30%)에서 몸의 70%는 물로 채우고 30%는 살과 뼈를 만든 것이라 함으로, 한 사람도 귀하기가 이러한데, 거기서도 다시 35억 사람 가운데 천생연분으로 너와 내가 만난 것이다.

그러나 우리가 알자. 지구에는 없는 것이 생명인자다. 몸은 지구에 있으나 생명인자는 지구에 없어 우주에서 왔다는 증거는 이미 확인

된 것, 간단한 인터넷 검색만으로도 증거를 본다.

생명체의 근원은 영국 BBC와 프랑스 대학연구원에서도 발표 하였다. 우주에 가득 찬 혜성에 존재하는 '아미노산 좌 돌기'로 구성되었다는 보도다. 그러니까 아내와 남편은 541경 1,236조원 이라는 지구보다 더 귀한 보배로운 선물이므로, 너와 내가 부부로 만난 것은 누군가의 소개나 중매는 몇억 분의 1 효과일지도 몰라 하나님이나 천지신명의 도우심이며 너희를 만들어 낸 조화다.

이 조화에 참여함에 있어 부모가 결정적 역할을 하였다. 그날 밤, 부부가 만일 싸웠더라면 너도 없고 나도 없다. 한번 떠난 버스를 놓칠 경우 영영 너는 출생 불가능이다. 그래서 부부는 낳아준 어머니와 길러준 아버지께 감사하고 효도해야 한다.

하늘과 땅과 우주가 하나로 연합하여 그렇게 하기로 정한 것이고, 이에 부모를 만나게 한 다음 부모가 사랑하여 너를 낳고, 그렇게 태어난 35억 그 중에 고르고 뽑아 너와 너, 이렇게 둘을 부부로 짝지어준 것이다. 부모, 남편, 아내. 하나님과 천지신경이 실망하지 않게 부디 잘 살아야 한다.

꼭 그렇게 살아야 할 진정한 의미는 많고도 크다. 그러나 가장 확실한 것부터 하나만 고르라면 반드시 "꼭 아들딸 낳고 행복하게 사는 것"이다.

독신주의 안타깝다. 가고 싶지만 시집장가 못가는 것 가슴 아프다. 늦더라도 꼭 가기는 가야 하고 부부 되어 가정은 꾸려야 한다. 부모님 가슴에 못 박지 않으려면 '직장+공부+돈'도 중요하지만 하여튼 장가부터 가고 일찍 시집을 가라.

늦게 가면 갈수록 부모는 애간장이 녹는다. 부모가 이렇거늘 천지 신명은? 부모보다 만 배는 더 애를 태운다. 허나 늦는 것을 뉘라서 어찌 막으랴. 부모가 일찍 세상을 떠나 아직은 나이가 어린데 어쩌겠는 가. 하지만 시집장가 못 보내고 죽는 부모의 눈은 어쩌면 시집장가 갈 때까지 썩지도 못할 것이다.

그런 저런 수많은 사연을 안고 드디어 이제 둘은 결혼식을 올린다. 결혼이란 무엇일까. 말 그대로 너희 남녀 두 사람이 하나로 묶이는 혼인할 혼(婚)이며 맺을 결(結), 결혼이다.

어디서, 어떻게 하는 것이 결혼일까. "예식장 웨딩홀에서 식순에 따라……" 맞나? 맞다. 세상이 많이 변했다. 결혼문화도 달라졌다. 좋 다. 일생에 한 번뿐인 기쁘고 즐거운 날, 무슨 경건이니 엄숙이니 하 는 말은 잠시 비켜라.

저자는 어제도 결혼예식 주례를 맡았다. 아쉽다는 말부터 해도 될까?

시작은 12시인데 시작부터 이벤트까지 총 25분 안에 마쳐달란다. 다음 예식이 1시부터이므로 얼른 마치고 홀을 비워 줘야 다음 예약 부부에게 폐를 끼치지 않을 터라서 아마 늦어도 30분 내로는 모두 끝 내 달라는 말로 들렸다.

글쎄다. 그런다고 다들 그렇게 딱 마치고 홀을 비울까. 그토록 신 신부탁 했으나 이벤트가 길어지고 사진 찍고 어쩌고 하다 보니 40분 50분까지 홀을 비워주지 않은 일도 있었을 것이다. 이 말은 특히 주례사를 짧게 해달라는 말이다.

몇 분하면 되느냐 하니 5분? 하여간 최대한 짧게 하셔야지 신부 측 축시가 있고 신부 친구들 축가와 신랑 측 축가, 그리고 이벤트와 케이크 절단식과 샴페인 터뜨릴 시간에 맞는다는 것이다.

나오는 웃음을 속에 구겨 넣고 참노라니 쉽게 멎지를 않지만 좋은 일에 왜 뒷사람에게 피해를 주면 되겠나 싶어 걱정 말라, 경험이 있어 분단위로 딱 하라는 대로 마친다 하고 났더니 홀 직원이 또 다가와 한다는 말, 주례사 3분 내로는 안 되시겠느냐 묻는다.

"3분?" 차마 아예 없애라고는 못하겠고, 4분만 하자 했다. 방송기자의 뉴스보도가 1분 30초니까. 대신 시간은 지킨다 하여 1분을 더 벌고 나니 어처구니가 없어 또 나오는 웃음 참느라 뱃속이 불편할 지경. 참…… 이런 너절한 말을 왜 하나.

결혼식이 도식화되고 형틀에 묶였다 하려는 것이고, 예식장이 주인공이고 혼주네 양사돈은 예식장 앞 하인처럼 시키는 대로 해야 하는, 아니면 잔칫날 뒷말듣기 십상이더란 말이다. 그러므로 신랑신부여! 예식 시간을 마지막에 잡아라. 뒤차가 빵빵거리고 들이받으려 하면 참 불편한 게 운전자다. 이건 시각이 아니라 분과 초각을 다투게 되어 정신이 너무 없다.

안정감이 없어서 엄숙함이나 경건함이란 휴지통에 들어갔다. 그래서 음식 값이 문제이기는 하나 호텔을 이용하는 심정 이해되나?

결국 신랑신부 행진까지 딱 24분 걸리고, 새 출발(퇴장)마치고 사진 찍으러 다시 오니 26분. 세상이 이렇게 달라진 결혼 풍속은 호랑이가 쫓아오는 것도 아닌데 신랑신부만 가엾다. 양가 혼주 내외분들 이 짧은 30분 마련하느라 얼마나 애썼나.

아무튼 이제 제1장 결혼론 분석연구에 들어간다. 우선 저자가 추천하는 결혼식장의 조건은 호텔의 경우는 2~4시간까지 사용하니 됐고, 예식장이라면 예식장 직원들이 퇴근시간에 마치는(끝) 시간을 피하되 다음으로 이어지는 예식은 없으면 좋다.

일본에서 결혼식에 참석한 적이 있다. 장소는 교회였으며, 호텔은 잘 모르나 풍속은 이러하였다.

이미 오래전(1989년)이라 오늘날은 잘 모르겠고, 과거 한국의 전통 결혼식처럼 여유로움이 인상적이다. 결혼식은 하루 종일 이어졌다. 하루를 계속한 이유는 일본인들은 한국과 달라 모두 바쁘게 사는 까닭에 오전에 오는 하객이 있고 오후에 오는 하객이 있고 밤에 오는 하객도 있어서 하객들이 그날 콩 튀듯 바쁜 한국의 현 예식문화와 달랐다.

과거 한국전통 결혼식도 그랬다. 초례청은 신랑에게 젓가락 대신 장작개비로 안주를 집어 먹도록 하여 웃기도 했으나 오래 걸리지는 않았지만 시간에는 쫓기지 않아 여유로웠다. 신랑이 신부의 집에 와 치른 결혼식은 사흘 밤 신방을 치러야 돌아갔는데 이게 좋다는 말은 아니다.

차일(대형텐트)로 마당을 뒤덮고 종일 손님을 받았다. 신부는 얼마나 힘들었는지…… 일본에서 본 그때의 결혼식은 또 달랐는데, 하객은 100명이고 300명 모두가 다 주례자처럼 꼭 덕담을 한다는 점이다. "오메테토~ 오메테토~" 하며 덕담에 이어 모두가 축가를 불러주고 신랑신부와 일일이 손을 잡으며 종일 계속되는 결혼식이 아닌 파티와 이벤트에 참석해 본 일이 있다.

역시 이렇게 하자는 말은 아니다. 우리는 지금 너무 바쁘고 정신이 없다는 말이다.

차라리 밤(저녁시간)이 낫다는 생각도 들고 실제로 그러는 예식도 있는데 성경으로는 밤이 하루의 시작이고 낮이 하루의 마지막이어서 (해가 지고 해가 뜨니 하루가 갔더라/ 창세기) 낮은 하루의 시작이 아니라 하루의 꼬리라는 해석도 참고하라.

결혼식의 주인공은 부부가 될 신랑신부다. 주인공은 신랑신부지만 예식의 중심 인도자는 주례다. 양가 모친이 화촉을 밝혀주고 내려가면 주례가 단상에 선다. 주례자를 바라보고 신랑이 입장하고 다가와 인사를 마치고 돌아서면 신부가 입장한다. 이렇게 시작한 예식은 말한 것처럼 번갯불에 콩 튀기기다. 더 이상 나열할 일은 없겠고, 그러면 이제 이런 결혼의 의미를 깊이 새겨보기로 하자.

막상 예식장에 선 부부나 양가는 식순에 따라 움직이기는 하지만 뭐가 뭔지, 결혼의 진실이 무엇인지 생각할 겨를이 없다. 그러므로 『부부학 콘체르토』는 그와 같은 현실 결혼문화어서 불가항력으로 생길 수밖에 없는 그 무엇인가를 정신문화적 측면에서 제1장을 통하여 글로나마 선명하게 규명하고 2장으로 이어감이 마땅하다 여겨 주례사에서 하지도, 할 수도 없는 연장선상의 효과와 더불어 더 유익한 결혼의 의미와 뜻을 바로 세우고자 한다.

먼저 나이가 들고 보니 결혼은 성인남녀가 하는 것이지만 저자가 볼 때는 아가들이 한다. 다 큰 것 같지만 나이 60이 되어도 90된 부모가 볼 때는 아가들이다.

애(청년)가 애를 낳지 어른이 애를 낳는 것도 아니다. 나이가 많아지면 난자피막이 두꺼워져 임신과 출산이 여의치 않고 기형아를 출산할 확률도 있다는 것은 생물학이다.

여성의 나이가 40세면 난자를 감싼 막이 두꺼워져 정자가 뚫고 들어가기가 어려워진다는 것이 밝혀진 사실이다만, 여성의 나이가 어릴수록 막이 얇아 임신이 잘된다는 이런 말 왜 하는지 알지?

나이 한 살이라도 젊을 때 시집가고 장가갈 이유는 말고도 많다. 아기를 낳는 것부터 수유의 문제로 죽 이어지는 아내와 남편, 그리고 부모로서의 기능은 젊을수록 아기에게 좋다.

더불어 부부의 부모(할아버지) 입장에서 보면 손자를 일찍 본다. 늦은 사람은 늦으면 어떠냐 하지만 불안하다. 감출 뿐이다. 팔자려니 하고 포기할 뿐이다.

아비 나이 70이 훌쩍 넘어서도 자식이 짝이 없음은 입맛이 쓰고 떫다. 다들 손자다 손녀다 재롱떠는 얘기들인데 몸은 늙고 병들어 가건만 자식이 그냥 있어보라 하면……. 이건 덕담이 아니다. 차라리 욕을 하는 것이 낫다.

이런 말은 신랑 신부가 아직 철이 없다는 뜻이다. 며느리나 사위나 키는 크고 인물은 훤칠한데, 젊으니까 싱싱하고 탱탱하기는 한데, 그런데 소견은 아직 어리다는 얘기다.

그러므로 맞이하는 신랑의 부모나 보내는 신부의 부모나 맞이하고 보내기는 해도 물가에 어린애를 보내는 것 같은 심정이다. 예쁘게 잘 살지, 싸우지나 않을지, 효도는 욕심이라도 불효소리는 듣지 않을지……

심지어 반찬은 고사하고 밥이라도 제대로 끓여 먹을지, 별별 것이 다 걱정인데 이게 걱정이 아닌 부모의 심정이며 사랑이다. "뭘 신경 써~ 알아서 잘하겠지 뭐." 말은 이렇게 해도 의붓아비나 의붓어미가 아니라면 속마음은 저자의 이 말이 틀리지 않을 것이다.

그러므로 부모 있는 집 아들딸이 좋은 것이다. 부모가 없는 집 아들딸은 이렇게 걱정해 주는 어른이 없다는 말인데 그것은 사랑해주고 보살펴 줄 울타리가 없다는 뜻이다. '이때 없으면 어때'라는 말 하지 마라. 있는 것이 좋다.

앞서 말한 것처럼, 부부란 하늘과 땅이 다 도와줘서 만난 것이다. 낳아 주고 길러준 것도 그렇지만 어떤 누군가가 잘 해보라 하고 소개도 한 것은 도와준 것이다. 신경을 써주는 사람 있고 없고의 차이는 무시해도 존재한다. 그러니까 부모한테 잘해야 한다는 말을 하는 것은 아니다.

그래서 결혼식에 하객으로 온 분들이 고마운 것이다. 부부는 하객들이 우리 부부를 알고 찾아와 모두가 행복하게 잘 살기를 마음으로 빌어주는 천사의 역할도 겸한 것을 알아야 한다. 그러나 하객들도 문제가 있다. 안 가볼 수도 없고, 축의금 때문에 오는 사람도 열에 하나는 아니겠으나 백의 하나는 있다. 억지로 오는 것이다. 돈이 아까운 것이다. 저자는 당연히 이게 할 말은 아닌 줄 안다. 선의를 비틀자는 말이 될 것이므로 글줄이 빠르게 나가지도 않는다. 실은 부탁의 말을 하고자 함이다.

가서 혼주 얼굴보고 봉투 줬으니 예식은 볼 게 뭐냐면서 바로 식당으로 가는 문제…… 이 문제도 오해하지 마라. 그로서 축하가 극진하거나 허술하다는 단정도 할 말이 아니다. 할 말은 신혼부부를 애정을 가지고 잘, 계속해서 지켜봐 달라는 부탁이다.

예식장에 하객으로 갔다면 마음속에서라도 절대로 "저애? 저애 싸가지 없어. 저애 아비가 저 때문에 똥줄이 빠지게 키웠는데도 철딱서니가 없어. 제대로 살려는지도 몰라. 이혼할지도 몰라"라는 말은 말자.

죄송하다. 저자가 욕먹을 각오하고 쓴 말이다. 이런 하객은 천 명에 한 명도 없어야 하는데, 몸은 왔고 봉투는 냈고 말은 축하한다고 했어도 마음속에는 비수의 날을 세운 허울 쓴 하객이라면 오지 않는 것이 축하하는 것이다.

다시 말해, 하객으로 왔으면 신랑신부가 가정을 이루고 사는 한평생 동안 따뜻하게 감싸고 부족함은 덮어주고 늘 잘되기를 빌어주며 (돈 드는 것도 아니니까), 설사 부부가 돈을 잘 못 벌더라도 말로라도 "잘 버는 날이 오겠지. 올 것이다. 올 때 됐다." 이렇게 기를 돋우어 주겠다는 진실한 마음으로 오라는 것이다.

현실은 물론 모두 진정으로 축하하는 하객이다. 그러나 한 마리 미꾸라지가 물을 흐리는 것이다. 새롭게 새 가정을 이루는 마당에 기껏 다녀와서 한다는 말이 "신부가 못생겼어" 이런 말이나 던진다는 것은 '신개념정신문화연구시리즈' 『부부학 콘체르토』 저자로서는 용서되지 않는다.

부부 당사자에게는 불필요한 말인가? 부부도 하객으로 갈 일이 많으니까, 어린 부부는 험도 많은 법이니까, 출발부터 부부는 진정한 결혼축하 정신의 본질을 명심하라는 의미다.

주례는 요즘 주로 은사님들이 한다. 여기서 피하라 하고 싶은 인물 첫째는 죄송하지만 정치인이다. 법상 정치인은 주례를 서는 것도 규제를 할 정도다. 왜 피할 주례자 1위에 정치인을 놓느냐에 대하여 꼭 정치인이 아니라도 은사라거나 일가라 한다면 예외라는 점 밝히면서, 상업목적을 넘어 정치적 표 계산에 예민한 정치인은 직업본능에 의하여 축하보다 표, 하객까지도 표 계산의 눈으로 본다는 데서 아주 미미하던 아니든 정치인의 주례는 특별한 관계 아무리 강조하여도 부모나 당사자(신랑신부)와 정치인이 아닌 개인적 친분이 아니라면 피함이 좋다. 그럼 가장 바람직한 주례자는 누구일까.

저자는 일가친척 어른으로 본다. 좀 미숙해도 큰아버지도 좋다. 할아버지의 벗님도 좋다. 막말 같지만 부모나 조부가 주례 선다고 문제 있는가? 안 되는가? 중이 제 머리 깎느냐는 차원에서는 아닌 줄 안다. 그럼에도 이렇게 말함은 정신문화적 측면에서 볼 때 주례자가 인기나 돈이나 혹은 설명하기 어려운 계산에 의해 모시고 서는 것은 본질에서 멀다는 뜻이다.

예식장과 연을 맺어 지금은 아예 주례업자가 있기도 한데, 아무도 서줄 사람이 없을 경우라면 그럴 것이나 5만 원 10만 원 돈 주고 서는 직업주례인도 예외는 있으나 아니다.

진정 하고자 하는 말은 이제부터다 결혼하는 신랑신부를 진실로 아끼고 사랑하여 내 자식처럼, 조카처럼, 진정 축복할 마음이 풍부한 사람이 최적 주례자라는 말을 하려 함이다.

잘 알지도 못하는 사람, 나중에 보니 주례를 본 선생이 비자금이나 받아먹고, 알고 보니 행실이 부적절하여 내연녀와 어쩌고 하는 구설수에라도 오를 인물이라면 주례를 물릴 수도 없고 빌어준 축복이 쪽박난다.

그러므로 주례자는 깨끗한 사람이 좋다. 불륜이나 저지르고, 춤이나 추고, 노름이나 즐기고, 거짓말이 입에 배고, 장사는 원래 그런 것이라며 술수와 교묘한 재주가 발달한 사람은 피하라는 것이다. 그는 혀만 나불거릴 뿐 그런 이가 빌어주고 인도한 주례는 안 보이는 천지신명의 심기를 거슬러 부부가 복을 받는 데 지장이 있다.

청빈하고 과욕을 멀리하여 좋은 주례자의 으뜸은 각자의 종교지도자를 1등으로 칠 터인데 본서는 종교서적이 아닌 모든 사람을 대상으로 쓰는 까닭에 종교성도 간과하고 하는 말이다.

주례자는 덕망이 있어야 좋다. 그의 돈을 보거나 그의 지위를 보지 마라. 그의 인격을 보고 그의 양심을 보며 그의 가정을 보고 그가 키운 자식을 잘 보고 모시는 것이 좋다. 결혼은 한 지붕 한방 한 이불 속으로 들어간다는 의식이자 선포다.

서로 만나 밤이 되면 헤어지던 어제가 가고 오늘부터는 밤이 되어도 헤어지지 않고 몸과 마음이 합쳐지는 절차다. 이때 몸만 한집에 들어가는 부부가 있을까마는, 마음, 즉 정신, 얼과 넋, 영혼이 하나가 된다는 말은 무리일지라도 영혼과 육신이 하나 되는 부부의 시작이라는 것은 분명하다. 그러므로 결혼하면 이러하여야 한다.

첫째는 부부결합이자 가족결합이며 남남 사돈 간의 결합이다. 결합의 인자는 둘이 서로 사랑함이다. 이때 사랑에는 책임이 따른 다는 말을 강조한다. 남녀 간의 사랑 아름답고 귀하다. 그러나 결혼하는 부부도 사랑에 대해 이해의 깊이가 낮기 쉽다. 부부가 결혼하는 심장이며 혈액이요 뼈라고 할 이 사랑은 둘만의 사랑이다. 다른 누군가를 그것도 이성을 남녀 간 오가는 사랑의 마음으로 사랑하면 그 결혼은 성사되지 않았을 것이다.

오직 아내만을, 오직 남편만을 사랑하는 사랑이어야 한다는 것이다. 당연히 태어나게 될 자녀들과는 부모의 사랑이 이어지게 될 것이므로 부부의 사랑은 부모자식 간의 사랑을 만들어내는 원인이 될 것이다.

이때 남편의 (시)부모는 '사랑하는 것'이 아니라 '모시는 것'이라고 함이 옳다. 시집온 아내만이 아니라 장가든 남편도 이제부터는 부모 그늘을 벗고 반대로 부모에게 그늘이 된다는 것이 결혼이다. 결혼해서도 부모를 의지하려 한다면 정신자세가 틀린 것인데 그러나 부모는 세상을 떠나는 날까지 스스로 그늘이 되고 언덕이 되는 것을 놓지 않는다.

하여 부모는 여상하게 자식(부부)을 사랑하나 자녀(부부)는 이제부터 사랑이 아니고 모시는 일에 들어서는 것이 결혼이다.

꼭 한집에 같이 살라는 말은 아니고, 마찬가지로 신부의 부모도 역시 모신다.

이제부터는 응석받이 딸이 아니라 효도하는 딸이어야 한다. 시부모에게는 효도가 아니라 모심이며, 친정·처가부모에게는 효도다. 지금까지는 "엄마 아빠 사랑해요~" 했으나 이제는 "잘 모실 게요"라든가 아니면 "효도할게요" 함이 옳다. 양가의 형제자매와의 관계는 우애다. 형제간의 관계가 나쁘면 부부가 불편하고 불화의 원인도 된다.

이제부터는 내가 아니라 우리가 되었고 한줄 외가닥에서 다줄 그물망 네트워크가 짜진 것이다. 부부는 이를 위해 몇 가지 기본이 있다.

첫째는 정직해야 한다. 정직이 아니면 믿음이 무너진다. 신뢰붕괴와 더불어 권위가 무너지고 애정이 식어버린다. 결혼이란 애정 관리자로 올라가는 것이며 애정을 관리감독을 받는 자리로 내려오는 동시행위다. 정직함의 기준점은 동시에 펴내는 생각학 중에서 간단하게 선별하여 말하면 양심에 부끄럽지 않은 '3떳'이다.

둘째라고 할 3떳이란 ① 아내에게 떳떳하게, ② 자식에게 떳떳하게, ③ 부모와 가문(양쪽 일가친척) 앞에 떳떳한 말과 행동과 양심을 채우는 것이다.

결혼할 남녀, 결혼하는 신랑신부, 이미 결혼한 신혼부부, 10년 20, 30년차 모든 부부들 축하하고 축복한다.

이 책 『부부학 콘체르토』로 만난 저자는 직접 대면은 못하나 곁에 있다. 늘 지켜보며 관심가지고 부부를 지키는 천사처럼 글로나마 진심을 표하며 항상 변치 않으려 하는 마음이다. 이 마음이 변하면 앞서 말한 주례자가 나중에 어떻더라고 한 그 짝이 난다는 점 명심하고 한 말이다.

그런데 여기서 짧게라도 한마디 할까 말까 망설인 것 하나. 바로 부부의 길은 험산준령 굽기도 하고 가파르며 때로는 골도 깊은 첩첩산중도 만난다는 말이다.

잘된 밥에 초치자는 말로 들을까 하나 사실이 그런 것을 어찌 아니라거나 모른 척하리. 하여 정직에 이어 서로 감싸고 부족함을 덮으며 고비가 오거든 숨을 돌리며 숨차게 몰아치지 말고 모쪼록 물 흐르듯 유순하게 살라는 것이다.

또 세월은 간다는 것도 있다. 결혼 30년차가 되면 시부모가 되고 장인장모가 될 것이라는 사실 자명하며 이상하리만치 길지도 않다는 것이다. 부모도 연륜에 따라 달라진다. 육아부모로부터 시작하여 학부모를 지나 시부모가 되고 깜짝 사이에 조부모가 된다.

이렇게 먼 장거리길, 까마득하게 보이는 조부모가 될 날이 시작되었다. 무슨 소리를 하고자 함일까. 바로 날마다 달마다, 해해년년 부부의 정(사랑) 관리를 잘해서, 갈수록 다정한 부부로 살라는 말이다.

이에 저자는 유익한 것이 『부부학 콘체르토』라는 뜻에서 이제 연하여 제2장으로 간다. 세대별 부부관련 글, 20대 부부, 30대 부부, 40대 부부, 50대 부부, 60대 부부, 70대 부부, 80대 부부, 영원한 부부 등은 말미 제14장에서 제20장까지 쓴다.

/제2장/

부부 원론

부부 사이(사이論)

부부를 말하려면 인간의 근원부터 생각하게 된다. 인간은 어디서 왔으며 어떻게 태어났는가를 연구한 학문의 정답은 '種(종)의 기원(起源)'을 쓴 다윈의 말이 맞게 들리기도 하나, 불교가 말한 윤회설과 같은 말인지 다른 말인지 잘라 말하기 어렵다.

그렇다고 윤회설이나 성경의 창조설과 과학의 진화설 쪽으로 펼쳐 들어간다면 더 어려워지고도 본간에서 이탈될 소지가 많다.

하지만 또렷하게 알고 단정해 말할 수 있는 것은 부모가 나를 낳았다는 것이며, 그러므로 부부가 된 부모로부터 내가 왔고 부부로 만난 부모의 생산(출생)원인 행위로부터 시작되었다는 것이다.

그러나 이 정도로서 곧 『부부학 콘체르토』에 접어들기에는 명료·선명·석연치 못하다. 동시에 무한대로 가로막아 연구(묵상)를 방해하는 요소들은 "그럴 필요가 없다"는 쪽에 기울어 포기하게 만든다.

그럴 필요가 없다는 것은 도저히 알 수도 없고 알지도 못하는 문제로 왜 신경 쓰느냐는 얘기다. "그냥 밭이나 먹어라" 하거나, "쓸데없는 데다 신경 쓸 시간 있거든 잠이나 자라" 하고 말게 된다. 부부문제는 늘 이렇게 뒷전으로 밀려왔다. 이래서는 부부연구가 안 된다.

『부부학』은 누군가가 고심하고 연구해야 한다. 밀쳐두기를 계속한다면 부부는 정답이 없어 골 아파 풀지 못할 관계에서 더 나가지 못한다.

그러면(더 나가지 못하면) 결론은 인간과 동물의 차이가 없다는 것이며, 그로서 부부는 완전함보다 불완전함에서 벗어나지 못해 결과적으로 사랑의 대상이자 동시에 미움의 대상이 되어 좋아질 길이 막히거나 아예 사이가 더 나빠진다.

먼저 '사이'란 말을 음미해보자. 사이를 영어로 쓰면 '갭(gap)', 또는 '스페이스(space)'이며 이를 한자로 쓰면 '사이 간(間)'이다. 일본말에서는 'あいだ'라 하는데 저자가 볼 때 어느 나라 말도 정확하지 못하여 새로운 매듭을 지어야 하겠다.

우리 한국어에서의 사이란 "(일정한 어느) 한 곳에서 다른 곳까지의 거리", 또는 "(사람 포함) 하나의 물체에서 다른 물체까지의 공간"이라는 말이 사전적 풀이지만 많이 부족하다. 사이의 진정 바른 이해는 정신문화연구시리즈에서 보는 사이로서 이는 '물리적 사이와 혼합된 정신적 사이를 포함'한다. 너와 나, 남자와 여자, 신랑 신부는 분명 개별 각체다.

이 객체를 결혼이라는 절차를 거쳐 물리적 공간을 조이고 밀착시켜(하여)주어 한 지붕 한 이불 속, 같은 침대에서 살게 한다. 이로서 사이는 먼 곳에서 가까운 곳, 더 이상 가까울 방도(여백·한계)가 없는 한 몸이 되어 살게 함으로써 진정한 물리적 부부란 동침·동거보다 동체가 되도록 하는데, 이는 성생활로 정의하면 된다.

부부가 성관계를 기피하면 진정 완전한 부부가 아니다. 먼 곳에서 가까운 옆집 이웃으로 이사만 와서는 부부가 아니다. 반드시 한 지붕 아래까지 와야 하고 각자 방을 나누어 쓰(자)지 않으며 각기 다른 이 부자리를 덮고 자지도 말아야 온전한 부부다.

또 있다. 막상 한 이불 덮고 같은 침대에서 잠을 자도 완전한 부부가 되지 못하는 부부도 있는데 부부는 반드시 성생활이 수반되어야만 부부라고 할 수 있다.

그러나 혹 성생활을 거부하는 부부도 있으니 이는 당시 그때만은 부부는 부부지만 정신문화연구시리즈에서 말하는 부부에는 이르지 못한다. 한쪽의 성행위 요청을 거부하면 이는 거부하는 그 순간만은 부부 자체까지를 거부한 것이다.

물론 같이 사니까, 잠은 같이 자니까, 그래도 분명 물리적 부부는 부부다. 그러나 좀 더 들어가 더 나아 가노라면 성행위를 하여도 실체가 빈 부부가 있다. 중요하다 해도 될 만큼 부부는 '정신적으로 몸과 함께 마음도 하나가 되어야 한다'라는 것이 『부부학 콘체르토』이다.

문제는 이를 어떤 기준으로 이해하느냐고 하는 것인데, 쉽게 마음이 하나 되라는 말마저도 불완전한 말이다. 그러니까 이런 문제를 알자는 것이 『부부학 콘체르토』이다. 그렇다면 마음이란 또 무엇이고 하나란 또 어떤 것인가?

정신문화연구시리즈 제1권 '생각학'은 생각이 나 자신이라는 말을 하였다. 여기서 말하는 마음이라는 것은 부족하나마 우선은 생각이 무엇이냐로 정한다. 생각은 불완전하여 무한 변하는 것이라는 말은 생각학에서 한 말이므로 생략하고, 단 마음은 생각에서 만들어진다는 것이며, 여기서는 생각이란 나의 의지로 바꾸어지고 만들어지고 결정하여 마음이 된다는 정도만 짚는다.

몸이 하나가 되는 물리적 부부와 정신문화에서 말하는 마음이 하나가 된 부부에서 군이 상하·선후를 정하라면 몸보다 생각이 먼저다.
생각은 여러 가지여서 『부부학 콘체르토』에서 말하는 생각이 있고 후일 펴내게 될 '사랑학'에서 말하려 하는 감성선에 의한 사랑의 마음도 있으나 지금은 부부의 마음에 관한 것이다.
부부는 부부에게 맞는 마음이 정해져 자리 잡아 견고해야 하고 그로서 몸이 하나 되어야 하며, 따라서 다시 마음이 부부다워야 온전한 부부라 할 수 있다.

부부의 절대요소에 속하는 육체의 결합 및 마음의 결합은 '사이'를 형성한다. 사이란 물리적 공간개념과 더불어 감성적 정신개념이 同在(동재)한 形而上學(형이상학)과 形而下學(형이하학)의 혼재물이다.
보이지 않는 사이의 성분은 그 수가 많아 정하여 말하지도 못 박지도 못한다. 이를 단순 쉽게 말하면 '느낌'이다. 척보면 상대를 알게 되는 이 느낌은 직감이나 육감이라고도 하는데 아무리 감추려 해도 사이를 형성한 물질과 성분은 이를 분출하고 방출하여 막지 못한다. 그러므로 부부 사이란 이와 같은 사이에 존재하는 모든 것을 이르는 말이다.
사이가 '좋다, 나쁘다'로 양분되며 이 사이(부부)는 관리를 필요로 한다. 그렇다면 이제 수많은 관리 가운데 부부 사이 관리란 무엇이며 어떻게 하면 천지신명이 허락하고 부모가 낳아 지어준 짝과 행복하며 부부 된바 마땅한 도리를 구현해 낼 것인가? 바로 이것이 『부부학 콘체르토』이다.

한마디로 말하기 어려우므로 그래서 『부부학 콘체르토』가 필요한 것이다. 단답형으로 할 수도 없지만 해서도 안 되는(부족한) 것이 부부 사이 관리기술이며 부부 처신에 대한 연구이기도 하다.

필시 모두가 인정하는 정답을 내지는 못할 것이다. 그럼에도 이 책을 내고 『부부학 콘체르토』를 세우려 하는 것은 일단 문제를 문제로 인식하여 접근할 자세를 갖자는 것이다. 훗날 누군가가 이 책을 다시 쓰고 저자를 향해 틀렸다 아니다 하는 등 거역하면 이 책의 저작 목적은 성공했다 할 것이다.

다시 처음으로 돌아가, 『부부학 콘체르토』에서 말하려는 부부는 동거·동침·성교이며, 동시에 마음이 하나여야 한다는 것이 곧 정신문화 측면에서 온전한 부부라는 점 또 짚는다.

앞서도 말했지만 이 점은 참 어려운 말이다. 어쩌면 마음이 완벽한 하나로 영원함이란 있을 수 없어 남녀란 태생적 생물·생리적으로 같은 마음은 불가능이며 그러기에 아내고 남편이며 그래서 남자와 여자만이 결혼하게 된다고 할 정도다.

가령 같은 돌출 양성성기를 가진 남자와 남자, 반대로 같은 음성성기구조를 가진 여자와 여자가 결혼한다 함은 물리적으로 한 몸을 이루지 못한다. 음과 양은 凹凸(요철)과도 같아 피차 톱니처럼 완벽하게 서로 맞물려 돌아가야지, 둘 다 철(凸)이면 둘 다 망가진다.

양과 양은 모두 튀어나와 겉돌게 마련이라 이는 순응이 아니라 거부·충돌이며 그래서는 부부가 될 수 없으므로 아무리 둘을 혼인신고 시키고 법적으로 부부라 인정하여도 우선은 물리적 부부가 아니다. 요(凹)의 경우도 마찬가지다.

둘 다 움푹 패이면 물리적으로 하나를 이루지 못한다. 그러함에도 법으로 동성애가 허락되어 문서상 부부라 하자고 하던데 그럴 경우 그들은 물리적으로는 부부가 되지 않았다. 이때 정신적인 부부라는 측면은 부부라고 인정하느냐 아니냐의 문제는 곧 말하게 될 것인데 먼저 밝히면 '아니다'이다. 과연 물리적으로는 부부가 안 돼도 정신적 부부의 결합상 자격은 있다고 보나?

이때 꼭 알아야 할 것은, 정신적 부부는 반드시 물리적 부부를 바탕으로 하지 않으면 존재가 없다는 점이다. 1층이 없는 2층이 존재하지 못하는 이치가 부부다.

부부의 선택은 선견 각자의 몫이며 법이 말하는 부부는 법절차에 맞기만 하면 된다. 그러나 정신문화적 측면에서 인정하는 부부는 물리적 부부를 전제하지 않으면 존재를 인정하지 않아 그들은 법상 부부라 하여도 부부가 아닌 벗·친구·지인·동거자일 뿐이다.

백합화의 두텁고 깊은 꽃잎 깊은 곳에 꿀이 있다면 벌과 나비가 아닌 같은 백합화 사이에서는 역할을 할 필요도 없고 할 수도 없는 것과 같다.

부부의 정신적 하나라 함은 물리적 결합이 가능한 후에 가서 생활 측면이나 사회학적 측면에서의 하나가 아니라 이는 오직 남녀 간 가운데서도 부부간만이 갖는 부부사랑에만 국한한다.

부부는 사랑이라고 말하는 오묘한 정신작용어 의하여 물리적 부부의 미비함을 채워야만 둘이 하나가 된다. 몸 따로 마음 따로라고 하면 외양은 부부이나 불안정한 부부이며 부부로서의 도리를 하지 못하는 미완성 부부다.

보다 중요한 것은 부부가 존재하는 목적, 이유다. 이때 최고의 가치는 생산이다. 이를 거부하는 것은 '부부 거브 부부'다.

이렇게 말하면 꼭 부부가 자식을 낳고 살아야 부부냐고 할 수도 있는데 그 말도 얼핏 맞게는 들린다. 그러나 일부러 자식을 낳지 않는다면 그것은 자유의사지만 본분이나 원론에서는 거역이다. 누구에게 거역인가. 부부간 상대에게 거역이며 부모와 천지신명에 대한 거역이며 자연법칙에도 거역하는 것이다. 물론 자식을 갖고자 해도 맺히지 않는다면 경우가 다르다.

부부 사이 관리에서 첫째로 보는 각도는 각각 다를 수 있다. 그러나 순위에서 1위이나 꼭 1위가 아니어도 반드시 포함된 것은 생산이다.

생산하지 못하는 부부를 꾸짖자는 말이 아니라 생산을 거부하는 부부가 있다면 그 부부는 잘못됐다는 말을 하고자 함이다. 많이 낳았으니 그만 낳겠다는 차원에서의 출산중지는 경우가 다르나 한 명도 낳지 않겠다고 의도적으로 임신을 피하는 것은 출산시기조절 등 정당한 사유가 있는 경우가 아니고 평생이라 한다면 이 또한 자유선택이기는 하나 원리에는 어긋나다는 말을 하는 것이다.

부부는 자연현상처럼 씨를 맺히고 생명의 연속성에 대한 책무가 있다. 내가 내 마음대로라고 한다면 향후 연하여 발행하려고 하는 이 신개념정신문화연구시리즈 수십 권을 모두 읽어야 정답이 나온다.

왜 부부는 꼭 자녀를 낳고 길러야 하는가. 그것이 자연의 법칙이며 그런 법칙에 의해 태어난 자의 의무이기 때문이다. 이를 자연법칙의 측면 및 창조설에 의한 성경을 기준으로 짚어보면 이러하다.

먼저 자연 법칙적 측면에서 보는 출산의 당위성이다. 우주 만물은 생성(출생)과 생장(성장)과 소멸(죽음)을 반복한다. 이때 나는 생성은 되었고 생장은 잘되었으므로 나로 인한 2차 생성은 싫다고 거부한다면 자연마저 종말을 맞게 되어 멸절된다.

나무가 씨를 맺지 않으면 산에 산림이 사라지고, 바다의 물고기가 알을 낳지 않으면 물고기는 없어진다. 풀 한 포기도 줄기와 뿌리를 통하여 열매를 맺어 후손을 재생산하고, 거대한 암석도 자기 몸을 부수어 모래를 만들고 점토를 만든다.

자연의 이치는 낳고 살고 죽는 것의 반복이다. 들짐승이나 가축이나 세상에 존재하는 모든 생명체는 2차 생산의 또렷한 목적을 위해 산다. 왜 먹는가? 왜 사나? 답은 그로서 2차 생산을 할 수 있다는 것과 더불어 역시 자신이 살기 위해서라고 하는 나의 생명 지탱의 수단과 혼합되어 있다.

이것은 누가 시켜서 하는 것이 아니다. 스스로 그러기 위해 꽃을 피우고 꽃 속에 꿀을 담아 벌 나비를 불러들이는 것도 역시 2차 생산을 위한 살아 있음의 최종목적이 되는 것을 안다.

동물도 나만 배부르고 잘살면 된다는 그런 것이 없다. 식욕이 첫째라지만 식욕은 결국 성욕으로 이어지고 성욕은 후손으로 이어진다. 그러함에도 독신주의자의 독신주의사상이 멸시 받지 않는 것은 인간이 인간에 대한 예의일 뿐이며 존중은 하고 사고의 가치는 인정하나 모두가 독신주의를 주장하면 세상을 없어진다.

이는 살인보다 무서운 죄다. 아니, 이게 곧 살인이다. 죄는 법으로 정하여 죄라하나 법으로 정하지 못한 죄가 있다.

죄의 정의는 인간이 정한 죄와 인간이 아닌 자연과 윤리도덕이 말하여 죄라고 하는 것이 있다. 실존하는 죄가 있고 실존하지 않으나 실존하는 죄보다 더 무거운 중죄가 존재한다. 곧 자연에 대한 죄가 그것으로서 잉태하고 낳지 않는 것은 구거운 죄에 속한다.

부부는 이런 죄를 벗는 범죄 탈피(면죄) 수단이다. 마땅히 가져야 할 인간의 본분을 감당하게 하는 방법이다. 그러면서 동시에 행복을 주고받는 관계의 만족을 담아 선물로 받고 있다.

부부가 사는 것은 노동이 아니다. 즐거움이며 행복이 된다. 누가 이를 하기 싫은데도 하는 사람 있나? 부부가 부부의 존재 이유와 목적을 수행하면 천지신명은 그럴수록 삶의 보람과 행복을 대가로 지불하여 천지신명이 원하는 바의 목적, 즉 이어지는 생명체 연장의 목적을 거두는 것이다.

뿐만 아니다. 오로지 생산만을 위해 부부가 존재하는 것이 아니라 부부는 부부에게 부여된 목적이 많아 그 수를 다 헤아리지 못한다. 누군가는 이를 부부 10계명이라 한 사람도 있으나 어이 열 개로 압축하겠는가.

이렇게 다양한 부부의 본분을 연구하자는 것이 이 책『부부학 콘체르토』이다.『부부학 콘체르토』에서 첫째가 생산이라 한 것으로 단정하지도 말 것은 무엇은 첫째 둘째 등 순서가 중요한 것은 아니기 때문이다.

많은 책무라고 해도 될 부부의 모든 행위는 고역이 아니라 신비가 들어있다. 남편이나 아내에게 내 할 바의 도리를 다한다거나 자식이나 부모에게 할 바를 잘하면 그것은 그로서 잃는 것이 아니라 얻는 것이 더 많아 행복이 담겼다는 것이 부부다. 사랑이 절대적 가치라고도 못한다. 서로 이해하라는 말 정도로는 주례사는 될지언정 태부족이다.

이때 행복이니 사랑이라는 말도 간단치 않지만 부부의 부부다운 도리는 더 복잡하다 할 것인즉, 우리 신개념정신문화시리즈에서 말하는 부부의 조건에서는 물리적 관계가 아닌 부부 사이라 말한 '사이'에 대한 이해가 모든 것의 기초가 된다.

부부 사이…… 곰곰 생각해 보면 '사이'라는 말은 특별한 남녀 간에 한하여 흔히 애정관계가 아닌 경우에는 사이라 하지 않는다. 부자 사이, 부모자식 사이, 친구 사이, 그러나 더 새겨보면 이때의 사이는 사이가 아니라 '관계'가 정확하다.

가족 관계로서 부자지간, 모자지간, 친구지간이라 할 때에는 사이보다 관계이며 연인 사이나 부부 사이가 『부부학 콘체르토』에서 보는 바른 사이다. 그러므로 사이를 연구하고 사이를 좋게 하는 것이 물리적 부부를 완전하게 하고 정신문화에서 구하는 정신적 수호천사다.

그럼 사이에는 무엇이 있는가. 사이에는 사실 그 무엇이 있기는 있으나 쉽게는 물질이 있거나 없거나 둘 중 하나다. 담장이 가로막힌 사이라거나 강이나 산이 막은 사이도 있으나 사이에 존재하는 정답은 공기가 제일 많다.

좋은 사이에도 공기가 있으며 나쁜 사이에도 공기가 있다. 그러나 본『부부학 콘체르토』에서는 정체학 등 정신문화연구 가운데 학문에서 말할 공기를 분석 연구할 필요는 없다.

『부부학 콘체르토』에서 본 부부 사이의 사이에는 감정, 느낌, 신뢰, 애정, 미움 등이 공기의 분량보다 더 확실하게, 질량으로 계산을 해도 훨씬 많은 분량이 존재하고 있다.

바로 이렇게 존재하는 모든 성분의 질과 양은 각자 아내와 남편이 만들어내는 제 몫의 특수한 성분·물질로서 이를 흔히 사랑이라 하고 마나, 사랑과 미움과 질투와 불만 불평, 보람과 만족 등 무수한 입자가 사이에 존재한다. 심지어는 이 맘 저 맘 없다는 무심도 존재하는데, 무심도 질량이며 이 또한 존재다.

그러므로『부부학 콘체르토』는 사이관리학이며 이때의 사이는 부부 사이. 부부 사이는 친구사이와 다른 감성이 교차하는 특수 관계다. 가장 확실하고 가장 명확하게 존재하여 사이를 가득 채우고 사는 것이 부부 사이다. 그러므로 사이에 관심을 가질 일이다.

사이가 오염되지 않게 살아야 한다. 사이는 무엇으로 오염됨을 막는가를 연구해야 한다. 이때의 정답을 우선 하나만 말하면 '정직'이다.

부부는 옳건 그르건 사실을 사실 그대로 노출해 상대로 하여금 믿음을 갖게 하는 것이 제일먼저 해야 할 일이다. 실수가 되었거나, 순간의 욕심이었거나, 배움이 모자랐다는 등 모든 사실들이 초래한 진실에 대하여 부부는 있는 사실 그대로로 사이를 채워야 한다. 부부 사이가 좋지 않으면 세상도 좋지 못하다.

부부가 남다른 것은 벌거벗어도 수치를 느끼지 않는다는 점인데 이로서 확실하게 아는 것은 바로 정직 자체가 부부의 골격이라는 점이다.

세상에 내 나체를 드러내도 되는 사람은 한 명이다. 70억대에 접어든다는 그 많은 사람 중에 나의 벗은 몸을 보이고 벗은 몸으로 성행위를 하고 성행위에 따른 호흡을 내뿜어도 아무런 불편함이 없는 사이……

이런 사이는 세상에 단 한 사람 한 명뿐인데 그래도 싫거나 불편하고 부끄럽지 않은 까닭 하나만 고르라 하면 정직이 교류되는 믿음이 존재하기 때문이다.

부부는 부부가 아니면 수치스러움을 느끼거나 그대로 보여서는 인격이 붕괴되는 행동에 대해 부부 당사자는 그것을 만족과 가치로 받아들인다.

어디라고 뭇 사람 앞에 옷을 벗으며 감히 어찌 몸을 맡긴단 말인가. 이는 자연법칙에서 명한 부부이기에 가능한 것이다. 가능보다 차원이 높고도 다른 그것이 도리어 행복이 된다는 점이 부부 사이다.

그러므로 간음은 옳지 않으며 간통은 자연법이나 현행법에서도 범죄라 하는 것인데 이를 미화하는 것이 세상이라 할 정도로 부부의 성이 훼손되기도 하였으나 부부의 정절이 온전한 이들이 절대다수이며 이것이 인류의 희망이다.

『부부학 콘체르토』는 성을 거침없이 말하게도 된다. 더불어 잉태를 말하고 출산을 논하게 된다. 부부의 사랑을 말하고 부모 된 아비와 어미에 대하여도 논해야 한다. 누군가의 아들딸이고 며느리이며 사위라는 점도 『부부학 콘체르토』에 속한다.

그러나 신개념정신문화연구시리즈에서는 이를 별개의 책으로 구분하였다. 구분하여 다른 책에서 말할 것은 최대한 줄일 것이다. 『부부학 콘체르토』 본서는 부부만이 들어야 하고 생각할 자료를 제시할 것이다.

당연한 것 하나, 저자는 만능이 아니라는 것이다. 그러나 이런 저런 과제는 도출하여 모든 부부로 하여금 안 하던 생각을 하도록 하는 목적을 가지고 쓸 것이다. 답은 각자 자신과 쿠부에게 있다.

/제3장/

천생연분
(섭리론 · 연기론)

＃ 攝理(섭리)와 因緣(인연)을 생각한다

부부는 자연의 攝理(섭리, provi-
dence)로 만나 산다. 섭리라는 말은 '누군가가, 그 무엇이 대신하여 처
리하고 다스린다'는 뜻인 동시에, '자연계를 지배하고 있는 원리와 법
칙'을 말한다.

우리가 태어나 이 땅에 사는 것은 누군가가 우리를 잉태하고 낳아
길렀기 때문이며 이때의 누군가는 바토 부모라고 보면 너무 쉽다만,
이것만으론 완벽한 정답에는 미치지 못하니 큰제다.

더듬어 남자와 여자가 짝을 이루는 쿠부의 이치를 생각해 보면 둘
은 각자의 부모로부터 태어나 각각 다른 가졍에서 낳고 성장하였으
므로 어디로 보나 부부는 둘이 하나라는 측면에서 하나가 하나인 자
기 자신과 다른 緣(연: 원인을 도와 결과를 낳게 하는 작용)으로 인함
을 알게 되는 것, 이것을 섭리라고도 부르는 것이다.

그러므로 나는 부모가 낳았지만 새로 만난 부부는 각각의 부모가
낳았다 한다면 둘이 부부가 된 진실은 둘의 부모를 통하여(도와주심

을 인하여) 연과 섭리가 부부를 만들어 준 것이다.

하여 섭리를 포함한 연에 대한 연구(생각)가 요구된다. 특히 因(인: 근본을 이루는 동기)과 緣을 동시에 연구하되 이를 조화속이라 하고 말게 아니라 물리적이고 과학적인 접근과 더불어 보이지 않는 攝理(대신 다스리고 처리함)에 속하는 기독교와 함께 같은 의미를 지닌 불교의 緣起論(연기론: 모든 현상이 생기(生起), 소멸(消滅) 하는 법칙. 이에 따르면 모든 현상은 원인임)도 짚어볼 이유가 있다.

생각사로 풀리지 않는 신비로움은 어떻게 만났느냐는 사실이다. 남자는 서울서 낳고 자랐고, 여자는 부산에서 낳고 자랐다. 이름도 성도 다르고 부모도 달라 전에 한 번 만나본 일도 없어 완전한 남남이다.

부부가 되고 보니 부부가 되지 않았다면 아무런 사이도 아니고 알 이유도 알 사이도 아닌데도 同腹(동복: 한배)에서 출생한 형제자매보다 더 깊은 관계 부부가 되어 산다.

그야 원래 그런 것이니까 따질 것 없는가? 머리 아프다 하고 말 것인가? 그렇다면 또 그렇겠다 하고 넘어가겠지만 『부부학 콘체르토』는 이를 따지고 연구할 가치에 무게를 둔다. 부부는 생각 없이 대충 사는 것보다 만남의 고마움을 알고 살면 보다 부부다워지고 행복하다는 이유에서다.

다시 한 번 생각해 보자. 부모가 나를 낳은 것이 맞는가? 틀림없이 나를 낳은 것은 부모다. 그러나 엄밀히 따지면 부모는 나를 낳는 도구(기계·공장)로만 사용되었다.

부모는 정자와 난자를 만들었으나 정자와 난자는 내 부모가 뜻대로 만들어 내는 것이 아니라 보이지 않는 손, 즉 섭리가 작용하여 부모에게 정자와 난자를 만들게 한 것이다 엄마의 태반도 부모가 가진 것은 맞지만 부모가 만들어 가진 것은 아니다.

예를 이렇게 따지면 부모 역시도 누군가가 만든 바요, 누군가가 만든 정자와 태반을 통하여 누군가가 잉타하게 도와준 잉태와 태내 성장을 거쳐 출산하여 나를 낳은 것이다.

이런 말이 부모에게 불효라고 들리지는 않는가? 그렇게 들린다면 글재주가 부족한 탓이고 말재주가 메주라서 그렇다고 이해하면 좋겠다. 이 말은 『부부학 콘체르토』와 부모학을 비롯한 신개념정신문화연구 시리즈 전체의 기조가 될 터인데 이 부분에 대해 좋은 조언을 구한다.

자ㅡ, 다시 말해 보려니 집중하기 바란다.

사람이 사람을 낳지만 사람이 사람을 만들지는 못한다. 자식 10남매를 낳은 어머니도 스스로 만든 것이 아니라 만들어졌(생겼)을 따름이다. 보다 틀림없는 사실은 10남매의 자식 가운데 어느 누구도 내가 태어나고 싶은 까닭에 태어난 사람은 없다.

또 어머니가 나를 아들이나 딸로 정하여 만들어지는데 어떤 작용이나 능력을 발휘한 직접적인 역할은 못하였다. 이것은 자신도 미치지 못하고 할 수도 없는 보이지 않는 영향, 즉 쉽게 조화 속에서, 또는 무엇인가가 작용되어 내가 만들어진 것이다. 이를 가리켜 攝理(섭리)라고 하는바, 더 좋은 말이 있으면 알고자 한다.

그러므로 살고 죽는 것도 내가 내 뜻대로 하지 못한다. 낳고 싶어 낳거나 죽고 싶어 죽을 수 없는 것이 인간인데 이럴 때 자살하면 될

게 아니냐고 반박할 수도 있을 것이나 자살도 밧줄의 도움을 받거나 마실 독약을 이용하지 않으면 못한다.

아니면 흔히 자연사라 부르는 경우로서 이 경우 역시도 병균이 들어와야 한다.

자연사도 조화라면 조화라 하겠지만 이 또한 섭리가 작용한다. 우리는 죽음에 이르는 병균을 만들지 못한다. 자살할 농약도 만들지 못한다. 그러면 농약은 만든다고 할지 모르나 농약도 무엇인가의 재료가 있어야 만들어진다면 그 재료는 역시 얻는 것이지 우리가 만드는 것이 아니다.

하지만 이런 주장이 효와 예를 떠난 말로 오해는 하지 말아야 한다. 알고 보면 부모는 내가 태어나는 과정에서 보이지 않는 손, 즉 그것이 하나님이든 신령님이든 산신이든 간에 그분의 뜻을 대신한 분이므로 부모는 곧 대신하라 명령한 그분처럼 고맙고 감사한 분이라는 점은 신개념정신문화연구시리즈 '자녀학'에서 말하게 될 것이다. 그러므로 여기서 분명히 말해도 될 한 가지는 정해졌다. 바로 내 몸은 내 것이 아니라는 사실이다.

힘들여 부모가 낳았다. 내 몸 하나가 만들어지는 데 우리는 다 알지도 못하는 엄청난 섭리가 있었다는 것이다. 역시 셀 수도 없는 재료가 투입되었다고 하는 것이다.

내가 내 몸의 주인이지만 이는 오직 관리책임만 있다는 뜻이다. 주인이 따로 있고 애쓴 부모가 있다. 자살이 용납되지 않는 것은 이 모든 자연의 섭리를 허사로 돌린다는 이유다. 거듭 강조하거니와 내 몸은 내 맘대로 버려도 되는 것이 아니다. 살라 하신 이가 하늘이요, 부모다.

부모를 움직여 낳게 한 분은 뜻한 바가 있었다. 아무렇게나 굴리고 몇 날씩 술에 취하여 몸을 괴롭게 하라는 것이 아니다. 이는 그분에 대한 도전이며 그분을 거역하는 것이다.

왜 부모는 자식이 몸을 혹사하면 나보다 더 아프다 하는가를 생각할 일이다. 왜 천지신명은 우리가 그릇 행하면 벌을 내리는가도 알 일이다. 이를 『부부학 콘체르토』적으로 말하면 내 몸은 아내의 것이며 남편의 것이기도 하다.

또 알아야 할 것이 있다. 나는 내가 나 되어 태어남에 있어서 아무 것도 한 것이 없다. 손 하나 까닥하지 않았고 신경 한 올도 쓴 것이 없다. 그러므로 공짜였다. 값을 지불한 일도 없다.

그저 내가 태어나는 일에 가장 큰 수고를 한 분이 부모님이다 (부부는 부모로 가는 길임). 특히 어머니의 고통이 아버지보다 더 컸다. 생살이 늘어나고 찢어지는 고통은 부부가 부모로 가면 곧 알게 될 것이다. 그래서 부모를 잘 모셔야 한다.

싹수없이 누가 나를 낳으라 했느냐는 패륜아도 있으나 분명히 말한다. 천지신명이 낳으라 했다. 이를 모르거나 무시하면 부모에게 짓는 죄가 태산이며 천지신명에게 짓는 죄는 태산의 만 배다.

하지만 부모도 천지신명보다는 적다. 이런 말 오해하지 말 것은 부모는 (그가)대 주는 재료를 가지고 시키는 손길대로 순종했을 뿐이다. 그러나 세상(땅)에서는 내 부모보다 나를 있게 함에 더 수고한 분은 없다.

그 고마움은 하늘보다 높고 그래서 바다보다 넓고도 깊다 하는 것이다. 하지만 천지신명의 고마움은 하늘 위에 하늘이다. 우주가 동원되었고 지구가 움직여 주었고 지구를 감싼 공기와 4억 만리 태양까지 동원되었다.

생물학과 물리학, 여기에 자연과학을 포함한 환경학까지를 총 망라하여 부부가 되어 만나기까지를 훑어보는 것은 크게 어려운 일이 아니다. 아무튼 이렇게 접근하면 생명(나)의 근원은 아빠의 정자와 엄마의 난자가 결합돼 착상이라는 과정을 거쳐 잉태됨을 알 수 있다.

이제 이 정자와 난자를 찾아 여행을 떠나 보겠는가? 정·난자를 한마디로 말하라면 물(水)이다.

허나 물이라는 말만으로는 많이 부족하지만 정자 물이고 난자 물이라 하면 무식한 표현일망정 어차피 인체 자체는 70%가 물이라고 말하기에 정자와 난자도 물이라 하여 말하는 데 별 불편함이 없다. 그렇다면 물은 어떤 물인가.

물은 크게 우리가 먹는 담수(경수)와 해수로 나눈다. 담수란 하늘에서 내리는 빗물이 대지에 떨어진 것을 말하며, 이 빗물은 구름을 통해 지상에 내려진다.

내려진 물은 산과들, 나무와 바위와 땅에 떨어지고 떨어진 물은 강을 통해 바다로 흘러가지만 그 중에 약 25%는 나무줄기를 통하여, 또는 토양의 사질(모래) 틈새를 통하여 땅속으로 스며들어 지하수(경수)가 된다.

인간이나 동물은 이런 물을 마셔서 체중의 70%가 그렇게 마신 물로 구성된 것이다. 알고 보면 피도 물이고 살도 물이다. 눈알(안구)도 물 덩어리와 같고 물은 뼛속(골수)에도(약 15%) 들어 있고 처음 정자(정액)는 99.99%가 물이었다.

마셔서 체내에 들어온 물은 피가 되고 눈물이 되기도 한다. 의학은 잘 모르나 일단 몸에 물이 들어가면 인체가 필요로 하는 각 기관에 분산 배달되어 수분과 산소를 전신에 전달하는 역할을 한다.

이렇게 전신을 돌아친 물은 피를 만들고 핏줄(혈관)에 스며 도는 가운데 핏물색이 혼재되어 할 일을 마친 다음 방광에 내려와 소변으로 배출되어 나오는 까닭에 그래서 오줌은 핏믈색이 들어 노란 색이라는 등 이 점은 의사 선생님께 물으면 자세히 알려준다.

특히 그 중 극소량의 물은 정자와 난자가 되기도 한다. 그렇다면 우리는 어디서 왔는가를 알기 위해 이 정자물과 난자물의 본향은 어딘가도 짚어 볼 만하다. 주로 바다였다.

바다는 인체처럼 지구 면적의 70%에 이르는 물의 보고다. 바닷물이 나의 몸이 되었다는 것은 신비로운 일이며 이로서 내 몸은 부모를 빌렸을 따름이지 원료는 바닷물일 수드 있다는 점이 과학이다.

신개념정신문화연구시리즈『부부학 콘체르토』에서 이런 문제까지 말해야 하는 것 힘들고 어려우나 전문서적은 아니므로 오류도 있을 것이나 부부를 말하기위한 바탕을 깔기 위한 목적이다.

이런 과정에는 바다가 내 몸이 되는 일에 타양이 이를 도와주었다. 여기서 도와주었다는 것은 위에서 말한 섭리와 인연에 해당하는 '作用(작용)'을 이르는 말이다.

1억 5천만km라고 하는 장거리를 달려 이 뜨 지구에 도달하기까지, 태양으로부터 빛이 오기까지 8분이 걸렸다. 지구에 도착한 태양(빛과 열)은 바다는 물론 나뭇잎과 땅과 심지어는 극미량이나마 바위 가운데도 들어 있는 물(수분)에 부딪치면서 수증기를 일으켜 대기로 올라가게 하는데 이것을 복사현상이라 부른다.

　복사현상은 수분을 뜨거운 공기와 같은 변화증상에 따라 위로 올라가도록 돕는다.

　이렇게 올라간 수증기가 대기 상공의 찬 공기와 만나면 응결되면서 구름으로 변하게(만들어지게) 되는데 이렇게 복잡한 이야기를 대충만 알고 쉽게 말해 미안하지만 거듭 이 책은 전문 과학 서적이 아니라 『부부학 콘체르토』라는 점 이해하며 읽기 바란다.

　구름은 바람에 밀려 서에서 동으로 이동한다. 꼭 서에서 동이냐의 문제는 편서풍이 일본 방사능 한국 무관 등으로 시끄럽기도 했으나 하여간 지구는 서에서 동으로 돈다(자전).

　지구가 자전하는 속도가 KTX 속도나 비행기속도의 몇 배를 넘어 바람은 지구를 따라 서에서 동으로 불게 되고 구름이 밀려오는 방향은 1년 내내가 아니라 영원무궁토록 중국 쪽에서 구름이 밀려오게 돼 있다.

　이렇게 밀려온 구름은 눈과 비를 한국에 내리게 하는데 구름이 동해로 빠져나가면 일본에 비가 내린다. 여기서 담수라고 말한 우리가 마셔서 체중의 70%를 차지한 물은 이런 과정을 거쳐 우리 땅에 내린 물(비)을 마신 부모님들의 몸에서 정자물이며 난자물이 된 인자가 결합하여 내 몸이 만들어진 것이라는 말이다.

　문제는 어떤 비는 부산에 내리고 목포에 내리고 강릉에 내렸고 서울에 내려 일정치 않다. 서울사람은 어떤 물을 마셨는지…… . 더듬어 보면 강원도에서 흘러내린 북한강이나 충주 쪽에 흘러간 남한강이 두물머리에서 만나 팔당호로 들어가면 팔당호로 연결된 서울수도사업소의 아리수를 마셨다는 것을 알게 된다.

대전이나 청주에서 태어난 아이는 대청댐에서 받은 물을 정수 처리하여 마시고 그물에서 배당받은 정자와 난자가 결합하여 몸이 만들어졌으므로 우리 몸의 고향은 어디며 나는 어디서 와서 어디로 가는가를 물으면 당최 어떻게 대답할지 막막한 일이다.

이런 현상을 섭리라 하고 연이라 하는 것이며 무한대의 연과 연이 만나고 그 연을 다스리는 섭리가 작용하였으므로 우리는 쉽게 우리의 근원을 어디라고 말할 수가 없다.

태평양이라거나 인도양이라 하자니 히말라야 정상 만년설에서 증발한 물인지도 모를 일이고, 물만 아니라 태양 빛과 열이 본향인지 근원인지 알 방도가 없으므로 태양의 아들인지 바다의 딸인지 헷갈리다 보면, 아버지의 고향이나 내가 태어난 곳, 또는 그냥 엄마의 자식이라 하고 말아야지 다른 방법이 없다.

여기서 곧 부부의 신묘막측한 연과 섭리를 떠올리게 된다. 충주 여자와 광주 남자가 만나 부부가 되어 가정을 이루고 산다면 충주호의 물과 화순댐의 물이 만난 것이다.

둘은 원향이고 고향도 다 다르다. 그 당시의 그 물을 원숭이가 마셨다면 나는 없다. 소가 마시고 닭이 마셨다면 나는 없다. 어떻게 마침 나의 아비 어미 우리 부모가 마셨을까.

그러므로 부부로 만났다는 사실은 얼마나 귀하다고 할 수가 없다. 확률로 치면 인구수만 단순 계산해도 자그마치 35억 분의 1에 해당하는데 70억 인구 가운데 부부는 남녀 오직 한 명뿐이기 때문이다.

생각해 보면 인간이 기억해 낼 주제만 해도 부부가 만난 것은 기적이다. 그때 그 대학에서 떨어졌다면 만났을까? 만일 그때 그 대학에 합격했다면 지금의 남편을 만났을까? 대학에 떨어져 남편을 만났다면 대학보다 남편이 더 소중한 것 맞지?

아니다 할 사람도 있을 것이나 대학하고 남편을 비교해 대학이 낫다 한다면 바른 판단이 아니다. 세상에 부부와 바꿀 그 무엇도 없다. 부부는 돈으로 사는 것이 아니다.

아내의 그 아름다운 얼굴과 몸, 이것은 값을 매기지 못한다. 그 귀한 것으로 치면 마땅히 엄청난 돈을 지불했어야 했다. 전 재산을 다 주고서라도 아내와 만났어야 남는 장사였다.

그런데 공짜로 와 주었다. 나하고 살겠다고, 아내가 되겠다고, 내 아이를 낳아 주겠다고, 내 부모의 며느리가 되겠다고…… 이는 그(아내)가 결정한 것 맞지만 결정하도록 도운 손길이 있다. 누가 그렇게 했는가. 천지신명이므로 아내는 하늘이 내려준 짝이다.

이짝 배필을 헌신짝으로 여기는 사람도 산다만 그는 행복하지 못한 사람이다. 그렇다고 아내라면 사족을 못 쓰고 벌벌 기는 것은 진정한 아내 사랑이라기보다 품위에 손상을 입힌다.

마음 깊은 곳으로부터 낳아주신 아내의 부모와 만나도록 맺어준 손길에 감사하는 마음을 가지고 성급하지 말고 꾸준하게, 순간적으로만 '호호 헤헤' 하지도 말고 은은하고 여상하게 아내를 대함이 마땅하다.

우리는 이런 부부의 연에 대하여 무심하게 사는지도 돌아봐야 한다. 우습게 여기고 괄시하고 술 취해 주먹으로 패리지 않았는가도 돌아봐야 한다. 실망시키고 눈물 나게 하고 당연한 듯 대접을 받으려고만 하지는 않는지도 새로 돌아봐야 한다.

아내가 없는 세상은 상상으로는 알지 못한다. 아내가 죽어봐야 안다면 그때는 늦는다. 남편이 없는 세상에서 살 이유는 없을 것이나 독신주의 미혼자는 이것을 손에 쥐어줘도 모른다.

그러나 언젠가는 이렇게 존귀한 아내와도 헤어져야 한다. 죽음이 갈라놓을 경우다. 그러기까지는 갈라지지 말아야 한다. 첫째는 분방하지 말아야 한다. 분방은 하나(부부와 섭리)를 부수는 행위이며 죽는 날까지 한방에서 한 이불 덮고 자는 것이 진정한 하나다.

연하여 만난 것을 좀 더 생각하면…… 그때 내린 비가 어디에 떨어져 땅속 깊은 어느 곳을 거쳐 부모님의 샘물이 되고 수돗물이 되었는지 측량하지 못한다.

그 물을 마셨으나 그 물이 오줌으로 나갔다면 나는 없다. 정자가 만들어지고 정자 2억 마리 가운데 나를 만든 정자가 난자를 뚫지 못했다면 또 나는 없다.

그래서 물로 비율을 내보라면 동그라미가 하도 많아 불교에서는 억겁이라 한다. 1겁은 큰 바위가 있는데 지나가는 사람의 옷자락에 스친 바위가 다 닳아 없어지는 시간이라는 말이 전해오는데 억, 조, 경, 해, 자와 같은 숫자개념과는 다른 말이지 싶으니 생각해 보라. 바위 곁에 사람이 지나가면 얼마나 지나가겠는가를.

또 만난 과정과 당시를 떠 올려보면 모르는 것이 많다. 왜 보고 싶었느냐고 물으면 '그냥' 보고 싶다는 말을 하지만 좀 더 나가면 '내 마음 나도 모른다' 하게 된다. 내 마음을 내가 모른다면 왜 그럴까. 내 마음은 내 마음 내 뜻대로 움직이지 않는다는 것이다.

아무리 잠들고 싶어도 잠이 오지 않아 오직 그 사람이 보고 싶어 밥도 넘어가지 않는다. 그러나 막상 그 사람을 보면 얼굴이 붉어지고 가슴이 펑펑 뛰다니 설레는 가슴을 주체하지 못한 적도 있다. 왜 이런 현상이 일어났는가.

아내와 만나던 그때, 남편 된 그와 만났던 당시를 돌아보면 그날 서울에 갔고, 서울에서도 명동에 갔고, 명동에서도 마침 만나던 그 레스토랑에 간 것이고, 가서 만난 순간들은 만난 두 사람을 누군가가 뒤에서 그렇게 몰아냈다는 것을 알게 된다.

부부로 이렇게 만나 산다는 것은 자연스럽다면 자연스럽고 신비롭다면 신비로운 일이나 아무런 의미도 없다고 무시하면 만남의 가치는 없다. 그러나 순간의 과정과 감정을 되새겨보면 모든 것이 인연이다. 모든 것이 역사하시는 하나님의 섭리다.

또 있다. 이렇게 만난 아내를 자세하게 다시 볼 이유가 있다. 잠든 남편의 얼굴을 들여다보며 나는 왜 이 사람의 아내가 되었는지 생각해 볼 이유가 있다.

그러니 어떤 마음을 가져야 하겠는가. 생각할 필요 없다는 무시하는 감정을 가질 수도 있으나 생각이 짧은 동물의 수준이며, 같은 인간이라도 나를 극진히 사랑하고 행복한 나의 삶이 무엇인가를 생각하는 사람이라면(머리가 나쁜 사람이 아니라면) 아내에게 절하고 남편에게 절하고 하늘과 땅과 낳아주신 부모님과 만나게 해 준 세상사 한 올 한 올마다 감사하고 고마운 마음을 가질 것이다.

그러므로 그 고마움에 대하여 내가 할 바는 재생산(잉태와 출산)이며 그것이 진정한 고마운 마음으로 드릴 대가가 될 것이다.

/제4장/

부부의 정절(貞節)

＃ 부부는 무엇으로 묶여 사나(結束論)

　　　　　　　　　　　　　　『부부학 콘체르토』에서 하나만
말하라면 부부는 부부가 아닌 그 어느 누구와도 한 몸을 이루면 안 된
다는 정절을 중시 한다. 부부 이외의 이성과는 성교하지 않는다는 것
이 『부부학 콘체르토』 원칙이라 할 경우 제1조다.

　제1조가 온전치 못하면 부부라는 존재는 허울이요 가식이다. 잠자
리를 하지 않으면서 부부인 사람은 없다. 부부가 사랑함은 강제 사항
이 아니다. 싫은데 하는 것도 아니다. 스스로 둘이 다 원하는 것이라
는 데 조건이 없다.

　부부는 부부인데 성생활은 하지 않는다거나, 성생활을 억지로 한
다는 부부가 있다면 치료받아야 한다. 이때의 치료는 주사나 약물과
같은 의료도 치료라 할 것이나 진정한 치료는 마음치료를 받아야 한
다. 생각을 바꾸는 생각학이며, 이것은 정신문화연구시리즈에서 말하
는 이 『부부학 콘체르토』가 상당한 효과를 즐 것으로 기대한다.

　또 부부를 두고 얼마나 부부다우냐 물으면 정실 기준은 없으므로

이를 좋은 부부라 할 게 아니라 바람직한, 혹은 '부부다운 부부'라는 말을 최고로 치련다. 부부다운 부부란 말 모호할지 모르겠으나, 부부는 부모나 자녀, 특히 상대 아내나 남편이 생각할 때 '우리 부부는 부부답다'는 평가를 내리면 좋은 부부다.

그러나 이에 그치지 않고 하늘과 땅이 볼 때 부부다워야 한다. 참 어려운 얘기지만 부부에게는 부부다워 마땅한 많은 조건이 있다.

그 가운데 하나만 고르라면 성생활을 원만하게 잘하느냐는 것이다. 원만함이란 세상에서 말하는 쾌감이나 쾌락적 테크닉과 같은 부류의 표현이 아니다. 부부는 누구보다 먼저 부부 사이에 문제가 있고 없고, 좋은지 나쁜지, 건강한지 병들었는지를 당사자가 가장 먼저 잘 안다. 드러내 겉으로 말은 안 해도 부부간에는 부부만이 알고 느끼는 기준들이 있다.

표현이 어려워 그냥 이상하다고 하는 한마디로 부부 사이에 든 병증을 감지하고 사이좋다 나쁘다는 간단한 말로 가름하지만 이 점 성행위 하나만으로도 부부 사이의 실성을 가늠해 알 수 있다.

일단 부부 사이가 원만하지 못하면 두 사람 부부당사자의 기가 나빠진다(쳐지다 까라지다). 기가 나빠 어딘가 무엇인가가 다른 느낌(직감)을 갖게 된다. 이 이상한 느낌은 부부가 제일 정확하고 빠르게 감지하고, 다음으로 빠르게 감지하는 것이 자녀들이다.

말은 안(못) 해도 자녀들은 부모가 어떤 문제가 있다는 것이나 문제가 없다는 것을 재빠르게 느끼게 되는데 『부부학 콘체르토』는 이런 면에서 누군가가 깊이 연구하고 부부 사이 건강에 유익한 영양제를 많이 만들어 내야 한다는 취지에서 펴낸다.

오해하지 말고 읽기 바란다. 부부가 성생활을 잘하면 얼굴색부터가 다르다. 절로 콧노래가 나오고 사는 것에 만족하게 된다. 시키지 않아도 휘파람이 나오고 남편은 세상을 다 지배한 것보다 더 큰 자부심을 갖으며, 아내는 이 세상 모든 것을 다 가진 것 이상으로 만족함을 갖는다.

그러나 반대로 단 두 사람만의 공간과 시간 잠자리에서 싸운다거나 의견충돌 등으로 잠자리를 거부당하여 사랑하는 사람을 품지 못하거나 품에 안기지 못하면 뜨는 태양에도 어두운 그림자가 얼굴에 가득 차 버린다.

부부에게 있어 성교는 인간으로서(부부로서) 살아있음(건재함)의 가장 또렷한 증거이며 삶에 자신감을 갖게 하는 것이므로 부부는 거르지 말고 할 수 있으면 늘 성교를 하는 것이 정신건강과 육체건강에 좋다.

일단 부부 사이가 고장 나면 가장 민감하고 제일 정확하게 나타나는 징조는 이 부분 성생활이다. 갑자기 남편이 불편해지고 아내가 사랑스러운 줄을 모르게 되고 순간 어색해지면 그런 상태에서의 성생활은 생각대로 되지 않는다.

이때 다른 무슨 일이건 성생활에 어떻게 작용하였는가를 판단하는 기준은 성교하고 예민하게 직결되어 있다. 이처럼 부부의 친대는 부부 사이의 위기와 평안을 가늠하는 바로미터가 된다.

이상한이라고 한 경우는 두 가지로서 하나는 나 자신(남편이면 남편)이고 다른 하나는 상대방(아내면 아내)이다. 내 스스로부터 순간적으로 성행위가 싫은 경우, 나는 아닌데 왜 그러는지 상대가 그냥 자자고 하는 경우, 둘 다 물레의 고장 난 귀머리 징조에 해당하는 곳이 성이다.

    부부가 무탈해야 세상도 탈이 없다. 세상까지 갈 것도 없이 자녀가 편하고 가정이 편하다. 부부가 고장 나고 불편하면 인간을 예로 들 경우 심장병이거나 뇌출혈 그 이상으로 위중해진다마는 대개가 무딘데 무디어서는 안 된다. 세상의 빛과 소금이란 성경에서 한 말이지만 실상 세상의 빛과 소금은 부부의 잠자리가 좋은 것이다.

    그런데 지금 부부세상이 많이 어두워졌고 어그러졌다. 부부가 안녕하지 못하니 참빛을 잃었고 참맛이 없어졌다. 다 그런 것은 아니겠으나 너와 나는 그렇지 않아야 한다. 물론 이게 아내 혼자, 또는 남편 혼자의 힘으로 되는 것은 아니다. 부부가 같이 내야 할 빛이며 소금인데 항상 상대가 있으므로 이게 잘못되기 시작하면 풀기가 만만치가 않다.

    가정 무너지고 부부 이혼하는 것 지나고 보면 순간·찰나·한순간이다. 바로 그때 그것이 잘못된 탓이고, 소가 밟아도 끄떡없이 견고한 부부로 백년해로 하는 것도 순간 찰라 바로 그때 부부가 어떻게 말하고 행동했느냐에 달렸다.

    그러함에도 이 중요한 문제가 거의 등한시 된 것이 현실이다. 부부 이야기란, 특히 잠자리니 성교니 하는 말 등 은밀하고 깊은 이야기를 잘 꺼내지 않고 부부에 대한 심층 연구가 부족하다. 굽고 꼬이고 더러워져도 관심을 갖지 않는다. 현실 무엇이 얼마나 어떻게 잘못 되었는가.

아내 한 사람만으로 만족하지 못하고 한 여자로는 성이 차지 않아서 일까? 세상이 애인 판이 돼 버렸다. 이게 서민층으로 내려갈수록 더한 모양이다. 여유 없이 살다보니 부브 사이 관리가 부실하고 무관심한데다가 주위에서 만나는 사람의 격이 그러하고 수준이 그래서 '세상 탓 사회 탓'으로 돌릴지 모르겠으나 아니다.

이것은 지성인, 지식인들이 게으르고, 사회를 이끄는 지도층의 관심이 이쪽에 별로 없어서다. 세상을 지태한 것이 지금 무엇이냐 하면 TV와 인터넷인데 TV나 인터넷이 세상 복판을 음란의 장터로 가라고 한 것은 아니라 하겠으나 부작용이 나타나는 뉴스와 시사로 인하여 가장 약하고 예민한 부부가 먼저 병이 들게 만들어가는 것이다.

더 많은 탈선과 불륜의 원인은 순간의 감정을 제어하지 못하는 자기관리 실패이거나, 아니면 『부부학 콘체르토』에서 말하고 말하려 하는 부부에 대한 올바른 정신이 결여된 이유다.

국가가 지켜야 할 것은 법으로 정한 국민의 생명과 재산이며 국가의 영토라지만 보다 더 잘 지켜줘야 마땅한 것은 부부 사이다.

그래서 지킨다고 만든 법이 형법에서 말한 간통죄이기도 한데 이미 깨어져 버린 부부 사이를 징역이나 보내는 것이 제대로 지키는 것인가의 문제는 재고해 볼게 많다.

기왕에 다 절단 난 깨진 유리병을 징역 보내서 뭘 어쩌자는 건가. 그러다 보니 간통죄를 폐지한다고 하는데 하나 마나. 그게 중요한 것이 아니다. 어떤 정책이나 법안 하나를 만들어 통과시키더라도 그것이 진정 지켜야 할 부부를 제대로 지키는 것인지에 관심을 가져야 한다.

하지만 국가 보고(향해) 부부를 지켜내라는 말은 억지라고 하기 십상인줄 잘 안다. 자기가 자기남편을 지키고 아내를 지켜야지 생뚱맞게 국가보고 부부를 지키라 하느냐고 버럭 소리를 지르면 일순 참 난감한 일이기도 한데, 저자가 말하는 국가가 지키라는 부부는 부부가 깨지면 나라의 근간이 무너지니 그러기 전에 예방정책으로 지키라는 뜻이다.

나라의 근간이란 무엇인가. 그것은 가정이다. 가정의 핵이 바로 부부다.

단순논리로 부부가 깨지면 국가는 곧장 결손자녀문제로 가는데 이보다 더 심각한 것은 국민정서마저 무너진다는 것이다. 의욕이 없는 국민, 생기를 잃은 국민, 상처받은 국민, 기분 나빠 매일 술독에 빠지는 국민……. 나라의 골조는 바로 국민의 정신사태가 중추다.

살인 강간까지는 과하다 할지라도 가정 하나가 깨지면 양가 부모 4인, 자녀 2~4인, 부부 당사자의 형제자매 부부까지 치면 적어도 10여 명, 직접적인 피해자만 20명을 웃돌게 된다.

그렇다고 해서 나라가 나서 부부 사이 잘못 될까봐 지켜줄 수도 없는 일인데 단순 직접피해 당사자 20~30명이 대단한 것이 아니라 국가사회 속에 스며드는 정신적 피해 현상이 막중하다는 것이다.

세상을 지배하고 멋대로 주무르려는 악령이 가장 집중적으로 공격하는 곳이 아주 연약한 부부다. 경제 중요하고 건강도 중요하지만 내가 마귀대장이라면 부부 사이를 병들게 할 병균을 뿌릴 것이다. 부부는 가정의 근본이요 국가의 뿌리이며 세상을 푸르게 가꾸는 나무뿌리와도 같다. 이런 부부가 참 약하다.

남녀는 매우 예민하고 감각적이어서 사소한 문제에도 쉽게 상처를 받는다. 성을 공격하려면 방비가 허술한 곳을 치는 것처럼 세상을 끝장내려면 부부의 생각을 오염시켜 버리면 간단하다.

우선 밥을 안 한다. 애들이 굶어도 시끄럽다고 내친다. 출근도 하기 싫다. 집에 일찍 들어올 마음도 없어진다. 먹다 보니 술을 떡이 되도록 퍼마시고 카드를 긁어서라도 기분을 풀 연구만 한다.

병들어도 죽게 내버려 두라는 건지 의욕마저 상실된다. 그래서야 회사일인들 제대로 되겠는가? 그래서야 어디 사업이 제대로 굴러나가겠는가? 보이지 않을 뿐이지 마음의 상처로 피고름이 흐른다.

손가락에 흐르는 피는 새 발의 피요 가슴 아픈 상처에서 나오는 피는 가정과 세상을 마비시킨다. 이게 국가의 문제라는 말이 억지란 말인가? 과장도 아니다.

국가는 모든 정책에서 국민의 정신건강을 가장 중시해야 한다. 특히 부부가 병들어 사이가 나빠질 우려가 없나 모든 매스컴을 잘 감독하고 만사에 조심하라고 감독하고 유의해야 한다.

그러니까 드라마가 중요하고 연예인 동정도 중요하고 뉴스의 심층보도나 뉴스해설이 중요하다. 일본이 나라를 통째로 들어 먹었던 당시는 그런 현실보다 국민의 생각이 더 중요한 문제였듯이 독립정신과 의지가 제일 중요했던 것과 같다. 지금은 부부 건강지수가 상당히 낮다.

낮은 부부건강지수는 지식인들의 몫이다. 인문 교양학에서나 신경정신과에서, 또는 윤리교양학부 등을 통해 열심히 가르치지만 겉돈다. 논문도 많이 나오고 서적도 많지만 장독단 닦을 뿐 속에든 된장은 맛이 가도 대처하지 않는다 할 정도다.

하지만 국가가 이렇고 지식인이 그렇다고 해서 그러니까 나는 그런 까닭에 응당 무너져야 하는가? 내 책임은 없는가? 아니다. 그럴수록 부부는 부부 당사자가 부부의 건강 지키기에 더 큰 관심을 가져야 한다.

부디 싸우지 말고 살고 모쪼록 물고 빨고 사랑하며 밤마다 안고 할 수 있거든 성생활 열심히들 하여라. 이것이 조상님께 효도이며 자녀들에게 할 부모의 도리고 천지신명께서 기뻐하실 일이다. 단, 티를 내면 고상하지 못하고 천박해져서 못 쓴다.

이렇게 쓰니 너무 노골적이라고 거부감을 갖지는 말기 바란다. 이미 나이가 기울어져 손자손녀 여섯이나 보고 난 저자의 입장에서 하는 말이 저자가 아닌 모든 부모와 조상의 마음이며 천지신명의 뜻에 맞는 말이다.

부부가 찐하게 사랑하면 우선 집안에 웃음꽃이 핀다. 나이 들면 모르는 게 나을 것인데 늙을수록 민감해지는 것은 자식들, 부부의 숨소리만 들어봐도 바로 아는 걸 어이하랴.

그러니 천지신명은 노부모보다 더 귀신이다. 집안에 웃음소리는 부부화목과 애정의 척도다. 영하의 날씨는 몇 도인지 모르나 아침에 일어난 얼굴만 봐도 자식 부부의 애정온도는 왜 그렇게 정확하고 눈금 하나 틀리지도 않는지…… 이것은 저자의 말이 아니다. 신령님이 그렇고 하나님은 더 잘 아신다는 말이다.

집안이 어둡고 밝은 척도는 오직 아무도 안 보던 지난밤 부부잠자리를 그대로 반사・투시・방출한다. 원전사고에서 안 보여도 날아온 요오드나 세슘보다 더 정확하다. 그렇다면 부모니까 알고 어린 자녀

(손자손녀)들은 모를까? 말은 안 해도 애들도 다 안다. 그 결과는 무섭다.

아이들 형제간에 우선 말투가 달라진다. 아이들이 신경질적이고 반항이 심한 이유는 부부의 성생활과 연결된 직통 송수관이다.

부모가 되어 나이 들고 보니 소원이 뭐냐고 딱 하나만 물으면 징그러운 세상살이 제발 내 자녀들 돈이나 많이 벌었으면 좋겠다는 사람이라면 그 진심과 자식사랑은 인정하지만 생각이 덜떨어진 부모다.

적어도 아들며느리 딸 사위 건강하고 손자 손녀들 건강하게 잘 크는 것이 소원이라 한다면 좀 낫다마는 1등은 아니다.

딱 하나만 골라잡아 소원을 말하라면 이것은 저자 개인의 소원이기도하나 하나님과 부처님도 같은 소원이라고 본다. 그것은 부부가 날마다 더 사랑에 사랑을 더하는 잠자리이며 성교다.

부모된 저자가 들어 기쁘고 반가운 것은 부부가 사랑에 깊이 빠져 눈빛으로도 웃고 말로도 웃고, 세월 탓에 각방을 쓰거나 1~2층 분리된 집에 사는 까닭에 들을 수 없어 탈이지 들을 수만 있다면 자식 부부가 성교하는 숨소리다. 야하다 하려는가? 변태라고? 아니다.

하나님은 다 들으신다. 듣고 무엇보다 기뻐하는 것은 부부가 사랑에 깊이 빠져 내뿜은 숨가쁜 신음소리다. 엉뚱한 오해하지 말고 들어야 한다.

도대체 해도 너무하는 세월이다. 때는 지금 부부가 깨질 지경으로 유부남 유부녀의 간음이 만연한 세상이다. 어디를 가나 빈말이라도 애인이라는 말이 무성한데 독신 남녀나 사용할 말을 유부남녀가 예사로이 애인 있다거나 애인하자거나 애인한테 전화 왔다는 말이 흔해 터지는데 병이라 치료받아야 한다.

그 좋은 걸 왜 치료하고 고치느냐는 말도 듣는데 좋으면 무엇 하는가. 반드시 더 큰 괴로움이 그를 지배하게 될 것을. 이 문제는 여기서는 생략하고 신개념정신문화연구시리즈 불륜학에 보다 심층 서술하게 될 것이다.

여기서는 부부로 짝을 이룬 사람은 죄다 부실하고 부족해도 정조만은 완벽해야 한다는 점에 집중할 것이다. 왜냐 하면 부부란 성생활에 대한 독점권이며 독점권이 다점 권으로 변하게 되면 부부가 세상의 절대요소로서의 가치가 부서지기 때문이다.

부부는 다 좀 잘못 해도 지조는 지켜야 한다. 아웅다웅 다투고 때로는 싸우더라도 홧김에 서방질이란 쌍놈 세상의 더러운 수사다.

화가 나도 서방질은 안 되고 술 취해도 계집질은 안 해야 한다. 왜 그렇게 살아야 할까. 부부가 뭔데 나 좋은 대로 살지 못하게 구속하느냐고 물을 참인가? 그렇다면 한마디로 단언하겠다. 순간의 즐거움은 평생의 한이 되고, 한 순간의 외도는 바늘에서 소도둑으로 갈 뿐만 아니라, 구태여 법상 간통죄로 구속되고 징역가지 않더라도 징역보다 더 무섭고 고통스러운 저주의 싹이 트고 자라 숲을 이루고 못된 열매까지 맺히게 된다는 이유에서다.

부부는 절대적이다. 아내 이외에 미스코리나 천사하고라도 동침하면 죄 받는다. 그 죄는 스스로가 스스로에게 내리는 형벌인 동시에 천지사방이 모두 창을 든 마귀의 울타리에 갇히게 된다는 것이다. 그러나 인간이란 참 나약한 존재다.

순간의 감정을 잘 다스리지 못하고 순간의 정욕에 넘어지고 셀 수도 없이 많은 이유 때문에 탈선한다. 그 이유라는 것은 들어보나 마나 모두 말이 안 되는 변명이며 그런 이유들은 지혜가 없어 막아내지 못한 것이다.

부부의 정절 이탈은 심각한 사회문제다. 그러나 세상과 사회가 그것을 부추기는 면이 있다. 다 그렇게 즐기며 사는데 나만 지킬 필요가 없다는 변명을 정당화시켜준다.

그러나 이는 즐긴다고 할 말이 아니라, '다 죄짓고 사는데 나만 죄안 짓고 살 필요가 뭐냐'라거나, 아니면 몰라서 그렇지 그 맛을 들이면 그 맛없이 무슨 재미로 사느냐고 둘러대거나 정당화하기도 하는데 그 맛은 성경을 비유하면 에덴동산 선악과의 맛과 같은 것이다.

선악과를 따 먹은 아담과 하와는 부부였다. 부부가 다른 것은 다 이해되어도 선악과는 인정할 수 없다고 하신이가 하나님이다. 오늘날의 부부에게 선악과를 말하라면 그것은 정조를 버리지 말라는 것이다. 선악과를 먹으면 죽는다 한 것처럼, 정절을 지키지 않고 간음하면 네 나중은 저주를 받을 것이며 네 후손의 피에도 죄가 흐를 것이라고 비유하련다.

부부는 나 하나가 아니다. 나머지 반쪽 아내가 있고 남편이 있으며 자녀가 있고 부모가 있다. 부부는 부부하고만 직결되지 않고 자녀와 부모와 가정 국가사회와 직접 연결 된 사회구성체의 알갱이다. 이 알갱이가 깨지면 원자가 죽거나 원자핵이 터지는 것과도 비교된다.

부부가 제3자 누구와 성교하면 그것은 원자력발전소의 원자봉이 녹는 것보다 더 무서운 인간성 파멸의 죄를 부른다. 그러니까 혹여라도 실수로, 술김에, 강제로라도 부부 이외의 누군가와 성교했다면 빨리 회개하여 죄를 씻어야 한다.

그런 경우는 한 번도 많다. 그런데 수삼 년 늘 그 짓을 하고 살아가며 그것이 잘못 된 줄도 모른다면 저자가 불러다 혼을 내랴? 말 같지 않은 말이지만 이를 어쩌면 좋다는 처방전을 내 줄 방도가 없다.

부부가 되었다면 이제는 둘(2)이 아닌 하나(1)가 된 것이다. 우선 신비롭고 놀라운 것 하나는 참으로 오묘한 부부의 이치다.

남남인 부부가 한 몸을 이루고 산다는 사실에는 우리들 자신이 이해하지 못하는 많은 비밀이 숨어 있다. 그렇게 까칠하고, 남자라면 기겁을 했고, 차 한 잔 하자, 밥 한 끼 같이 먹자, 차타고 어디 같이 가자…….

아무리 꼬드겨도 웃기지 말라 해야 할 남남이요 그것도 남자가 감히 어디라고 이 따위 말을 하느냐고 할 성질인데 부부가 되기만 하면 모두 사라진다. 같이 차 마시는 일이나 같이 밥 먹는 일은 물론이고 산이고 바다고 어디든 가자는 대로 무조건 같이 간다. 이건 약과다. 자자면 자고 벗으라면 옷도 벗고 입술에 입술을 갖다 대도 좋아한다.

둘은 알몸이 되어서도 좋아 어쩔 줄 모른다. 왜, 어쩌다가, 무엇이 그와 같은 장막을 걷게 하였으며, 그렇게 도도하던 자존심과 수치심은 모두 어디로 갔는가. 이것 참 묘한 일이나 답은 간단하다. 무엇인가가 모든 장막을 일시에 걷어내 불살라 없애버린 것이다. 이를 천지신명의 명령이라 한다.

자꾸 천지신명이라 하는데 대해 한수 접고 들기 바란다. 도대체 천지신명이 누구고 뭐 길래 말끝마다 천지신명이라 하느냐 묻는다면 제각각 독자가 편할 대로 이해하라는 통칭이다.

그는 하나님일 수도 있고 부처님이라 해도 될 것이고, 아니면 산신령이나 조상신이라 해도 괜찮다. 분명하게 알 것은 대명사로 포괄적 총칭일 뿐 누군가 그 무엇이 우리를 바라보고 인도하고 명령하며 내가 원하든 원치 않던 나를 그렇게 하도록 조정한다는 뜻이다.

그러나 저자는 기독교인이므로 천지신명이라 했을 뿐 그분의 실체는 하나님을 말하는 것이나 불교인이나 무종교인들에게 기독교와 하나님 예수를 전할 전도를 목적으로 쓰는 책이 아니므로 편의상 천지신명, 또는 하나님, 신령님 나오는 대로 쓸 것이다.

천지신명은 부부라 지정하여 부부로 살게 만든다. 아무리 싫어도 때로는 강제로라도 부부를 만든다. 그러나 대개는 스스로 그게 좋아서 서로가 부부가 되고 싶어 몸부림치게 만들어 버린다. 이것이 조화속이며 요지경 속인데 정말 요상한 일이다. 요상하다 하는 말은 흔하나 이런 한문단어는 사전에 찾아보면 없다.

다른 단어들 妖祥(요상: 화복(禍福)), 橈狀(요상: 배를 젓는 노와 같은 모양), 要償(요상: 보상을 요구함), 僚相(료상: 정승끼리 이름 대신 상대편을 이르던 말)밖에는 없으므로 그렇다면 저자가 하나 신조어로 만들어 보련다.

부부의 이 신비롭고 요상한 이치를 갈할 경우의 '요상(凹像)'은 '가운데가 오목하게 패어 쏙 들어간, 그리고 온갖 아기가 만들어질 복잡한 기계들을 만들었다'라고 할 때의 오목할 요(凹)에 형상 상(像)자를 썼다. 요상한가? 요상한 게 아니라 겁나게 근사하고 신비한 창조의 조화이며 부부에게 준 엄청난 선물이다.

하여간 부부는 신비롭고 요상한 사이다. 전통문화풍습에서는 부부를 0촌이라 하는데 이는 촌수가 없어서 무촌이란 말과 같다. 全部(전부)일 수도 있고 아예 全無(전무)일 수도 있다는 뜻이지만 생각해 보면 부모자식처럼 1촌을 매겨 준다면 둘이 하나가 아니라 둘이 만나면 2가 되어 0촌이라는 계산이 나오는 말이다.

0촌의 부부는 너와 내가 아니라 우리라고 해도 안 되는 오직 부부라고만 해야 한다.

하나(1)라는 뜻으로서 부부는 굳이 숫자로 표시 달라면 각각 1의 반도막씩이며 둘을 합쳐야 하나가 된다는 것이다. 그러니까 마디 寸(촌)에서 1촌이 되지 않고 무촌이 되는 것이며 0촌이다.

그렇다면 본 4장은 무엇을 말하려는지 가늠이 되는가? 부부는 갈라지지 않으며 나누어지지 않는다는 것이다. 묶였다는 의미다.

한문으로는 結束(결속)이라 할 것인데 결속이란

① 한 덩어리가 되게 묶음

② 여행(旅行)이나 출진(出陣)을 하기 위(爲)한 몸단속

③ 뜻이 같은 사람들끼리 서로 결합(結合)함……

등의 뜻을 담아 영어의 'in a body'다.

束(속)이란 글자가 재미있다. 이는 묶을 束자로서

① 묶다, 동여매다

② 결박하다(結縛—)

③ (잡아)매다, (띠를)매다

④ 합치다(合—) 등의 의미를 가진 글자여서 이러다 보면 우리가 사용하는 말이 다양하지도 못하고 적다. 착착 맞아 들어가지 않는

말도 많다. 더 좋은 어떤 단어가 있을까.

이렇게 만난 부부는 단단히 묶여 나느어지지 않는다. 이때 무엇으로 묶었는가의 답이 바로 '정절'이다. 부부만이 정사를 나눈다는 뜻이고 타인과의 정사는 안 된다는 것이다. 정절은 부부가치의 첫째 조건이라는 말은 이런 뜻이다.

그러나 세상은 변했다. 변하기 전의 세상은 일부다처의 변형이었다. 사대부는 첩실을 두고 살고 첩실의 아들이 태어나면 이들은 적자가 아닌 서자였다. 서자는 반 이상은 느예와 다를 게 없었던 세월이 이제는 변했다. 여자도 애인을 두는 세월이다. 다만 감추고 비밀로 하기 때문에 이를 內緣(내연)관계라 한다.

정절이 부부를 얽어맨 유일무이한 끈이건마는 그 끈이 느슨해지고 아예 풀어 헤치고 묶었다 풀었다를 반복하고 있다. 남자가 그러하고 여자도 그러하여 부부라는 축성이 무너지고 있다.

혹자는 조선왕조 500년간 남자들이 지은 죄가 여자들의 반란을 불렀다고 하나 어찌 한국만 가지고 말하랴. 세계는 성문화가 열렸고 이론은 선택의 문제일 뿐 천지신명이나 하나님을 끌어 댈 필요도 이유도 없다 한다.

또 말하기를 이혼도 천지신명의 도움이 있었던 것 아니냐 하고 새 남자와 새 여자를 만난 것도 첫 부부로 만난 것과 같은 천지신명의 신비로운 손길이 작용하고 도와준 것 아니냐면서 누구나 팔자대로 산다 한다.

그렇게 말할 수도 있다. 또 그렇게 살아 행복을 찾았다는 사람도 많다. 그들의 삶과 소위 팔자도 인정하고 존중한다. 그러나 최선은 아니라는 말이다. 차선이라면 부득이한 경우 택해야 하는 것 인정한다. 되레 천지신명이 첫 부부가 백년해로함에 도움 대신 방해되었다고 볼 수도 있다면 그 말도 맞는 말이다. 그러나 차츰 논할 것이나 결혼해 자식까지 출생했다면 이는 차선보다도 한 단계 더 내려 차차 선이다. 이런 관점에서 볼 때 무엇이 최선에서 내려가게 했느냐의 핵심은 바로 정절이다.

부부의 제1조가 되는 정절을 지키지 못하면 차차 악을 거쳐 차악을 지나 최악으로 갈 우려도 있다. 이것도 팔자라면 또 팔자타령에 말문이 좁아지겠지만 부부는 조건 없이 貞節(정절), 志操(지조), 성적 방종 엄금이라는 줄에 묶여야만 하다.

/제5장/

다른 것이 부부다

＃ 부부 갈등론(葛藤論)

부부는 똑같으면 못산다는 말이 있다. 맞는 말이다. 부부는 서로 달라야 산다. 아주 달라야 환상적이고 최상의 배필이다. 그러므로 모든 부부를 자세히 보면 똑같은 부부가 없다. 허나 부부란 살다 보면 닮는다는 말도 있기는 하다. 이 말도 맞다.

사노라면 부부는 자신들도 모르게 닮는다. 그러나 이때 닮았다고 하는 것은 일부분, 아주 약간만 닮을 뿐이다. 그 약간이라도 원체 많이 달랐던 부부였는데 살다 보니 비슷해져서 그 정도라도 비슷해진 것이 크게 눈에 띄어 닮았다는 것뿐이지 생체적으로 닮았다는 말은 아니다.

여자가 남자처럼 몸이 변하고 남자가 여자처럼 생각이 변하여 똑같아진다는 것은 있을 수 없는 일이다. 하지만 현대는 남자가 여성화하고 여성이 남성화 돼 간다고들 말하는데 그 역시도 약간일 뿐이고 드러나는 것은 미미하여 빙산의 일각이건만 이는 보이는 빙산은 드러난 것뿐이므로 안 보이는 수면 아래 빙산은 상상불가다.

거듭 말하고 누누이 말할 것이지만 부부는 달라야 정상이다. 이것이 천지신명의 뜻이며 조화다. 천지신명은 왜 부부를 다르게 만들고 만나라 하여 한 몸을 이루게 해 가지고는 사는 게 이렇게 힘들고 싸우게 하느냐고 묻는다면 그 답은 저자가 대신 해 주겠다. "그러면 남자끼리 살게 해주랴?"라는 것이다.

여자라야 하고 남자라야 한다. 달라야 한다. 같은 여자나 남자라면 친구는 되고 형제는 돼도 부부는 아니다. 부부로 살게 하려면 묶는 끈이 있어야 하는데 이게 凹凸(요철)이라 했다.

여자의 몸 구조와 남자의 구조를 자세 들여다 볼 이유도 없이 단박에 알 수 있는 것은 둘을 합치면 완전한 사각형 네모가 된다. 이러지 않고서는 묶어 낼 끈이 없다.

부부가 안기만 하고 살아서 되겠는가? 부부간에 뽀뽀만 하고 살아서 되겠는가? 안았다고 치고 생각해 보자. 몸과 몸을 남녀가 서로 양팔로 껴안았다고 할 때 하나인가 둘인가?

꼭 껴안았으면 하나는 맞다. 그러나 더 완벽한 다른 하나로 더 좋은 그 무엇은 없는 것일까? 뽀뽀의 경우도 생각해 보자. 말이 좀 야할까 싶으나 잘 새겨들으면 야한 말은 아니다.

혀와 혀가 이성의 입안에 들어가 구르면 기가 막힌다고 치자. 하지만 도무지 하나(1)가 되지 못하고 겉돌아 자꾸 구르기만 한다. 물론 참 좋다. 그러나 이것은 답답하고 개운한 게 아니다. 그러다 보니 키스를 하는 것은 前戱(전희)다. 전희란 말은 '그러기 위해 준비 한다'는 의미가 있다. 그러기 위해서란 무엇인지 알 것이다.

천지신명께서 둘을 하나가 되는 부부로 짝 짖기 위하여 저자가 볼 때는 많이 고민하고 무진장 연구했다고 본다. 안고 살면 될 일이거나 뽀뽀하고 살면 될 것도 같은데 이 정도로는 완벽한 하나에는 미흡하다. 그래서 연구해 낸 결론이 바로 음·양을 부착시킨(달아준) 것이 우리의 몸이다.

곰곰 생각해 보자. 왜 음양을 손발도 아니고 몸의 중심 가운데다 붙였는가를. 이유가 있다면 가장 안전한 장소로 선택한 것이다. 굽히나 뉘이나 몸이 다 다쳐도 음양은 가장 안전한 장소다. 그래서 凹(요)를 만들고 凸(철)을 붙인 것이다.

이렇게 만든 음양은 손으로 보호하기에 가장 빠른 장소에 두었다. 누구나 자기 손은 평생 음양주위에 대기시켜 놓고 산다. 더 길어도 복잡하고 짧아도 효능이 떨어지는데 손은 그 옆에 항상 대기 중이다.

그러면 이제 음양 요철을 맞추면 안는 것이나 뽀뽀하는 것과 무엇이 얼마나 다른가? 정말 하나의 완전무결함에 있어서 이보다 더 좋은 다른 어떤 방법이 있는가도 생각해 보자. 인체구조를 들여다보노라면 무엇 하나라도 제자리를 이탈하면 엉망이 돼 버린다는 것을 안다.

철이 요로 들어가고 요가 철을 받으면, 얼핏 생각할 때 이건 견디기 힘든 고통이다. 특히 요는 생살이 뚫리는 듯 엄청난 사건이다. 그러나 참 이상야릇하다. 들어오면 좋다는 이치는 또 무엇인가? 한마디로 요지경 속이요 조화 속인데 이것이 하늘의 법칙이고 뜻이다.

그러니까 부부는 물리적으로 완전 다르다. 뿐만 아니라 또 같다고 보이는 뇌 구조도 다른데 뇌까지 말하기는 너무 어려운 대신 차츰 이 『부부학 콘체르토』 전권에서는 직접보다 간접이면서도 총체적인 뇌

구조의 상이함도 말할 것인즉, 역시 대단한 조화이며 그래야 부부라는 작품이 완성 된다는 점, 우선 짚고 간다.

단적인 예를 든 것 같지만 중요한 말이었다. 이처럼 부부는 다르니까 살고 다르니까 싸운다. 평생 안 싸우고 산다는 부부도 있으나 싸운다는 판단기준이 뭐냐에 따라 다르다. 주먹으로 치고 맞고 눈이 붓고 애가 떨어지지 않았다면 싸운 것이 아니라 한다면 그래 아닌 것 맞다.

반대로 욕 한마디 않고 싫은 소리 한 번 한 적도 없다는 것이 안 싸운 것이라 한다면 그 말도 맞다. 그러나 총체적 판단의 기준은 의견차이다. 의견 차이는 싸운 것이 아니라면 아니겠지만 일단 다른 것은 다른 것이다.

이를 의견충돌이라 하거나 마음이 맞지 않는다는 등 표현방법은 각기 다를 것이나 부부란 성행위 할 때에도 은연중 다르고 싸운다고 말한다면 그때도 싸우는 것이다.

안 싸운다면 여자가 아니고 남자도 아니다. 부부란 것이 뭔가. 결국은 싸우는 것이며 싸우면서 맞추어 가며 사는 사이다.

임신한 아내를 보면 단박에 증거 된다. 임신한 아내가 메스껍고 입덧을 하는 것은 싸움의 상징이다. 웬 여자로서는 보도 듣고 못한 정자라는 놈이 쳐들어와 난자를 뚫고 들어오더니만 정·난자가 합치고 아기씨가 생겨버린 것이다. 여자로서는 참 놀라운 일이다. 여자의 띠(요) 안에 든 자궁은 난리가 났다. 적군이 쳐들어 와 터를 잡는 현상이다.

그러라고 조용히 내 주고 반기기만 하면 되는가? 그러면 아기가 될 씨가 물러 터져 못쓴다.

강하게 살아남아야 한다. 이놈(아기씨)을 굴리고 밀치고 혹독한 생성 단련을 시키는 과정이 바로 입덧이다. 싸우는 것이다.

내 아이를 만들어 가는 것이고 알았다고 하면서도 힘들 수밖에 없는 것이 여자의 몸이다. 아기의 씨를 키우기는 키우는 내야 하겠는데 그런 일이 처음이라 적응이 안 되기에, 둘째, 셋째가 맏이하고 다른 것처럼 열 명을 낳아도 매번 다른 녀석이 들어와 앉으니 엄마는 죽을 맛이다.

남자는 쥐어줘도 모르는 말이다. 말르는 설명조차 되지도 않는 현상이다. 몸이 어떻다고 말로는 표현할 방법이 없다. 남자는 태평하다.

그러고 보면 인류학적으로 볼 때 남자는 나쁜 놈들 맞지 않은가? 제 씨를 어디다 갖다 뿌렸는지 싹이 트느라고 어떤지에 대해 이들은 무관심하다. 그럴 수밖에 없는 것이 남자다.

내 손가락이 찢어지면 그 아픔을 바로 알지간 찢어진 것은 보이기라도 하나 이 일은 보이지도 않아 몸 안에서 벌어진 일이다. 그러나 어찌 남자라고 완전 모를 리는 없다. 임신과 출산은 남자도 들어서도 알고 보기도 했으므로 아내가 임신했고 입덧을 하고 배가 불러온다는 그 정도는 안다.

그러니까 아는 지식만큼만 안다는 말이란 여자가 듣기에 말 같지도 않다. "입덧 하는구면……." 도무지 감동이 없다. 더불어 마음속에서는 "애는 다 낳는 건데……"라는 눈치다. 안 그런다고 아무리 노력해도 당사자 아내의 절반은커녕 절반도 모르는 것이 남자다.

이럴 때 아내는 누구한테 털어놓는가? 시부모님? 처가의 자매지간? 친정엄마? 그러나 성이 안 찬다. 그것은 또 반밖에 안 된다. 바로 애 아빠가 될 남편에게 털어놓고 이렇다 저렇다 하면 개운하겠는데 천만 번 자상한 남자라도 남자는 남자다.

알아듣고 알아는 줘도 많이 부족하다. 왜 그럴까? 다르기 때문이다. 달라서 그런 것을 가지고 나쁜 놈이라 한다면 이해부족이다. 나쁜 놈 같을 정도로 다른 것이 부부다. 그래야 애가 생기고 그래야 작품이 제대로 되는데 여기서 작품이란 바로 자식이다.

하나의 예를 들었을 뿐 부부는 오만가지가 다 다르다. 그렇게나 다른 수많은 부부생활의 실상을 속속들이 다 들춰내어 이런저런 갖가지 예를 여기에 다 쓸 재간도 없다.

아침에 눈을 뜨고 밤에 잠자리에 들고 성교를 마친 후 잠들어도 잠든 상태에서도 또 다른 것이 부부다. 이불을 덮고 자는 것조차 다르다. 등을 덮어야 자고 발을 내 놓고 자야 하고 엎드려 자거나 돌아누워야 잠이 든다거나 밥상머리에 앉아 밥을 먹을 때도 부딪친다.

세수하고 화장실 사용하는 것을 비롯하여 옷 입는 것, 생활, 취미, 돈 쓰는 스타일도 다르고, 어떤 일에서나 한쪽은 이렇게, 한쪽은 저렇게 하는 반대다.

결국 부부란 다른 사람끼리 하나를 이루고 살아야 하는 인간관계의 가장 복잡한 사이다. 싸우기로 말하면, 일단 참으니까 그렇지 일일이 말을 못 할 정도여서 그야말로 결혼을 왜 했는가 싶을 정도가 부부다. 게다가 자식이라도 생겨 봐라. 이제는 자식가지고 판판이 싸워야 한다.

애 버릇이 뭔데 서로가 버릇 나빠진다고 우기나 답은 우기고 싸우는 그게 정답이다. 아내 생각도 맞고 남편 말도 맞고 둘 다 틀린다고도 볼 수 있어서 이것은 틀린 게 아니라 이제 말하는 피차 다른 것이다. 달라야 정답이라는 말은 모순 같다만, 바로 이 모순이 정답이다.

하나는 동이라 하고 하나는 서라고 해야 자식의 균형을 맞춘다. 둘이 반반이든 3:7이든 피차 싸우면서도 양보하고 이기고도 져주는 사이에 아이가 굽지 않고 바로 크게 되는 것이 하늘이 이치다.

문제는 다른 것은 무조건 그르다고 보는 사고다. 내 뜻 내 생각대로 내 자식을 못 키운다면 그게 어찌 내 자식이냐고 양보하려면 지는 것 같은 그것은 좋은데, 그만 자식이 잘못 될까봐 물러나지 않는 것으로서 이게 부부싸움이다.

참 험악하고 겁나는 지경도 오는 까닭에 제3자가 보면 왜 저런 남자 저런 여자와 뭣 때문에 저러고 사는가 싶을 정도인데, 이건 당사자가 더 괴로운 것이다. 심하게 싸우면 하루 24시간에 24번 싸운다거나 1시간에도 열 번을 싸우기도 하니 이건 천생연분이 아니라 천하의 원수라고 느끼게도 되어 적과의 동침이라는 말 되는 말도 참 잘도 만들었구나.

그러나 이것을 저렇게 생각하는 그것이 문제다. 왜 그러는가 연구해 보면 결론은 이해부족이거나 참지 못하고 욱하는 급한 성미 때문이며, 잘하고 잘되자고 하는 원칙에서 아무런 걸림돌 없이 단박에 잘되지 않으면 큰일 날 것 같은 조급증 때문이다. 바로 이걸 바꾸자는 것이 『부부학 콘체르토』이다.

『부부학 콘체르토』에서 보는 부부의 상이함은 지극히 정상이다. 이건 불만요소가 아니다. 만족하고 감사해 마땅한 최상의 결합이다. 인정해 주고 무조건 양보하라는 말은 아니다. 절대 양보하지 말아야 한다. 그러면 싸우느냐고 묻겠지만 답은 싸우라는 것이『부부학 콘체르토』이다. 싸우라는 학문은 똥이라 할 게 아니다. 싸우되 순하게 싸우라는 것이다.

주먹으로 싸우거나 욕설로 싸우지 말라는 것이다. 상대도 다 부부간이나 부자간 모자간에 좋자고 하는 것이라는 점을 잊지 말라는 것이다. 그러므로 소리 지르고 전화기 내던지고 화를 내지 말라는 것이다. 부부대화의 지혜를 얻자는 것이『부부학 콘체르토』이다.

부부가 싸우면 가정이 망하고 나라도 흔들린다. 그러니까 부부는 절대 참고 싸우지 말아야 한다는 논리는 누가 고양이 목에 방울 달 것이냐는 본질을 떠나 고양이 목에 방울 달라는 말만 하는 것과 같다. 그래도 싸우지 말아야 한다? 아니면 싸워야 한다?

그러나『부부학 콘체르토』는 '싸우지 않을 수는 없다'라고 역설하고 있다. 다른 것이 있다면 싸우되 어떻게 싸울 것이냐의 관점에서, 즉 누가 어떻게 고양이 목에 방울을 달 것이냐는 본질에 있어서 웃으면서 토론하라는 말인데 말이 말 같지가 않게 들릴 수도 있어서 한 권의 책이 된 것이다.

이에 싸우는 부부가 천사도 아니고 개그콘서트가 아닌 이상 어찌 웃으며 싸울 것이며 그러면 싸움의 효과라고 할 천지신명의 뜻이 어찌 이루어지느냐고 할 줄 안다.

그렇다면 웃지는 않더라도 상대가 상처 받지 않는 말로 싸워야 하고 음성을 낮추고 상대의 말을 많이 들으면서 상대도 내 말을 듣도록 하는 기술이 필요하다. 불가능일까. 부부가 그렇게 잘 싸우는 집도 많다는 점, 이 책은 이제 싸움을 부추기되 방법을 바꾸게 할 것이다.

한문으로 葛藤(갈등)이라는 말 안다. 칡 葛자에 등나무라 藤자인데 칡이나 등나무는 비비 꼬이고 잘 풀리지 않는 특성이 있어 이를 어떤 일이나 사정이 서로 복잡하게 뒤얽혀 화합하지(하나 되지) 못함을 비유로 이르는 말이다. 부부가 그러하다.

하나는 칡이고 한쪽은 등나무다. 서로 꼬고 감아버린다. 그래서 피차 상치되는 견해·처지·이해불가 따위의 차이로 생기는 충돌을 葛藤이라 하는데 부부가 싸우는 부부갈등은 모든 갈등 중에서도 챔피언급이다.

이는 정신(사고·생각) 내부에서 각기 틀린 방향의 힘과 힘(주장·생각)이 충돌하는 현상이며, 정신분석에 있어서 근본이 되는 개념의 하나라고 하는 것이 사전적·학문적 정의다. 이걸 풀어야 한다. 세상의 모든 학문은 이걸 풀어야 한다고 한다. 그러나 이를 풀라는 말은 틀린 말이다. 얽히게 둬야 한다.

이것은 풀어지는 것이 아니다. 칡은 칡이고 등나무는 영영 등나무이거늘 어찌 이를 푼단 말인가. 『부부학 콘체르토』에서는 풀 수 없다고 정의한다. 다만 이를 이해하고 인정하라는 것이다.

단, 강제로 잡아채지 말라는 것인데 그러면 역효과가 난다는 의미이며 강제로 잡아챈다는 말은 소리 지르고 욕하고 주먹을 날리는 등 그야말로 폭력적인 싸움을 하지 말라는 것이다. 해봤자 이기는 자도 질 것이다. 그러니까 부부 갈등의 묘수는 대화(말)에 있다.

옛말에 애들은 싸워야 큰다는 말이 있는데 맞다. 애들이 싸우게 되면 싸우는 가운데서 상대를 경험하게 된다. 만일 싸우지 않고 큰 아이가 있다면 그 아이는 앞날이 위험하다. 도무지 남을 이해하지도 못하고 이해하려고도 하지 않는다. 온실 속 화초같이 크는 아이는 유약하여 바람만 불어도 부러진다. 부부도 이와 똑같다.

부부가 싸운다는 것은 (그것·목적)이루는 것이다. 아내가 버티는 것은 신중함이다. 남편이 밀어붙이는 것은 근성이며 힘이다.

힘만 잘 써도 안 되고 약해 빠져서도 안 된다. 강약이 조화를 이루어야 집안 꼴이 되고 자식답게 기를 수 있다.

하자는 대로 막 퍼주고 쓰자는 대로 막 써 버리면 거덜 나고 만다. 너무 싼 것 만 고집하면 질이 떨어지고 너무 고가품 고급만 고집해도 살림이 안 된다.

부부가 천하의 근본이며 인간사회의 근본 뿌리가 된다는 이치는 이와 같은 갈등 속에 조화를 이루는 기반이기 때문이다.

조화란 무엇인가. 적응이며 적자생존의 법칙의 근간이다. 이런 부부 사이 관리에 서툴면 부부가 깨진다.

개평으로 깨지는 것이 자식이며 덤터기로 피해를 당하는 것이 부부의 부모이며 형제자매다.

/제6장/

부부는 말(대화)로
산다

부부 대화론(夫婦 對話論)

'아' 다르고 '어' 다르다는 말처럼 똑같은 말인데도 들어서 기분 좋은 말이 있고 기분이 나빠지는 말이 있어 부부는 주고받는 말에 대해 무심치 말고 『부부학 콘체르토』가 말하는 부부 대화론을 숙독하기 바란다.

미리 하고 싶은 말은 100% 정답을 내주지는 못할 것이다. 신이 아닌 이상, 신이라도 100점 맞기 어려운 것이 말이다.

하나님의 말씀인 성경도 얼마나 부실한지, 여기서 부실하다 함은 하는 말보다 듣는 입장에서 보면 그렇다는 뜻이므로 말은 상대에 따라 다르게 들려 말이라는 게 참 어렵다는 의미다.

하나님이 천지를 창조했다는 말은 성경이다. 이 말은 절대 완벽한 말인데 완전 거짓말이라고 들어 버리면 말 잘못인가? 듣기 잘못인가?

이게 맞는 말인데 복잡해진다. 저자는 그 말 100%라고 믿지만 100%는 맞는데 거짓말이 100%라고 하는 사람이 있다. 믿는 내가 바보인가? 안 믿는 그가 영재인가?

둘 다 똑똑하다. 하나는 이해가 갔다는 뜻이고 그래서 100% 맞다는 것이며, 하나는 도저히 이해가 가지 않아 100% 거짓말로 들리니까 거짓말이라는 건데 이게 착하고 악하고의 문젠가? 아니면 머리 좋고 나쁘고의 문제인가? 아니다.

두뇌(머리)란 꼭 빨리 돌아간다고 우수한 것도 아니고 늦게 돌아간다고 나쁜 것도 아니다. 왜들 금부터 긋고 잘라 선악으로, 아이큐로, 이를 인간성의 잣대로 몰고 가는가. 신중한 게 좋은 것 맞고, 재빠른 것도 좋은 것 맞고 정답은 어렵다.

빨리 인정하고 믿은 자가 나중에 거역하고 떠나는 경우가 있나 하면 나중에 믿은 자가 제대로 믿는 자도 있는 것이며, 끝까지 믿지 않고 평생 의문만 제기하는 역할도 필요한 것이 세상이다.

하나님도 이렇게 어려운 것이 말이다. 비슷한 경우는 많다. 큰 스님의 말도 마찬가지다. "여자는 여자요 남자는 남자이며 여자의 언행이 있고 남자의 길이 있는 것이므로 둘은 같은 것이 아니라 다른 것이다" "무엇이 어떻게 다른고 하면, 내 말은 더 들어 보아라" 하지 않고, 뭉툭하게 "산은 산이요 강은 강이라" 해 버리면 갑자기 거기서 왜 산이 나오고 강이 나오다니 뭘 어쩌라는 것인지 종잡기 어렵다. 이게 이렇게 어려운 까닭이 있다.

한 시간 두 시간, 어떤 것은 하루 이틀, 심할 경우 어떤 학문은 4년제 대학을 마치고 대학원까지 나와 석사가 되었어도 부족하여 미국 영국으로 유학까지 가서 박사학위까지 받아야 알게 된다면 햇수로 10년이 걸린다.

같은 비유로서 하나님을 제대로 알려면 성경 한 권을 다 읽는데도 1년 걸리고 그러면 잘 알 줄 알았더니 더 해야 할 공부(더 들어야 할 말)가 남아 신학대학을 가야 하고 신학대학을 가 봐도 신학교재가 족히 10가지가 넘다 보니 도무지 하나님을 제대로 안다는 것이 한두 해에 되는 것도 아니다.

말을 하기도 어렵지만 말을 알아듣기도 이렇게 어렵다는 얘기다. 『부부학 콘체르토』에서 제23부까지 220,000자를 쓰면 아주 적다고는 못할 일인데 이는 고작 1주일이나 2주일이면 다 읽을 수 있으므로 학문이라 할 째비(在備)도 안 된다.

그러니까 부부대화술, 부부대화법, 부부대화론이라는 말은 가당치 않다. 누가 전문가인지 모르겠으나 읽그 참 가소롭다 하면 가소로운 것이고, 그 참 그럴듯하다 하면 그럴듯한 것일 뿐이다.

더구나 본 제6장는 부부가 무엇으로 사는가라는 것이 주제다. 이에 대한 정답이란 무엇이라고 보는가? 부부는 말르 산다는 것이 『부부학 콘체르토』인데 무슨 소린지 알아듣는가?

어려워 죽겠으나 어쩌랴. 팔자려니 한다면 일반론적 푸념이요, 잘 하지 못하고 부족해도 네 힘닿는 데까지만 열심히 하라고 하신대로 한다면 팔자가 아니라 주님의 명령이요 내게 지라하신 십자가요 천지신명이 내린 사명이니 전력을 다해 쓰고 마음을 모아 읽어나 볼 일이다.

부부가 무엇으로 사느냐고 물을 때 답변은 오만가지가 넘을 것이다―부부도 먹어야 사니 돈이 있어야 산다, 정으로 산다, 믿음으로 산다, 자식 때문에 산다―또는 '거기에 무슨 정답이 있느냐 그냥 산다'

는 말도 할 것이므로 바쁜데 더 머물 필요도 없다. 당신은 무엇으로 산다고 보는가?

　모두 맞다. 모두 인정한다. 그게 정답이라고 100점을 준다. 그렇다면 저자는 무엇으로 사는 것이라 하려느냐는 말은 쓸 필요가 없는 것일까? 그렇지 않다. 당신이 숙제를 내고 답을 정해 이거다 저거다 한다면 저자는 귀담아 들을 것이다.

　나하고 다른 생각, 특히 부부가 잘 사는 비결이라면 말이 좀 과할지라도 방법이랄까, 궤변이라 하는 말은 흔치 않은 관계로 듣고 따르거나 거부하거나 그것은 자유선택일 것이고, 부부 사이를 좋게 관리하는데 있어 직·간접적 실질효과는 없더라도 사고의 저변은 좀 넓어질 것이라는 차원에서는 읽어 시간 보내고 책값 낸 것의 절반이라도 건질 게 있다고 보기 때문이다.

　또 막상 헛소리였다면 경험은 될 것이다. 헛된 낭비의 경험도 경험이니 이쯤하고. 결론 부부는 말로 산다.

　말이 좋으면 다 좋아진다. 말이 거칠면 싸운다. 어떤 말이 좋은 말인지는 어렵다. 어려우니까 생각해 보아야 한다. 어렵다고 밀쳐버리면 좋아질 수가 없다.

　힘들어도 가진 아이를 낳아야 한다면 어려워도 부부대화술은 짚어봐야 한다. 부부가 말만 잘하면 잘 산다는데 잘 살고 싶지 않다면 모를까 뻔히 잘 살 방도가 있다는데 그게 뭔지 꼭 이 책이 아니라도 그런 책이 있으면 읽어볼 일이다. 우선 어째서 부부가 말로 사느냐는 문제부터 짚어보자.

잘 사는 부부와 잘 못 사는 부부를 보면 반드시 언쟁을 하거나 언쟁을 안 한다는 뚜렷한 증거가 보인다. 말이 유순하여 부드럽고 언성이 높지 않고 나지막하며, 말에 부딪침이 없는 부부는 다정하다. 말에 정이 흐르고 말에 화가 녹기 때문이다.

반면 불화한 부부는 하는 말마다 꼬인다. 말끝마다 아니라고 몰아친다. 이것이 성격차라고도 하는 불통이다. 소통의 진정한 의미는 논리와 감성의 일치라 하겠는데 논리와 감성의 교류는 말에 달렸다. 논리는 무엇으로 표현하는가? 감성은 무엇으로 표현하는가? 말이다.

이때 논리는 논문이나 증거가 되는 학술로 표현한다면서 말이 필요 없다 하면 그 말도 알아는 듣는다. 특히 감정·감성·본심, 모두 비슷한 말이기는 하나 이것이야말로 말이 필요 없다고 한다면 그 말도 이해한다. 웃으면 된다거나 고개를 끄덕이면 된다고 하면 맞다.
그러나 말이 빠진 웃음은 몇 쪼금 못 간다. "왜 웃기만 하느냐?"는 반문은 말이 필요하다는 뜻이다.
추려 보면 부부는 투정을 하고 받아주는 사이다. 투정이란 "무엇이 모자라거나 못마땅하여 떼를 쓰며 조르는 것"이라는 게 국어사전인데 한문에 보면 '투기하는 마음'이란 뜻의 '妬情'이 있고, 한의학 용어 가운데 '눈이 멍하다' 할 때의 안구정지상태를 이르는 '鬪睛'이 있으나 이제 말한 못마땅하여 떼쓰고 조른다는 의미의 투정은 순 우리말인데 저자가 한문 신조어를 만들어 본다면 '鬪情'이다. 이때의 鬪는 싸울 투, 정 때문에 싸우는 사이가 부부라는 뜻에서 투정을 하고 받아주는 사이라는 뜻이다.

말이 잘됐나 모르겠는데, 부부는 부부니까 투정한다. 이 투정이야 말로 부부 지탱·건재의 핵심 요소다.

우리말에서 강짜를 부린다거나, 또는 바가지를 긁는다는 말은 못 돼 먹은 마누라를 이를 때 쓰는 말인데 투정이나 바가지나 강짜는 같은 말이며 푸념은 좀 다른 말이다.

푸념은 생략하고, 하던 대로 투정·강짜·바가지를 긁는다의 문제를 생각해 보자. 『부부학 콘체르토』에서는 이런 바가지 강짜 투정을 '부부보약'이라 명명한다.

참 엉뚱하다 할지 모르겠으나 아내이니까 투정하는 것이다. 밥투정도 아내니까 하고 반찬투정, 옷투정, 양말투정, 와이셔츠투정도 내 아내니까 하는 것이다.

남의 아내한테 짜다고 투정하는가? 기껏해야 "아 예, 좀 짜네요" 하고 나서 바로 "먹을 만해요. 괜찮습니다" 하고 얼른 주워 담아 버린다.

누가 상관없는 여자한테 소매가 길다고 투정하는가? 넥타이가 야하다고 투정하는가? 갓난아기를 보라. 잠투정도 한다. 엄마니까 믿고 하는 것이다.

잠자리가 불편하다고 투정, 왜 빨리 와 눕지 않느냐고 투정, 이건 하루에 백 번은 몰라도 열 번은 넘는다. "무슨 남자가 그런지 몰라……." 이상하다고 하지 마라. 저자가 정답을 내 준다. 그러니까 당신의 남편이다.

그래서 당신이 그의 아내다. 그걸 못하면 부부가 아니다. 너무 당연하고 자연스러운 것이라 이를 천지신명이 그렇게 하도록 부리고 조정한다는 말 또 안 해도 알 것이다.

투정은 부부가 비슷하게 한다. 누가 더 하고 덜 하고는 없다. 여기서 투정하지 않는 부부는 조심하라 권한다. 정이 떨어지는 중이라는 징표다.

나는 투정하지 않는데 남편만 투정한다는 것은 재진단 해보고 새 처방전을 받아야 한다. 저자에게 처방전을 내달라면 쉽다. "남편만 투정하고 당신은 투정하지 않는다면 당신이 나쁜 아내"라는 것이다. 마음에 안 들면 다른 저자에게 답을 내달라고 해 보라. 열 번을 말해도 답은 같다.

그가 당신의 남편이라면 당신은 그에게 바가지도 긁고 투정하는 것이 남편을 남편으로 인정하는 아내가 해야 할 바른 도리다. 알고 보면 남편에게 좋은 것이 투정인데 왜 그 좋은 투정을 안 한다고? 자랑이 아니다. 해라, 투정해. 그게 남편에 대한 진정한 사랑이다.

이를 다른 말로 하면 사랑싸움이라고도 한다. 눈꼴 시려서 못 보겠다는 그 말, 사랑싸움…… 사랑싸움은 사랑하기 위해, 같이 잘 살기 위해, 피차 맞춰 보고 맞춰 가는 과정으로 바람직한 싸움이다.

이런 사랑싸움을 진짜 싸움으로 여기면 나쁜 머리다. 당사자 부부가 이를 받아들여야 한다. 그런데 실상은 어떤가. 나는 투정해도 너는 투정하면 안 된다는 투로, 자기는 하고 아내는 하지 말라거나, 남자니까 남자답게 넓은 가슴으로 다 받아들이기만 하고 당신은 하지 마라? 틀린 말이다.

남자도 하고 대인도 하고 사내대장부도 투정하는 것 당연하다. 남자가 치사하게, 쫀쫀하게, 잘게, 남자답지 못하다? 아니다. 남자도 이 점은 여자와 동등하다.

아무리 여자라지만 내 마누라는 유별나다 하지 말아야 한다. 유별나다는 것은 유별난 그 만큼 당신을 유난히 사랑한다는 증거다.

이걸 이해하지 못하면 부부 대화는 기초가 없다. 기초가 없는 건물은 세우지 못한다. 부부를 백 년을 살아갈 100층짜리 건물에 비유하자면, 층층마다 1,000개의 벽돌이 필요한 특수 건물인 셈이다.

이와 같은 사랑싸움에 성공하려면 비결은 간단하다. 모두 다 들어주어야 한다. 문제는 들어주기가 힘들고 견뎌 내지를 못하는 그 성깔이 문제다.

단방에 잘라 말하여 "끝도 없어요." 해 버린다. 분명히 말한다. 그게 끝이 있다면 거기서 부부도 사랑도 동시에 다 끝이다.

평생 끝나지 않아야 그게 부부다. 늙어보면 이게 점점 더 늘어난다. 애 낳고 며느리 보면 그칠 때도 됐다는 생각은 잘못된 것이다.

그렇게 많고 많은 투정 속에 아내와 남편의 존재가 담긴 것이다. 그만하라 하지 말아야 한다. 그럼 이렇게 물을까? 들으면 그걸 다 해주어야 하는 거냐고……. 바로 이게 고장이다.

물론 요구사항이므로 다 들어주면 좋다. 그러나 도저히 들어주지 못할 것이 더 많다. 그것을 상대도 안다. 그러므로 들어줄 방도를 찾아 최대한 들어주는 것이 원칙인데 이때 들어주라는 것은 말을 들어주는 것이 아니라 요청을 충족시켜주라는 의미도 있다.

그러나 요청을 충족시키지 못할 투정이 더 많다 했다. 가령 입덧을 할 경우 치료는 의사도 못하고 돈으로도 못한다.

감히 천지신명이 그렇게 심한 입덧을 하게 한 것을 누가 멈추게 할 것인가. 이런 경우에는 이렇게 해도 된다. 먹고 싶다는 것은 사주면 간단하고, 사 줄 수도 없고 방법이 없는 경우라면 끝까지 들어주고 안아주면 된다. 그리고는 같이 아파하고 힘들어 하고 공감하도록 노력하는 것이다. 이것이 기도다. 할 수 있으면 안고 기도해주면 최선이요 최고의 응답이다.

남자로 살아온 저자는 지금 60대 중반이다. 평생 다 쓰고 죽을지 모르는 정신문화연구시리즈는 84권인데 이미 1994년부터 시작해 제명(책제목)과 각장(제1장~21장까지)명 21장까지의 기본 골격을 마친 상태다.

지금 『부부학 콘체르토』를 써가면서 말해둘 것은 약간 여성 쪽에 무게중심을 두고 쓴다는 것이다. 세월이 남성우위시대에 태어나 살다 보니 여성비하 성 관념의 때가 묻었기로 그래야 중심이 바르게 잘 잡힐까 해서인데 그래서 그런지 아내라는 여자는 정말 투정쟁이로 각인되었다.

말도 마라. 임신하자마자, 아니다. 처음 만나 연애 시절부터 당체 얼마나 피곤하게 많은 투정을 부리는지 말을 못할 지경이었다.

발 아프다고 투정하지, 어지럽다지, 지루하다, 피곤하다, 옷이 불편하다, 잠이 안 온다, 자주 깬다, 배 아프다, 체했다, 간지럽다, 덥다, 저린다, 쑤신다, 오줌 마렵다…….

하여간 여자는 투정덩어리다. 어리광인지 쿨만인지 왜 나만 만나면 뭐 그렇게 마땅찮은 게 많은지 짜증날 때가 한두 번이 아니었다.

그러나 저자는 그때 그게 좋았다. 아주 공주 모시는 내관같이 원하는 족족 비위를 맞춰주었다. 그랬더니 이건 한도 끝도 없어서 어떨 땐 이러다 내가 공처가가 되고 말까 싶을 때가 많았다.

결혼을 하고 나니 그게 더 늘었다. 임신을 하니까 이건 포크레인으로도 못 막을 정도다. 애를 낳자 신주단지가 돼버렸다. 게다가 첫 아들을 병원도 못가고 거꾸로(역산) 낳다 보니 완전 살얼음장이 됐다. 애지중지보다 더 좋은 말 없는가?

아내의 투정…… 세월이 흘러 돌이켜 보니 그가 나를 얼마나 믿고 의지하며 얼마나 나를 사랑했는지 이제야 뭘 좀 알만 한데 그래도 모른다고 역시 투정이다.

세상에서 제일 나쁜 남편으로 찍혀버렸다면 이게 무슨 말일까. 바로 투정은 아내가 나만을 사랑한다는 가장 또렷한 증거라는 사실을 역해(거꾸로 해석)하였다는 뜻이다.

투정을 해야 한다. 하나 마나라고 포기하면 남이다. 말만 부부지 속빈 강정이다. 병든 나무요 위기의 부부다. 투정을 들어줘야 한다. 아내는 남편의 투정을 들어주고 남편은 아내의 투정을 들어줘야 한다. 다음에 떨어져 사는 미국을 가면 아들보다 며느리에게, 아니다. 아들 며느리 앉혀놓고 투정론을 강의할 생각이다. 투정은 가장 아름다운 부부의 하모니다.

사랑노래의 최정상은 투정이다. 그것은 아내에게 있어 절대 필요한 생존조건이며 자기가 당신의 아내라는 사실을 확인하고 또 각인시켜주자는 본능적 행위다. 그러니까 부부대화론의 대 주제는 투정을 잘 들어주는 것에서부터 출발한다.

절대 웬 여자가 저렇게 잔소리가 많으냐 하지 말고 남자가 왜 그리

쪼잔하냐고 하면 병이다. 당신이니까, 사랑하니까 투정부린다. 아니면 하늘에 대고 하랴, 벽에다 대고 하랴.

투정은 부부 사이에 영양제로 존재한다. 부부가 아닌 사회생활에서의 다른 투정은 '불만'이라 한다. 남의 남자에게 바가지 긁을 일 없는 것은 진리다.

이런 투정들, 다른 말로 바꾸면 요구사항이다. 왜 피곤하게 무슨 요구가 그렇게도 많으냐고 하면 안 된다. 부부는 매일 오만 번(저자만의 많다는 표현임) 접촉한다. 오만가지 말이 오간다. 오만가지 가지가지 가지마다 그에 적절한 요구가 생기는 것이 부부다. 그게 없고 그런 요구를 하지 않을 것이라면 결혼했을 턱이 없다.

그런데 이때 중요한 것이 빠지면 안 된다. 그 모든 요구(투정)의 본질은 "당신의 좋은 아내가 되기 위하여 필요한 것"이라는 점이다.

투정을 오해하면 자기 욕심으로 들리기 쉬운데 그야말로 오해다. 투정은 당신의 이름이 이몽룡이라면 나 성춘향이가 당신 이몽룡의 아내로서 아내다운 조건을 제대로 갖추려면 그것이 필요하다는 의사표시로서 투정하는 춘향이도 이렇게까지 정확하게는 알지를 못한다.

그러다 보니 이몽룡이가 영 알아듣지 못하고 오해하면 서운하다고 운다. 마음이 변했다고 가슴앓이로 뒹군다. 못산다고 원망한다. 마침내 순한 양이 독사로 변한다. 그러면 감당치 못할 부부싸움으로 번진다.

그러나 부부대화의 선 구성 요소에 해당하는 이 투정이라는 현상은 당사자가 이를 어떻게 소화하느냐가 첫째지만 버금가는 현실은 주변에서 이를 어떻게 보고 소화하느냐의 문제다.

골 때리는 시어머니는 이런 꼴을 보기 싫어한다. 며느리를 미워하거나 장모는 사위를 이상한 눈으로 본다. 그러다 보니 부부가 편하지 않다. 건전한 투정이 불손한 언쟁으로 비쳐진다. 부부 두 사람은 이를 삭이고 잘 소화하지만 제3자가 목격하게 되면 상황이 돌변한다.

부모는 아들을 볶는다고 볼까 우려해 아들이 받아들이지 못하게 된다. 마누라한테 꼼짝도 못하는 못난이 취급을 당할까 순한 말 대신 거친 반박으로 변하는 것이다. 이게 참 어려운 얘기다.

더불어 말귀를 알아들을 만한 나이에 든 자녀들도 문제다. 헌데 부모하고는 많이 다르다. 우선 부부가 자식을 의식하는 것의 농도는 부모의식과 비교되지 않게 가볍다. 있거나 듣거나 신경 쓰지 않거나 쓸 필요도 느끼지 않는다.

부모가 문제라는 얘기지 자식은 별 문제되지 않는다는 뜻이다. 더불어 자녀들은 부모보다 영악하여 자기들 엄마 아빠의 투정을 사랑싸움으로 받아들이는 폭이 넓다. 그래서 하는 말인데 부모들이여, 그렇더라도 자식을 편하게 대해주어라.

저자도 이 점에서 부족한 것을 안다. 때론 어린 손녀들마도 못하다는 생각이다. 하지만 진심은 그게 아니다. 이번이나 후에 미국에 가면 투정을 권하고 올 생각이고, 투정기술에 대해 마음을 넓혀줄 생각이다.

부모는 하나님의 대리자요 천지신명의 대리인이다. 천지신명이라면 어떻게 받아들일까 생각해 보았다. '많이 투정하라' 한다는 결론이다.

앞서 제4장 부부의 정절 편에서 저자는 자녀들 부부의 성교에서 나오는 가쁜 숨소리를 기쁘게 듣겠다는 말을 한 바 있는데 재차 강조하지만 진심이다.

부모는(천지신명 포함)그러기를 바라고 짝을 지은 것이다. 허나 홀시아비나 홀시머니를 모시고 살았던 과거의 우리 부모들은 며느리가 그러는 꼴을 보면 분하게 여겼다. 그럼 기가 푹 죽어야 한다는 것인가? 밤에 침소에서 어쩌라는 건가? 하지 말란 소린가?

그러고 보면 우리 선조들은 소견이 좁았다. 잘한다고 기뻐하고 잘하도록 기뻐해야 마땅한 것이 하나님의 진심이라면 부모도 그래야 옳다. 무식한 탓이라 하면 마음 상할까.

부부대화론이라 한다면 방대하나 단출 하나마 기본이 중요하다. 대화란 "상대에게 말하는 것"이라는 뜻의 단어로서 이는 다른 말이 더 좋다. 대화라 하지 말고 聽話(청화)라고 하자는 것이 『부부학 콘체르토』에 말하는 원론이다.

말은 하는 것이 첫째나 깊이 새겨보면 듣는 것이 더 중요하다.

진득하게 말을 듣는다는 것은 고역일 수 있다. 말을 하는 것은 듣기보다 수월하다. 여기서 부부 대화의 기반이 붕괴된다. 말을 못해 애태우지 말아야 한다. 하기보다 듣기가 어려운 것이 말이므로 힘든 만큼 소출이 많다는 것이 핵심이다.

내 말은 반 마디만 해도 알아들으나 상대의 말은 백 마디를 해도 알아듣지 못한다면 누굴 나무라는 말이 아니라 원론이 그렇다는 뜻이다. 귀담아 열심히 잘 들어야 한다.

말을 듣는 것에 무성의하고 말을 하는 것에만 열심이라면 대화는 통하지 않는다. 그러므로 원칙을 하나만 말하라면 되도록 입을 다무는 것이다. 오로지 할 말 다 해보라 하고 듣는 것이 기술이다.

이것은 누구는 말하고 누구는 못하느냐는 차원이 아니다. 누가 됐든 끝까지 들어야 한다. 틀려도 들어야 하고, 거짓말이라도 들어야 하고, 말도 안 되고 잘못 알고 엉뚱한 말을 해도 그냥 들어야 한다.

힘들어도 티를 내지 말아야 한다. 결론은 하나다. 아내가, 남편이, 나는 곧 당신을 사랑한다는 것이며, 사랑하는 내 마음을 왜 몰라주느냐고 하는 한마디가 전부요 결론은 자명하다. 방법이 다를 뿐이다. 앙탈이고 투정일 따름이다. 사랑싸움이다.

이런 터만 잘 잡히면 부부는 쉽다. 얼마든지 조용하고 편하고 행복한 대화 가운데 자녀들 명랑 쾌활하게 잘 클 것이고 부모가 넉넉하고 기뻐할 것이다. 그리 하면(들어만 주면) 부부의 잠자리가 부부의 천국이 되리라. 깊이 새겨주기 바란다.

제7장

싸움 잘하는 게
부부의 보약이다

\# 집중연구, 부부싸움

갈등은 필연이다. 갈등의 핵심은 투정이라 했다. 투정은 사랑싸움이며 투정이 없는 부부는 문제 있다 했다. 투정을 많이 하고 잘 받아주그 자기도 투정하며 사는 것이 부부라고도 했다.

그러나 투정이 관리미숙으로 인해 부부싸움으로 번질 우려는 없나? 너무 많다. 그러므로 투정에서 싸움으로 번지는 브릿지가 매끄럽고 거칠지 말아야 한다. 그러나 이건 정말 어렵다. 여기에 묘수는 없는 것일까?

부부라면 집중적으로 연구해 숙지해 둘 필요가 있는 것이 부부싸움대처술이다. 부부싸움 않고 살면 소읠이 없을 것인데 안 하려고 해도 싸움을 걸어온다. 걸어오는 싸움이 있고 내가 거는 싸움이 있고 둘이 똑같이 맞거는 싸움이 있다면 수많은 부부싸움에 대해 머리를 동여매고 연구하여 묘안을 찾아내기만 하면 횡재한다.

모를 일이나 『부부학 콘체르토』가 이에 좋은 도우미가 되었으면 하는 마음 간절하나 누구도 정답을 내줄 수는 없어 부부 당사자가 찾아야 한다. 막연한가?

내 아내를 가장 잘 알고 남편을 잘 아는 문제는 본인보다 더 잘 알 사람은 세상에 없다. 또 기본이 되는 원리분석은 누구나 할 수 있는 일이다. 그런 차원에서 이제 연구에 들어가 보자.

누구나 하는 공통분석의 첫째는 둘이 똑같다는 양자책임론이다. 그러면 쉽고 편하다. 둘 다 참이라고 하면 간단한데 문제는 약효가 없는 소리다. 그건 싸우는 부부 당사자도 아는 일이다.

다음은 아내나 남편 중 한쪽에서 싸움을 걸어온다는 분석일 경우로서 서로가 아니라 한다면 또 답이 없다. 공연할 정도로 각자의 말을 들어보고 네가 틀렸다고 판결할 사람은 세상에 없다.

부부 당사자 아닌 사람은 예민하고 첨예하게 부딪쳐 싸우게 된 원인을 말만 듣고는 도무지 분별하지 못한다. 비디오를 찍은 게 있어서 되돌려 봐도 가릴 수 없다. 이렇게 복잡한 감성이 오가는 사이가 부부이므로 결론은 잘 잘못을 가릴 수 없다는 것이다.

이런 경우는 다르다. 확실하게 증거가 있어서 술이 떡이 돼 들어와 가지고 또 술 더 가져오라고 소리소리 질렀다면 남편이 잘못한 것 맞다. 그렇다고 "이몽룡이가 잘못했네 뭐……." 제3자 이렇게 말할 수 있나? 없다. 아내가 나를 술 먹고 들어오게 했다면서 늘어놓으면 또 비디오를 돌려봐야 하나, 난 술 먹고 들어와 소리 지를 사람이 아닌데 나를 약 올렸다 하고, 아내는 그런 일 없다고 한다면 처음 만나 연애할 때 몇 년 전 일까지 다 들춰봐도 역시 답이 없다. 마찬가지다.

아내가 바람이 났다고 하는 극단적인 경우라 해도 복잡하다.

첫째 그런 일 없는데 생사람을 잡는다고 울면서 억울하다고 한다면 버선목도 아니고 어떻게 말릴 재간이 없다. 부부가 싸우는 것을 보면 꼭 싸울 수밖에 없는 이유는 다 셀 수도 없다. 안 싸우는 것이 이상할 정도로 당연하다. 도대체 무대책이고 묘안은 없는 것일까? 그래서 연구가 필요하고 집중분석이 필요하다. 결론부터 말하라면 '서툴다'는 것이다.

다른 건 몰라도 부부의 사이 관리에 서툰 것이 확실하다면 서툰 것을 세련되고 지혜로울 영 다른 각도에서 접근하는 것이 묘안이지 싶다.

이렇게 해 보자. 화가 나는 것을 참으라는 말은 어불성설이나 일단 극단적인 말과 행동만은 삼간다는 결심을 세우라는 것이다.

극단적이란 말은 '이혼하자, 나가, 보따리 싸, 이놈 저놈, 이년 저년 하는 욕설' 등이다. 이것은 잘잘못의 문제가 아니라 부부싸움 기술 테크닉의 문제다.

이렇게 말한 이유가 있다. 부부싸움을 이혼할 목적으로 하는가? 그렇다면 싸우지 말고 내일 가정법원가서 이혼하면 된다. 실제로 그런 싸움도 있다.

그러나 그런 벼랑 끝 이혼직전 부부는 거의 싸우지 않는다. 욕은 좀 해도 따지지는 않는다. 하다하다 지쳐 이제는 보기도 싫고 말할 가치도 없다고 둘 다 피한다. 제발 갈라지는 게 소원이라 할 정도의 부부라면 처방전에서 백 마디가 헛수고다. 결심이 다 서서 내일 이혼할 정도라면 누구 말도 듣지 않는다.

그런 막판의 경우까지 이 글을 계속 쓰랴? 그럴 필요 정말 없다. 가서 이혼하라 할 거면 정신문화연구시리즈에 '이혼학'이라는 책이 별도로 있다.

왜 잘 살 『부부학 콘체르토』를 쓰면서 기분 나쁘게 이혼 쪽 이야기를 여기서 할 이유가 뭔가. 그 지경의 부부라면 펴낼 예정인 '이혼학'이 나오거든 그때 또 만나자. 그렇지만 일단 『부부학 콘체르토』는 완독하고.

중요한 것은 부부가 심하게 싸울수록 싸운다는 것 자체가 '살겠다'는 의사표시다. 이 말 모순이 아니다. 냉정히 따져보면 싸우는 부부는 벼랑 끝이 멀다. 안 살 거라면 싸우지 않는다. 백 명에게 물어봐도 왜 싸우느냐고 물으면 답은 안 살려고 싸운다는 말은 만에 하나도 드물다.

백이면 백 모두가 안 살라고 끝장 볼 생각으로 싸운다고는 않고 그저 "못살 것 같다"라거나, "이렇게 살아서 뭐 하느냐"는 정도다. 이 말을 새겨 잘 분석해 보면, 먼저 "못살 것 같다"는 말은 "살기는 살아야 하겠는데 속이 많이 상해서 어떻게 상한 이 속을 치료할지 모르겠다"라는 말이다.

다시 한 번 읽어보아라. 말 속에 든 진심은 살겠다는 것이다. 그런데 못살게 될 것 같다는 걱정과 절망감이다. 이는 바탕화면에 '산다'는 것이 깔린 말이다.

다음, "이렇게 살아서 뭐 하느냐"라는 말도 이렇게 살기가 힘들다는 말이지 안 산다는 말이 아니다. 부부를 해지하고 그만둘 사람의 말은 들어보면 확연하게 다르다.

살 것을 전제로 한 싸움과, 안 살 것을 전제로 결심을 굳힌 부부의 싸움은 말 속에 진심이 들어 있어 그게 '본말(진심)'이고 나오는 말은 '헛말'이다.

본말은 들리지 않으나 들리는 헛말은 싸우는 말이다. 스스로가 분석해도 알고, 조용히 자신의 깊은 내면을 살펴봐도 올바른 진단과 판정을 할 수 있다.

문제는 현재는 그러한데 이후가 문제다. 지금부터 싸움이 어떻게 돌아가느냐에 따라 급작스럽게 벼랑 끝을 만난다는 것이다. 바로 극단적 자제가 필요한 말이 튀어나오는 것이다. "갈라 서, 인간아!" 이렇게 되면 위기다.

본심은 그게 아니었는데 본심까지 변하는 나쁜 상황으로 온 것이다. 잘 살자고 시작한 싸움이 갑자기 갈라지자는 싸움으로 바뀐다. 긍정적 싸움에서 부정적 싸움이 되고, 백년해로 할 선한 싸움이 쪽박까지 깨버리는 철천지원수 간의 싸움으로 가는 것이다. 막기가 힘들어진다.

분석하면 내가(당사자) 무너진 것이다. 자, 이렇게 되면 글도 숨이 턱턱 막힌다. 그럼 잠깐 한숨이라도 고르고 갈까?

부부는 성과 같고 탑과도 같다. 부부라는 사랑의 성은 하루 이틀에 쌓은 성이 아니다. 공들여 탑을 쌓는 마음과 가슴에 정이라는 꿀을 발라 부부라는 거대한 탑을 쌓아올린 것이다. 얼마나 많은 역사가 담겼는가.

만나서 정이 들고 세월 속에 결혼하여 한 몸이 되고 자식 낳고 살았다. 모두가 잘 살기를 바랐다. 천생연분이라 했다. 애도 잘 낳아 놨고 좋은 날들이 소록소록 쌓였다. 그런데 어쩌다 지금 이 지경에까지 왔나. 그러니까 운다.

싸울 때의 그 표독함은 어디로 가고 어깨를 들썩거리며 운다. 그러나 딱하지도 않다. 이때는 또 만일 딱하다고 다가가 안기라도 하면 불같이 성을 낸다. 더 사나운 들고양이로 변해 버린다. 이러지도 저러지도 못할 지경에 온 것이다.

'에잇!' 안 먹던 소주를 들이킨다. 밤을 새운다. 애들은 울다가 잠이 들었는데 또 잠이 깨어 애들도 울어댄다. 기가 막히는 일이다.

성을 쌓기는 오래 걸려 힘들고 어렵다. 그러나 거대한 성이나 탑도 무너지는 데는 찰나요 한순간이다. 건물이고 사랑이고 부부고 나아가 국가까지 가 봐도 이루기는 어려우나 허물기는 쉽고 빠르다.

그러면 상처 난 가슴은 인생을 비관한다. 잘못 만난 부부는 원망의 대상이요 저주의 대상이 된다. 답이 뭘까. 한마디로 '싸움에 서툰 것'이라 말하겠다.

싸움은 싸움의 요령이 필요하다. 순간의 분 냄이 평생을 절단 내고 당초 목적한 살려고 했던 투정과 앙탈이 빗나간 화살이 되고 자해의 칼이 된다. 저자는 말릴 수 없다,

이 지경인데 싸우지 말고 살라? 말 같지도 않은 말이다. 싸우면 둘 다 손해다? 시답잖은 조언이다. 그렇게 풀 일이 아니다. 싸우는 방법을 깨닫는 것이 박살났거나 박살직전의 부부에게 요긴한 『부부학 콘체르토』가 될 것이다.

정도가 1에서 100까지 단계가 있다면 70, 아니면 80~90도 경사의 위험한 상황에 처한 부부라도 『부부학 콘체르토』를 인정할 여지는

있을 것이다. 살려고 시작한 싸움이라는 말이다. 단, 끝까지 해볼 요량이라면 소용없다. 미리 확실하게 말하는데 도수가 50 미만이라 하여도 잠재된 본심이 말리지 말라거나 이혼하고 끝장을 볼 거라는 사람은 도수가 약해도 약효는 먹히지 않는다. 하여 먼저 그대에게 묻는다. 살기 위해 싸우느냐? 한두 가지만 바꾸면 그냥 살 생각이냐? 답이 뭔가부터 확인해야 한다.

저자가 확인할 일은 아니다. 당사자 이몽룡과 성춘향이가 짚어보고 확실하게 알아야 한다. 이때 춘향이는 살기 위해서 싸운다 하는데, 몽룡이는 살기 싫어서 싸우는 거라고 하면 저자도 모르겠다. 조건이 있다면 둘 다 살자는 마음이 있는 싸움이라면 답은 내줄 수 있다.

타는 불에 기름을 퍼붓지 말라는 게 첫째다. 뛰쳐나가 속상하다고 소주나 들이키지 말고 화해가 될 때까지는 술부터 참아라. 아내가 열통 터지게 하는 술은 타는 불에 기름을 퍼붓는 짓이다. 다음에는 내 말을 줄이고 상대의 말을 끝까지 계속 조용히 들어주어라.

앞서 갈등론 투정의 이치를 적용하되 그때는 싸움이 아니었으므로 좀 지나쳐도 될 것이나 지금은 위급한 상황이므로 더 조심해야 한다. 무엇을 조심하는가? '혈기를 참으라'는 것이다.

못 참아? 그러면 그게 퍼붓는 기름이다. 여자라고 얕잡아 보고 남자라고 믿지 말라. 여자가 강하고 남자의 소견이 더 좁다. 더 이상 건드려 화난 독사의 머리통을 톡톡 치지 말아야 한다.

공자님 말씀 같은 소리인가? 그러나 이게 약이다. 살려면 부부가 싸울 수도 있으나 싸우는 것에도 급수가 있는데 심하면 신나를 뿌리고 불을 지르는 놈도 있다. 이게 못 참는 짓이다. 너 몽룡이가 못 참고 발광하면 나 춘향이도 마찬가지다.

누가 참든 하나라도 참으면 좋은데 둘 다 못 참거나 나만 참으면 내가 굽히는 것이고 지는 것이라고 물러나지 못하겠는가?

묻자. 물러나는 것과 이혼 중에 선택하라. 이혼하는 게 나은가? 처음에 물었던 말이다. 이혼이 목적이라면 저자의 말 들을 필요가 없다.

다시 숨 좀 돌리고 쓰자. 귀에 걸릴지 모르겠으나 편하게 들어라. 부부싸움 최대의 피해자는 자녀다. 갑자기 불쌍한 자식으로 벼랑에 떠밀 참인가.

아이들이 받는 상처는 지금은 표가 안 난다. 10년, 20년 후에 도진다. 아이는 상상 외로 어긋날 바탕을 까는 것이 부부싸움이다. 정신적인 장애가 생겨 독신주의가 되거나 반항아가 되어 누구말도 듣지 않는다. 반대의 경우도 있기는 하나, 백에 한둘이다. 방사능에 피폭되고 아무 일 없기 어려운 것과 같은 이치다. 그러나 자식을 봐서라도 참으라는 구태의연한 말은 않는다.

이번에도 쉬어가는 말이다. 강도 50 이하의 부부싸움이라면 저자의 말이 귀에 걸릴 것이다.

부부싸움은 할 수 있는 최악의 불효다. 싸우는 자식부부를 보면 부모는 자살을 생각한다. 자기는 싸웠더라도 자식이 싸우는 것은 백배나 아픈 고통이다. 늙은 부모에게 보답이 겨우 이것인가? 싸울 일이 있어도 참는 것이 자식의 도리이며 그러면 과연 어른 계신 집이 낫단 말을 듣는다.

헌데도 어른이 있거나 말거나 마누라를 패고, 어른이 듣거나 말거나 남편한테 무식한 욕을 걸러 붓고, 앙탈이 아니라 독살이 등등해 죽이라고 소리를 지르게 되면 저자 같은 성미의 부모는 당장 내가 먼저 죽는다고 난리를 칠 것이다.

이렇게 싸우는 부부는 망조(귀신)를 초대하는 짓이다. 귀신이 듣고 여기 맛있는 것 있다고 달려와 가정을 깰 기회라며 신바람을 낸다.

자꾸 더 서운하고 분한 일을 떠올려 싸울 밑천을 대 준다. 점점 악독한 욕설을 공급해 준다. 불을 질러라, 발로 차라, 살림을 부수어라……

마귀는 잘 사는 집안 부부를 저주하고 싫어한다. 완전 이런 마귀의 수족으로 변하게 한다. 싸움하는 방법에서 가장 나쁜 방법만 생각나게 못된 것만 공급해 준다. 『부부학 콘체르토』의 복된 말은 모두 잊게 만들고 생각나지 않게 한다. 화가 머리끝까지 치민 그 이유도 알려준다.

'내가 뭘 얼마나 잘못했다고 이럴 수 있느냐. 남편이라고 남편답게 해준 게 뭐냐, 와서 고생하고 애들 낳아준 게 죄라더냐?' 어디서 이렇게 유창한 말이 잘도 나오는 건지 저자가 알려주겠다. 모두 마귀가 대주는 재료들이다.

그간 잘한 것이 많다. 허나 그런 건 아예 생각나지 않게 옆에선 마귀가 뭉개버린다. 이참에 버릇을 고쳐야 한다는 당위성만 제공해 준다. 분명히 말한다. 남편 버릇은 영원하여 고쳐지지 않는다. 여기에는 진리와도 같은 원칙이 있다. 싸워서 고치지는 것이 아니라 애교로만 고쳐진다는 것이다.

싸울 때는 말이 먹히지 않아 남편도 엇나간다. 마찬가지다. 마누라의 버릇도 고치지 못한다. 부부간에는 절대 불가한 것이 버르장머리를 고치겠다는 생각인데 되지 않는 것이다. 오직 하나님만이 고친다.

그의 영을 다스리시는 천지신명의 도우심이 없이는 고쳐지지 않는다. 고쳐진다면 몽둥이가 아니다. 몽둥이나 주먹질은 나쁘게 보이는 그 행위를 더 자극해 크게 만든다. 안고 쓰다듬을 때만이 풀어진다.

이런 것을 모르는 부부는 싸움이 잦다. 이런 이치를 아는 부부는 정담이 잦다. "당신은 이러는 게 더 좋아?" "응" "난 아닌데?" "왜?" "글쎄 여자라서 그런가?" 아니면, "남자라서 그런가?" 둘이 웃으며 대화할 때는 고쳐지는데 이것은 고쳐지는 것이 아니라 맞춰지는 것이며 역사하는 성령의 능력이거나 조상님의 은덕이다.

싸움은 최대한 짧아야 한다. 일단 해가 지거나 해가 뜨면 무조건 마쳐야 한다. 오래 끌고 가고 싶은 사람 없지? 현실만 가지고 논하고 싸워야 한다. 그러나 남자도 그렇고 여자도 마찬가지다. 시시콜콜 몇 년 케케묵은 이야기까지 꺼내 지금 이게 문제가 아니라 그때 그게 싸움의 중심이 된다.

그러다가 또 연애할 때와 임신했을 때, 출산하던 그날, 심지어는 친정엄마 왔을 때로부터 남동생 장가가던 날 얘기까지 다 뒤섞여 버린다.

도무지 종을 못 잡게 뒤엉키는 특성이 부부싸움이다. 이건 왜 이런 것일까? 답은 뒤를 돌봐주는 마귀가 조정하기 때문이다.

평소 서운한 것을 묻어주고 넘어가면서 사는 것이 부부다. 그런데 어떤 일로 언쟁이 붙으면 그건 뒷전이고 딴 놈이 튀어나와 그로부터

고성이 나오고 욕이 나온다. 왜 그럴까? 서툴러서 그렇다. 지혜롭지 못한 탓이다. 부부는 지금 현재의 얘기간 하고 싸워야 더 큰 싸움을 막게 되고 떨어지는 정을 놓치지 않는다.

부부의 정의가 뭔지 다시 묻자. 서로의 약준 보완이다. 하나도 백도 천도 부부는 보완이며 서로를 채워주는 보완상대다. 남편은 난자가 없고 여성의 성기도 없다. 아내는 남성의 성기가 없다. 서로가 맞춰야 서로가 이득이고 그게 부부다.

오만가지가 다 그러하다. 남편의 부족함은 왜 있는가? 당신 아내가 다르므로 그것으로 보완해서 채우라는 것이다. 여자는 여자니까 남자가 필요한데 그 중에서도 당신을 그의 적임자로 보았기에 짝을 지어준 것이 천지신명이다.

그러니까 서로의 부족함은 꾸중·원망·불경·싸울 대상이 아니다. 그 부족함은 바로 내가 감수하고 탄아 채워주자는 것이 부부다.

'따지고 왜 그 모양이냐, 돌대가리다, 멍청하다 더럽다……' 할 수도 있겠다. 그래, 더러운 것 맞고 돌대가리 맞다. 멍청한 것 맞다니까. 알기는 아는데 알고 나서 대처가 서툰 것이다. 올바른 대처는 그러니까 그것을 탓하라는 것이 아니다. 투정하라는 것도 아니다. 고집 세다고 때려눕히라는 것이 아니다. 아내가 그 대신, 남편의 그 대신 그런 부족함을 알았으니 채워주고 살펴주고 안아주라는 것이다.

너는 왜 돌출 성기냐고 따지지 말아야 하고 너는 왜 음부냐고 따지는 것이나, 성질도 참 이상하고 식성도 유별나고 도대체 '미련 곰투가리' 같다면 여우 같은 너니까 짝을 지은 것이다. 부부싸움의 원론이란 이런 것이다.

싸우라는 것이 목적이 아니라 맞추라는 것이 목표다. 또 빨리 잘 안 맞는다고 앙탈하고 버텨도 서로가 참아야 한다. 천천히 하면 된다. 또 성생활에 비교할까? 느닷없이 들이밀 게 아니라 안고 물고 빠는 전희가 충분한 다음에 삽입해야 하는 것이나 부부싸움의 원리도 같은 것이다.

싸우면 기가 처져 일이 손에 잡히지 않는다. 직장이고 사업이고 망하는 지름길이 바로 부부가 싸우는 것이다. 다 부수고 거지가 되려면 참지 말라. 양보하지 말고 성질나는 대로 집어던지고 걷어차라. 그게 남는 장사가 아니라 망하는 짓이라도 난 그런 것 못 참는다고? 위대한 게 아니라 무식한 것이다. 그러니 이 지경에 온 책임은 이제 보니 네가 잘못이로다. 가슴을 넓게 펴야 한다.

남편이라고 믿고 따라와 몸 주고 마음 주고 자식까지 낳아주고 살아보겠다고 사들인 세간들, 아내가 그렇게 못된 여자가 아니었다. 남편이 그런 남자는 아니었다. 자신이 그렇게 만든 죄인이다. 죄인이 회개하지 않으면 답은 사형이다. 죽어(이혼)봐야 아나? 살아서 깨닫고 싸우면서 배워라.

자~ 이제 부부싸움 최종분석 연구 결과를 알려 주겠다. 부부는 가슴에 손을 얹고 저자가 주는 묘약을 받아라. 차근차근 원인부터 시작해서 결론은 이러하다.

분명 사랑했다. 사랑했으니까 결혼했고 사랑하기에 싸우는 것이다. 처음 결혼론에서 한 말을 되새겨 보라. 사랑했다고? 사랑한다고? 그렇다면 사랑에는 책임이 따른다고 했지? 바로 사랑의 본질을 깨달아야 한다.

사랑하면 상대는 내 종인가 상전인가 이런 등식은 무식이다. 그런데도 종의 등식을 깐 머리로 살기에 문제다. 내가 널 사랑하는데 네가 왜 이러느냐고 불만 하는가? 사랑은 책임이라 했다. 더 흔한 말로 사랑은 받는 것이 아니라 주는 것, 이 말은 성경의 하나님의 속성이다.

하나님은 주기만 하는 아가페 사랑이라는 말 알지? 바로 사랑은 주는 것이다.

몸 주고 마음 주고 하나님처럼 지구도 주고 물도 주고 공기와 먹을거리까지는 못주어도 상대가 부족하면 채우고 원하면 주는 것이 기본이다. 장사꾼처럼 받아야지 내가 왜 주느냐는 계산하거나, 원리를 모르고 사랑받는 것만 가지고 평가하면 평생 싸운다.

그가 주는 게 서툴 수도 있다. 내가 받는 게 서툴 수도 있다. 그러니까 주어야 한다. 내 줄 것만 열심히 주고, 받을 것은 생각하지 마라. 말이 안 된다 싶은가? 그러니까 이 어찌 된 영문인가? 사랑이란 허울을 쓴 실체는 욕심이었다. '옷 벗어. 말 들어. 내놔. 왜 거부해?' 이건 폭력이지 사랑이 아니다.

사랑한다는 명분을 걸고 사실은 욕망으로 산다. 내 성이 안 차면 나쁜 놈 아닌가? 내가 그의 성을 채워주어야 하는 원칙에서 떠나 뺏기만 하고 적다고 투정하고 덤비고 싸운다. 이때의 부부는 상하 선후가 없다. 부족해도 감사히 받고 부족해도 감사히 주어라.

싸움이 나면 일단 나를 사랑한다는 징표다. 싸움도 감사한 싸움이 바로 부부싸움인데 감사가 가득찬 광주리를 걷어차지 말아야 한다.

우매한 자들이 사랑싸움을 이혼싸움으로, 살인싸움으로 발전시킨다. 좋은 날 좋은 대화로 살살 쓰다듬고 쿠드럽게 애무하여 그의 몸이

성기를 받아들이는 순간에 삽입하듯 제발 불같이 급한 성미부터 버
려라.

/제8장/

성공 부부 실패 부부

부부 행복 성공 · 실패론
(夫婦 幸福 成功 · 失敗論)

『부부학 콘체르토』에서 말하고 싶은 성공하는 부부와 실패하는 부부의 척도는 행복이다.

행복……. 행복이 쉽다면 구태여『부부학 콘체르토』라고 쓸 일도 아닌 것은 부부라는 게 사업도 아니고 돈으로도 평가를 못하는 것이라 행복한 부부를 원하지만 말처럼 쉬운 게 아닌데다가 이게 말로 좌지 왈 우지 왈 움직이는 것도 아니다.

그런데도 더 행복하지 못하여 겨우 죽지 못해 산다거나 이혼해봤자 별수 없으니까 사는 것이라면 그 부부는 졸반은 실패다. 왜 성공하지 못하고 왜 보다 행복하지 못한가? 간단하다.『부부학 콘체르토』는 '부부 행복의 근본 이치'를 깨닫지 못하였기 때문이라고 진단한다.

참새 한마리라도 쉽게 잡히지 않는다면, 무엇하나 완벽한 성공을 거두려면 초미의 이치가, 계산 원리가 맞아 들어가야 한다.

그 초미의 이치와 계산을 잘해낸다면 부부는 달라진다. 분명 달라질 방도가 있다. 이건 말이 길어도 못 쓴다. 머리가 지끈지끈 아픈 것이라도 못 쓴다. 귀에 쏙 들어오고 딱 맞으면서도 간단한 묘책을 쉽게 딱 하나만 기억해도 달라지는 것이 성공이며 실패다. 그것은 바로 '허물 덮어주기'라고 하는 것이다.

안다고 지레 실망하지 마라. 시시하다 하지도 마라. 당연히 잘 아는 말은 맞다. 문제는 알아도 모르는 것, 알기는 알아도 적용을 잘 못하는 것, 대수롭잖게 여기는 것이 모르느니만 못한 대개의 부부다.

부부가 행복하게 잘 사는 데는 요지부동 이 하나만 튼튼하고 매일 이 원리만 적용하면 불행에서 행복으로 행복에서 더 큰 행복으로 자리를 높여 가게 된다. 그러면 허물이란 무엇이며 덮어준다는 것이란 무엇인가? 아니까 들을 것 없다고 책을 덮지 말고 10분, 20분만 투자한 다음에 마음이 움직이거든 두세 번 읽어 복습하기 바란다.

허물이란 恥部(치부)다. 보여서는 안 되는 것 많지 않은가? 가령 아내의 팬티를 벗겨 보여줄 자 있는가? 그러나 여기서 말하는 허물이란 팬티도 팬티지만 실은 그의 태생적 性情(성정)이다.

성질머리라고도 하고 둔하다고도 하고 생각이 없다거나 아둔하다 등등 많다. 드러내기에는 부족함이다. 특히 부부간에 영 맞지 않는 부분이다. 틀린 생각이다. 다른 생각이며 말도 안 되는 상대의 고집도 포함된다.

중요한 것은 아내의 팬티는 마구 벗겨 아무나에게 보여주지는 않는데 이제 말한 상대(부부)의 '성정'은 마구 들춰 아무에게나 막 떠들어대고 보라고 해버린다. 그것은 2차 확대행위다. 1차가 또 있는데 이는 들춰내어 널리 알리지 않아 2차가 100의 50이라면 1차는 나머지

50이다. 나만이 아는 흉이며 허물이다.

그 생각만 하면 살기 싫은 것, 모두라거나 때로 어떤 경우로서 후회스러울 만치 왜 진작 이걸 몰랐나 싶은 치명적인 허물이 또 있다. 그게 무엇인지 손가락을 꼽아보라면 손가락이 모자란다.

바로 그것(1차)까지도 아내의 하체를 꽁꽁 숨겨 덮어놓고 나만 보는 것처럼 그렇게, 아니다 더더욱 따뜻하게 갇추고 덮어 두(주)라는 것이다. 신성한 부분이다.

부부의 사랑을 엮은 중요한 고리요 핵심이다. 앞서 정절이 제일이라 했으나 그에 못지않은 부부의 생명줄이다. 양대 산맥이라 할 것이다.

정절은 산맥 내면의 뼈요 덮음은 산맥의 외양, 즉 살(피부)이다. 2차, 3차 남에게 절대 비공개는 말할 것도 없고 '나 자신에게까지' 그것을 덮고 감추라는 것이다. 아내나 남편(상대)에게까지도 되도록 들추지 말고 덮고 살라는 것이다. 그러나 부부 들은 서로가 서로를 아는 것은 좋다. 그리고는 덮는 것이다. 이때 알그도 그냥 덮어주고 있다는 것은 상대가 알아도 나쁠 건 없다.

어쩌면 아내나 남편이 (그것을)덮어 주고 있다는 그 사실을 상대가 알고 이를 고맙게 생각하게 만드는 것이 더 좋을 수도 있다. 그러려면 서로가 마음이 열리고 사랑이 무르익었을 때에만 대화로 즐기고(나누고), 백, 천, 만에 하나라도 마음이 불편할 때, 싸울 때는 절대 드러내지 말아야 한다.

참 중요하다. 하체는 잘 덮는데 어떤 그 무슨 아내의 부족함은 까발리고 자꾸 지적한다. 아내에게 이를 왜 그러냐고 따져버린다. 성질을 부리고 소리도 지른다.

저자가 답할까? 이렇게 말하겠다. 팬티를 벗기고 왜 나같이 생기지 않고 이렇게 생겼느냐 따질 테냐고 묻겠다. 여자라서 패인 것이고 남자라서 튀어나온 것인데 어쩌란 말인가. 그런데 하체에만 이 중요한 원리를 적용하고 마는 것이 문제다. 성깔도 하체와 같다. 고약한 고집도 마찬가지다.

안 맞는 것이 맞는 것이고 잘 맞는 것이 안 맞는 이상한 원리는 부부에게 많다. 그래서 부부다.

비유로 말한다. 밭에 농사를 짓는다면 밭을 갈고 씨를 뿌리는 일이다. 때가 되어 밭 갈고 씨 뿌리는 것은 결혼식을 올리는 것이 단 하루인 것처럼 잠깐이다. 장시간, 한여름 내내 꾸준히 계속해야 하는 일은 풀을 뽑고 김을 매주는 일인데 부부라는 게 김매기와 같다.

김매기(부부사랑 농사)의 이치는 두렁을 넓고 높게 돋워주는 것이다. 골의 흙을 파서 작물의 뿌리에 더 두껍게 쌓아주는 것인데 이를 '북돋아 준다'고 한다. 왜 북돋아 주는가. 뿌리를 감싸려는 것이다. 덮는 것이다.

그래야 잔뿌리가 넓게 뻗고 토양에 산재한 양분과 수분을 빨아들인다. 북을 돋아주지 않으면 뿌리는 아래로만 내려가야 한다. 잔뿌리는 되도록 줄이고 굵은 뿌리를 만들어 집중적으로 아래로만 뻗어 내린다.

사실 농부가 밭을 갈아엎으면 그 흙은 부드러운 흙이며 기름진 땅인데 그 깊이가 고작 한 뼘이나 두 뼘이다. 보습(쟁기)이 닿지 않은 아래는 생땅이다. 비료를 줘도 거기까지 가지 않았고 생땅에는 양분도 수분도 적다. 돌 자갈이 아니면 마사거나 아예 암석이다.

식물은 짜증이 난다. 굵은 뿌리는 고집이며 강질이고, 실뿌리, 즉 잔뿌리가 애정이고 감성인데 잔뿌리가 적으면 인간성과 아름다운 마음씨와 사랑의 마음이 적고 바짝 말라버린다. 아내나 남편의 성정이 험악하고 포악해지는 것이다.

북을 돋우어 주는 행위가 작물을 풍성하게 잘 자라도록 하게 한다면 허물을 덮어주는 것은 아내를 행복하게 하고 부드럽게 하고 남편을 순한 양으로 만들어 준다. 뿌리는 허물이다. 팬티에 가려진 뿌리는 북을 돋우고 덮는 팬티다.

그깟 뿌리 좀 보이면 어떠냐고 하지 마라. 뿌리가 드러나면 식물은 말라 죽는다. 그래서 농부는 여름 내 뿌리를 덮는 것이다. 잡풀을 뽑는 이유도 보드랍게 북돋아 준 양질토를 작물에게만 먹이기 위함이다.

비료를 주는 이유도 북돋아 준 토양을 통해 작물이 맛나게 먹고 더욱 많은 잔뿌리가 생겨 잘 크도록 돕자는 것이다. 비가와도 결국은 뿌리가 먹는 것이다. 잎도 먹지만 잠깐이므로 뿌리는 부토에 저장된 수분을 긴 시간을 두고 흡수하는 것이다.

부부의 이치를 비유한 말인데 이 비유의 반대로 허구한 날 평생 뿌리를 들추는 부부는 어떠한가. 답은 시들고 사나와 지고 결국은 죽기 아니면 이혼이다.

날마다 있는 흙 없는 흙 밭에만 가면 뿌리를 건드리거나 뿌리가 덮어야 할 흙을 파헤치면 어찌되는가. 긴말이 필요치 않다. 그런데 불행한 부부는 일삼아 아내를 구박하고 남편에게 바가지를 긁어댄다.

먹고 하는 일이 북돋우고 감싸줘야 하는 게 옳은데 틈만 나면 뿌리를 뽑으려고 대들어 버린다. "왜 그러나 몰라" "누가 뭘 왜 그래?"

"우리 신랑 말이야" 혹은 "우리 마누라 말이야" "무슨 소리야?" "아 자식을 어떻게 키우겠다는 건지 모른다니까" 그리고 따진다.

"당신 말이야, 도대체 내가 이해를 못하겠어, 왜 그래?" 건건마다 다른 부부이기에 『화성에서 온 남자 금성에서 온 여자』라는 책도 있었지 않은가. 금성에서 온 게 아니고 화성에서 온 게 아니라 사람을 만들 때 사람 좋으라고 부부를 그렇게 만든 것이다.

부부는 달라야 서로를 채우는 것이다. 이 좋은 다름을 새겨보면 신비하고 오묘한 이치가 들어 있다. 알고 보면 여간 잘 만든 게 아니다. 문제는 좋은 아내를 만들어 주고 남편을 주었으나 좋아도 좋은 줄을 모르는 것이다. 왜 모르는가? 깨이지 않아 그렇다.

깨닫지를 못하면 금과 돌멩이를 바꾸고 횡재했다 좋아한다는 말이 있다. 오랜 옛날 남아프리카 공화국에서 실제로 있었던 일로, 문명인들이 다이아몬드를 보고 놀라워하자 초콜릿 주면 다이아몬드를 주겠다고 하더란다. 결국 남아공 사람들이 초콜릿 하나에 다이아몬드 원석 한 바가지를 바꾸고, 초콜릿 10개에 다이아몬드 한 자루씩 바꿔먹었다는 유명한 일화다.

지금 막(초고 작성시, 연도 잊음) 동국대학교부속여자고등학교 김유리 학생이 제81대 '골든벨'을 울렸다. 다 이루었다. 유리는 지금 더 큰 다른 무엇을 이룰 것이 없다. 벨을 울리고 유리가 성공으로 가는 길, '골든벨'은 고비마다 50개의 문제가 있고 풀지 못하면 탈락이다. 부부도 그런가. 아니다. 부부는 25문제, 반만 맞혀도 탈락은 면한다.

골든벨에서는 20번 문제에서 패자 부활의 기회가 1번 있는데 부부에게는 50개의 고개라면 고개 1번 넘을 때마다 패자, 실수, 착오, 낙제·과락에서 부활하는 기회가 최소한 매 세 번은 절로 있다.

이렇게 보면 부부는 좋다. 야박하지 않고 점수도 후하고. 왜 그럴까. 정이라 부르는 사랑이 모든 것을 참으며 믿으며 온유하고 모든 허물을 덮기 때문이다.

사랑은 주는 것이라 했지만 사랑은 참는 것이기도 하나 정말 너무 감사한 사실, 그것은 사랑의 아름다운 속성으로서 '덮는다·덮어준다'라는 것이다.

부족함을 덮어준다. 무식도 무성의도 실수도 덮어준다. 허물을 덮어준다. 잘못을 용서한다. 정죄하지 않는다. 용서는 덤으로 따라 온다. 어디로 보나 아내 같은 사람 없고 남편 같은 너그러움 없으며 부부보다 넓은 이해와 감쌀 아량의 보자기가 없다. 그럼에도 골든벨 울리지 못해? 왜 그러는데?

지식의 문제가 아니다. 오늘 골든벨을 울린 김유리는 골든벨 문제 선택에서 "원래 파란색을 좋아하는데 으늘은 웰지 초록색이 땡겨요"라는 청소년다운 말을 하며 정답판을 들어올렸다. 부부는 이보다 쉽고 편하고 떨리지도 않는다.

고개마다 쉼터이며 동행자가 손을 잡아주고 처처에 쉼터가 있고 따뜻한 포용이 따라준다. 그럼에도 행복하지 못하다면 생각해 볼 일이다. 서툰 탓이며 『부부학 콘체르토』라고 하는 이런 책이 없었던 탓도 있을 것이다.

세상 모든 부부를 다 분석하지 못하나 최소한 둘로는 나눌 수 있다. 한쪽은 행복한 부부이며 다른 쪽은 행복하지 못한 부부, 더 심하게 말하면 불행한 부부다.

지구와도 같아 0도가 적도라고 한다면 1도부터 시작하여 북극은 북위 180도, 남극은 남위 180도가 정(꼭지)점이다. 0도에서 1도 사이에도 細微(세미) 위도가 존재한다. 0.1에서 0.9까지를 지나야 1이 되는 것처럼 0에서 0.1까지 오는데 역시 써내지 못하는 위도가 존재한다. 행복도 마찬가지고 불행도 마찬가지다.

조금 행복하다거나 많이 행복하다는 것을 누가 수치로 표하고 자로 재겠는가. 부부는 모두 다르기 때문이다. 70억 지구인구 모두가 자기가 선 위도가 있다. 딱 중간이라는 보통, 그저 그런, 줄다리기 할 때 양쪽을 표시하는 붉은 천의 자리에도 누군가는 있다. 행복이 넘치는 부부, 불행의 끝 벼랑에 선 부부. 이건 무엇인가. 무서운 것인가. 신경 쓸 필요는 없나? 있다. 힘든 일도 아니다. 머리 아프지도 않으면서 재미나게 해볼 수 있다면 『부부학 콘체르토』는 "참 책 좋다~" 할 테니까.

살기는 살아도 맛대가리(밋밋함, 행복하다 못함) 없이 사는 부부가 있다. 불만이 가득한 마음에 후회도 아니고 이혼도 아닌데 미지근한 부부 말이다. 냉랭한 부부도 있다. 살을 베듯 차갑고 쌀쌀맞은 부부도 산다. 이들은 치료약이 없나? 정신신경과에 가면 무슨 약이 없을까. 있을 것이다. 상담해보면 약을 줄 것이다. 그러나 갈 생각을 안 하니 문제다.

당장 피가 나면 즉시 달려가지만 마음이 찢어지고 얼어버리는 冷心(냉심)에는 감기약도 먹어주지 않는다. 한참 잘못돼 있다. 왜 이런 중태의 환자를 버려둔다지? 의술이 거기까지 미치지 못하기 때문인데

70억이 다 다른 병이라 임상실험을 마친 치료약이 없는 것이다.

이렇게나 어려운 것이 부부라서 아예 포기하고 사는 것인데 정신문화연구시리즈『부부학 콘체르토』는 과감히 외친다. 고칠 수 있다는 것이다. 실패는 괜히 성공의 열매가 아니다. 실패를 발견해야 성공의 키워드를 제작하기 때문이다.

우선 실패한 부부의 말부터 들어본다 "안 맞아요. 아예 말을 안 합니다. 말을 안 들어먹어요. 내버려 두는 겁니다. 서로 간섭 안 한 지 오래됐어요." 얼마나 아픈 통증 호소인지 감도 없는가?

이건 큰 병이다. 행복이라는 복숭아를 벌레가 다 파먹어 들어가는 중이라는 증거다. "그냥 그렇게 살다 죽는 거지 뭐……." 한숨이나 한두 번 쉬고 빨리 잊어버리는 게 약이라는 결론이다.

그래서 자기는 자기대로 산다는 것이다. 각방 쓴 지 몇 년 됐고, 돈은 제 돈 제가 쓰고 내 돈 내가 쓰는데 간섭도 안 한다는 것이다. 밥은 같이 먹는 일이 드물단다. 같이 먹다 보면 싸우니까 따로 먹는 게 편하단다. 어떻게 부부라고 살아왔다는 건지 놀랍지도 않는다. 자신도 그렇게 산 지 오래니까 다 그런 거라고 치부한다.

정밀하게 진단을 해 보면 부부병의 문제는 '포기'에 있다. 자기가 스스로 포기해 버린 것이다. 노력을 그만둬 버린 것이다. 살이 썩는 피부병은 바로 병원을 가는데, 위암이라면 쩔쩔매는데 부부냉증이나 부부 포기병은 암보다 더 무서운 행복파괴라는 사실 자체를 모르는 것이다.

그래서 자식들 키울 때가 좋았던 것이다. 자식들 크고 나니 할 게 충돌뿐이고 말싸움밖에 할 게 없다. 사사건건, 도대체 어떻게 몇십 년을 살았는지 이상할 정도다. 젊은 부부여 이런 미래가 오지 않게 할 묘수를 찾아야 한다. 이것이 왜 허물을 덮어야 하는가의 이유가 된다.

이때 또 문제가 있는데 그것은 바로 풀이 죽어 용기 자체를 내지도 내려고도 않고 내봤자 소용없고 그냥 포기하고 사는 게 낫다고, 1차, 2차, 3차…… 연이어 계속 포기하는 것 이게 문제다. 게다가 말은 청산유수다. "나라고 왜 안 해 봤겠는가? 소용없어!" 문제의 당사자가 스스로 진단하고 걷어치우는 것이다. 저자라도 별수 없고 『부부학 콘체르토』로 될 일도 아니라고 삭 무시하는 것이다. 그 심정, 이해는 한다.

하지만 그렇게 등한시하고 노력하지 않은 부부는 부부 둘 다 불행하고 최고 아픈 사람은 본인 자신이다. 저자를 향해 잘난 척하지 말라거나, 딴사람 다 돼도 저 사람(자기 아내나 남편)은 저 사람은 안 된다고 결론 내린 지 오래다. 한마디로 의식이 죽은 것이요, 기가 빠진 것이다.

여기에 내 줄 처방전은 "과거는 잘못이 아니며 지금도 잘못이 아니다"라는 것이다. 어제 안 됐고 올해도 마찬가지라는 말은 상대의 문제가 아니라 자신의 문제다. 병은 상대가 아니라 나다.

저자가 자주 하는 말 중에 "포기하지 않으면 다 된다"는 말이 있다. 결정적·직접적으로 안 되는 이유는 누가 뭐래도 자기가 포기하기 때문이다. 내가 포기하지 않으면 된다. 틀림없이 되는 것 맞는데 자기가 그만둔 것이다. 그만두면 절대 될 일도 안 된다.

아내가 똥고집을 부리고 남편이 벽창호처럼 말이 안 통해도 스스로 포기하고 그만두지 말아야 한다. 그만두지 말아야 할 것은? 마음에 안 드는 그 부분 싫은 것, 용납하지 못하는, 그것을 들추지 말고 그것을 덮으라는 것이다. 누구나 눈에 보이는 것은 다들 잘 덮는데 안 보이는 진짜배기 상대(아내·남편)의 성정은 덮으려고 하는 생각조차 던져버린 것이다.

어제는 그랬고 연애 때도 그랬고 작년 재작년 그때는 그랬다 해도, 또 올해도 마찬가지라 해도 내일이나 내년에도 같은 사람은 한 사람도 없다. 더 나빠지거나 조금은 바뀌는 것이 사람이다. 그러면 말하기를 "딴사람 다 돼도 저 사람은 안 돼!" 할 것인가? 답을 내주겠다. 바로 그렇게 포기하고 돌아선 당신이 안 되는 것이지, 상대가 안 되는 것이 아니라는 게 정답이다.

남편이고 아내가 정말 죽는 날까지 참고 하지 말아야 할 말이 있다. "저 사람은 안 된다"라는 말이다. 절대 빈말이라도 하지 않을 부부 불문율은 상대가 바꾸려 하다가도 돌아서게 만드는 멸시다. 짓뭉개버리는 악담이다. 대표적인 악담은 바로 "넌 틀렸어!!"라고 소리치는 것이다. 틀렸으면 내가 틀렸다는 것이 답이다. 제일 기분 상하게 하는 말이 뭔지 아나? 싹 무시하는 말이다. 인격을 짓밟는 말이다. 그 말이 바로 '저년은 안 된다'거나 '저놈은 글러먹었다'는 말이다.

알아듣게 말하면 다 되는 법인데도 저 사람은 안 된다고 하는 말이다. 인격이 최하로 저질인 사람은 이게 대단한 말이고 옳은 말로 착각하고 누구말도 듣지 않는다. 알려주면 자존심이 상해서 더 엇나가버린다.

대단히 좋은 기질이고 이게 아니면 난 이미 죽었다면서 이것이 자기의 자기된 본성이라고 우긴다. 남의 말 듣고 살았으면 난 이미 죽었고 이나마라도 살지 못했을 거라는 주장이 강하다. 답은 속 터지는 아내보다 무식한 남편보다 바로 너, 네가 틀렸다는 처방이다.

부부는 상대를 인정하지 않는 순간 행복이 무너진다. 몇십 년을 살아봐서 잘 안다는 말이 상대의 자존심을 부러지게 한다. 더더욱 골이 깊어지고 오만정이 다 떨어져 나간다. 왜 부부가 불행하고 행복과는 먼가. 그 이유를 깊이 연구해 보면 첫째가 무시다. 멸시다.

인정하지 않는 것이다. 나는 잘나고 똑똑한데 남편이란 사람이, 마누라가 짐승만도 못한 두뇌를 가져서 안 된다는 말을 앞세운다. 이럴 때 '꼴값하고 자빠졌다'라고 하는 것이다.

부부는 절대로 상대적이다. 상대적인 부부의 행복을 여는 열쇠는 그러려니 하고 그렇다면 내가 채워주고 채워지지 않으면 내가 덮고 안고 묻(따지)지 않는다고 하는 허물 덮어주기가 핵심이다. 덮으면 지는 것이라고 여기는 옹졸함은 자기 욕심이다. 정신문화 연구시리즈는 '욕심학'도 있다.

욕심은 아내나 남편을 내가 부리고 조정하고 싶게 만든다. 남자가 여자 하나를 호령하지 못하면 그게 남자냐고 하는 투의 말이나 사상을 개똥철학이라 하는데 정신문화연구시리즈에는 개똥철학이라는 과목도 나올 것이다.

누가 그게 남자답다 하는가? 누가 그게 현대여성이라 하는가? 스승은 바로 개똥이었다. 개똥을 스승으로 모시면 우선은 좋다. 네 맘대로 욕심껏 살라는 것이 개똥철학이다. 말도 안 되는 말이 위대한 사상과 철학으로 자리 잡은 개똥철학은 아내와 남편의 허물을 덮어주면 뭐 떼내 버리라 한다. "사내자식이 돼서……" 이렇게 나가면 대개가 개똥철학이다.

　개똥철학박사의 말은 정신문화 『부부학 콘체르토』와 배치된다. 결국 행복을 다 말아먹고 만다. '덮어주어라, 삭여라, 좋게 보아라, 피곤해도 감수하라…….' 행복한 부부는 어렵다면 너무 어려우나 쉽다면 참 쉽다.

/제9장/

49% : 49% : 2%

부부 변심론(夫婦 變心論)

　　　　　　　　　　　　　사람의 마음(애정지수)을 100이
라 할 경우 크게 둘로 나눈다면 '좋다'와 '싫다'이다.

　좋고 싫은 好(호)不好(불호)는 순간보다 더 짧은 刹那(찰나)에 결정된
다. 인간의 뇌가 정밀한 까닭에 세상에서 사람 상대하기가 가장 어렵
다고 봐도 된다.

　호·불호로 부부를 진단하면 당연히 호(좋다)가 지배하고 있다. 49:49
라는 말은 반반으로 나눌 때를 말한 것인데 이 경우는 좋기도 하고 나
쁘기도 한 감정이 똑같아서 좋다고도 못하고도 나쁘다고도 못해 잘
모르겠다고 하게 된다. 이런 부부가 있을까? 없어야 한다.

　응당 '좋다'의 수치가 높아야 하고 그런 상태니까 부부가 만난 것
이며 사는 것이다. 그런데 처음 만났을 때 한눈에 100점이란 것은 아
예 없겠다.

　현실적으로 잘 사는 부부는 '좋다'가 많아 51%~99%까지를 깔고

앉은 부부다. 현실 싸우는 부부는 반대로서 좋다가 바짝 말라버려 싫어졌다가 1%~99%다. 부부는 좋다 몇%, 싫다 몇%에서 이혼하는가는 단정하지 못해 각각 다르다.

일반적으로 좋다가 50% 이하로 내려가고 싫어졌다가 51%를 넘어서면 부부가 불화하기 시작하게 된다 하겠는데 이런 수치는 개인별로 달라서 A라면 참고 살 싫어진 수치 60%에서도 이혼하는 B라는 사람이 있나 하면, 싫어진 수치가 90%에 육박해도 그냥 사는 부부도 있다.

핵심은 부부가 싸우는 수치가 몇 %라고 보느냐의 문제가 있지만 이것도 사람마다 달라서 누구는 싫어진 것 20%에서도 싸우고 그러다 80%로 뒤집는가 하면, 누구는 싫어진 수치 70%에서 참고 살다 거꾸로 좋아진 지수를 70%로 올리기도 하니 어려운 진단이다.

자기감정의 정밀한 수치란 자기도 잘 몰라서(정확히 진단하지 못하여) 한눈에 반했다 하고 단방에 뿅 갔다고도 하지만 실은 평소 좋다는 사람이라야 해도 겨우 10%에서 20% 사이였다가(별로 만나보지 못하다가……) 순간 50이나 60되는 사람을 만나게 되면 그게 100으로 착각하게 만드는 착시현상도 생긴다.

반대의 경우도 같다. 처음 만났을 때는 '좋다'가 30%였다가 만날수록 올라가야 할 수치가 내려 내려가면서 별로라고 느끼게 한다.

높다가 낮아지는 상대방, 낮다가 높아지는 상대방, 일단 부부가 결혼식을 올린다는 것은 100% 정도로 좋다는 건 아니라도 50%는 넘는 등 사람마다 다르기 때문에 높은 사람 낮은 사람 천차만별이다.

중요하지는 않다. 낮게 만나 높이며 사는 부부도 있고, 높게 만나 낮아지면서 사는 부부도 있는 것이며 올라갔다 내려갔다 부부는 그렇게 사는 것이다.

이렇게 보면 부부는 점수(%) 관리다. '사이' 관리라는 말도 바로 이 말이나 같다. 그런데 누구나 자신은 자신만의 자신의 애정지수를 알 수는 있다. 올라갔는지 내려갔는지…… 묻지는 않겠으나 어쩌면 현실 높았다가 많이 내려간 부부가 더 많을지도 모른다. 세월이 지금은 부부의 情(정)도 낮아지고 식어지게 만드는 면도 있다. 살기가 어려운 것이 영향을 준 것이다.

49+49=98. 그러므로 2%라는 수치는 남아 있다. 이때 2%는 자신도 분간하기 어려운 영역이다. 바로 이 2%라는 동간은 부부에게 중요한 공간이다.

그러면 이제 딱 중간에 해당하는 49%+49%를 좋다 싫다로 반분해 본다고 치고 연구에 들어가 보자.

나머지 2%도 '좋다'로 가면 51:49가 될 것이나 '싫다'로 가게 되면 49:51이 되기 때문에 2%라는 공차 관리가 때른 전체를 좌우지 해 버린다. 싸우는 부부는 때로 2%라는 바로 이 공간 때문에 싸운다.

이혼하는 부부도 0:100은 없다고 봐도 되고, 이혼부부의 극미한 차이는 49:51인 경우도 있다. 이렇듯 부부의 애증수치 관리는 원론 이해가 중요하다. 물론 달력이나 수첩에 일일이 애정지수를 적어놓고 살 필요는 없지만 이런 원리가 작용한다는 것은 알아두면 좋다.

가령 49:49이라면 공간지수 2%를 집중분석해 보면 바로 이 2%가 반전을 일으키기도 한다. 그러나 편차가 너무나 크면 뒤집기가 어렵게 마련인데 이때 낮게 출발한 부부라면 묘책이 있다.

첫 만남의 애정지수가 10이라거나 20인 경우에는 잘 올라가 70까지 갔다가 절반 이상 한 40이 떨어져 버리면 30밖에 남지 않아 실망하고 허탈해져 싸우거나 이혼할 생각도 들게 만든다.

그러나 이런 경우라면 방법이 있다는, 말 그대로 아직은 첫 만남에서 매겨준 점수보다는 아직 높은 상태이므로 싸우고 이혼할 게 아니라 다시 시작할 여지가 있다는 뜻이다. 살다 보면 지구가 돌듯이 사람의 마음도 천사가 아닌 이상 변동(돌)하게 마련이다. 이러다 또 올라갈 가능성도 충분하다는 이유에서다.

문제는 처음에 높게 출발했다면 이런 경우가 참 불리하다. 만약 70%에서 결혼했을 경우 40을 까먹었다면 낮게 출발한 30과는 질이 달라 누구라도 싸우면서 이혼한다고 하게 마련이다. 올라갔다 내려갔다, 마치 파도처럼 출렁거리면서 까먹지는 말아야 하는데 처음 높게 출발한 경우에는 지켜내기가 더 어려워진다. 하여 부부의 사랑도 나중에 보면 높은 수치로 출발하지 말고 낮게 출발하여 높여가는 것이 이상적인가도 싶다.

맞는 말이다. 살다가 점점 정이 들어 애정지수가 올라가는 것이 낫다는 것이다. 첫 점수 높은 것은 우선은 좋아도 나중이 나쁠 우려가 많다는 것이다. 하여 하고자 하는 말은 처음에 잘해주는 남자나 여자는 썩 좋은 짝이 아니라는 것이다.

다른 경우도 있을 것이나 첫인상 아무리 좋아도 너무 좋아 넘치면 나쁜 징조다.

'깔딱 미인'이라고 들어봤는가? 첫눈에 홀딱 반해 깔딱 넘어가게 반할 정도로 아름다운 미인인데, 이게 좋지 않다는 것이다.

처음 만나 아양 떨고 애교부리는 여자는 대개 나중이 좋지 않다. 처음에는 차라리 도도한 여자가 낫다. 쌀쌀맞은 편이 낫다는 뜻이다. 어째서 처음 본 남자에게 "멋지셔?" 말이 안 된다.

이런 여자는 화류계다. 화류계는 한번 만나고 언제 또 볼지 모르니까 오다가다 만난 뜨내기 만남인 탓에 빨리 우려먹어야 하니까 남자의 약한 곳을 바로 공격하는 것이다. 대개의 남자는 "멋지다"는 말에 넘어가는 것이다.

넘어가서 괜한 호기를 부리지는 않는가? 물 쓰든 인심 쓰고 돈도 쓰는가? 술 취한 사람은 그렇다. 그래서 "술 취한 개"라는 말이 있는 것인데 문제는 술도 안 취하고 이런 교태에 마음을 빼앗기는 남자도 많다.

좀 극단적인 예를 든 줄 알지만 부부의 만남도 곰곰 분해해 보면 강·약의 차이는 있어도 둘 중에 하나다.

그러니까 하는 말인데 처음만나 잘허주는 남자나 여자를 조심하라는 것이다. 처음에 잘해주는 사람치고 나중까지 잘하기를 기대하면 실망하기 쉽다는 뜻에서다.

당연 예외는 있다. 꼭 그렇다는 말은 아니나 지나치면 문제다. '시종일관(始終一貫)'이나 '일편단심 민들레', '초심불변(初心不變)'이란 말은 좋은 말이다. 간, 쓸개 다 빼줄 듯이 하는 남자는 남편감으로(꼭은 아닌 대개의 경우) 일단 점수를 깎고 상대해야 한다.

잘해준다는 것은 결혼하고 나서도 평생이 여일(如一)하여야 하는데 쉬 뜨거운 방은 쉬 식는다는 말을 새겨야 한다. 부부에게 이 말은 중요하지만 부부가 아닌 인간관계에서도 적용된다. 처음부터 친절한 사람은 더 이상 친절하기 어렵다. 처음에 인심 쓰고 마음을 다 내주는 사람은 속셈이 따로 있는 경우가 더 많다. 왜 과하게 환심을 사려 할까. 답은 노리는 목적이 있기 때문인데 겸하여 사람이 경하고(가볍고), 한편은 단순하여 그러면 쉽게 얻을 게 있다고 판단한 때문인 경우가 더 많다.

그런 사람은 갈수록 경계대상이다. 언제 어떻게 목적을 다 이루면 얼마나 변할지 상상이 안 되는 경우가 많다. 천하의 미인이라도 과공은 비례가 아니면 일종의 아첨이며 기망의 요소가 더 많다.

이런 말은 『부부학 콘체르토』에 해당하는 말은 아닐지도 모른다. 허나 『부부학 콘체르토』에 이런 같은 논리를 적용한다면 "내가 너한테 얼마나 잘해줬는데 공도 모르고……" 하는 쪽으로 갈 수가 있다.

여자 안 끼고 살인나지 않는다는 말을 '여자는 간교하다'는 뜻으로 오해하기 쉬운데 반대다. 남자가 간교하고 이기적이란 말이 진실이다. 여자는 가만히 있었는데 남자가 잘해 준 것이다. 온갖 시중을 다 들어주고 달라고 하지도 않는 다이아 반지를 사주고 온갖 비위를 다 맞추면서 평생 잘해 줄 것처럼 보이도록 한 다음에 일단 결혼식을 딱 마치고 나면 "잡은 고기 누가 떡밥 준다더냐?" 하고 무심해지는 경우는 많다.

나쁜 말로 따먹고 톡 뱉어버리는 것이다. 이게 남자의 본능인가는 모르겠으나 정신문화의 본류는 아니다. 하늘과 땅 천지신명이 만들어 짝을 지어준 것이 부부인데 부부가 되고 나면 그때부터 흉을 잡거나 아니면 식어버리고, 또 밋밋해지는 경우는 대개 남자가 더 많다.

그러니까 순한 양이 호랑이로 변하는 게 여자다. 여자가 뭘 어쨌다고 여자가 끼면 살인이 난다 하는데 투부까지 이러면 안 될 일이나 현실은 걱정된다. 속기 좋게 처음에 잘해줘 놓고 미워하는 것이다.

영화나 소설 드라마를 보면 반드시 쌍잎이 선다. 삼각관계라고도 하는데 처음에 만난 남자가 주인공 여자에게 반하는 것이다. 주인공 여자는 그런 타입의 남자를 좋아하지 않는다. 그런데 좋아 어쩔 줄 모르고 여자를 만나면 달라지도 않은 선물을 준다. 부담 가서 받지 않으려 해도 어렵게 만든다. 그래놓고 마침내 기번에는 그 여성이 좋아하는 두 번째 남자를 만나게 되는데 이 남자는 잘해 줄 형편도 안되고 금반지도 없다.

애정이라는 것이 금반지 선물 준다그 생기는 것도 아니고 타고난 심성에서 사심 없이 위해주고 과하게 선물이나 어떤 공세를 취하지 않는 것이 옳다는 생각에 꼼수를 부리는 작전도 쓸 줄 모르는 성실한 남자다.

여자 주인공은 두 번째로 만난 남자가 더 좋다. 첫 번째 만난 남자는 가령 재벌회장의 외동아들이거나 왕자다. 두 번째 남자는 돈도 없고 신분도 낮다. 여자는 지체 높은 남자가 무리를 하면서 자기의 환심을 사려고 하는 그게 싫다.

드디어 여자가 두 번째 남자에게로 기울어지고 첫 번째 남자를 멀리하다가 두 번째 남자와 결혼한다고 하게 되면 이제부터 복수의 칼을 겨누고 해코지에 들어간다. 세상 거의 모든 사랑이야기어 이러한 기본 골격의 틀에 화장을 좀 한 경우가 흔하다.

여자가 선물 달라 한 일 없다. 여자가 잘해 달라 한 일도 없다. 공연한 사람에게 자기가 먼저 좋아서 찧고 까불며 있는 것 없는 것 모든 선심을 자청해서 쓴 것이다. 왜 썼는가? 그로서 여자가 좋아하기를 바란 것이다.

그렇다면 여자가 좋기를 바란 대로 여자가 두 번째 남자가 더 좋다면 "그래, 그럼 결혼해라. 행복을 빌어줄게" 하고 돌아서면 좋으련만 "뭣이 어째? 내가 너한테 투자한 게 얼만데 내 마음도 모르고 뭐?" 하고 이를 갈아 버린다. 그러니 왜 그랬는지 답이 나온 것이다. 목적이 바로 가로채기 위함이었다는 것이다.

가로채려다 채지 않으니까 소견머리 좁은 남자 녀석이 놓친 고기가 너무 커서 아까운 것이다. 드디어 못 먹는 감 찔러나 본다고 복수를 시작하는 것이다. 훼방꾼으로 돌변한 것이다. 악마가 되는 것이다.

누가 그렇게 해 달라고 한 일 없고 싫다고 하는데도 안 받으면 재미없을 거라는 은근한 압박과 꼬드기는 바람에 일이 이렇게 된 것이므로 다 돌려줄 테니 그러지 말라고 해도 백배도 싫다면서 이젠 여자 가족의 약점까지 잡아 흔들며 집안을 수렁에 처넣는다고 을러대는 것이다.

물론 일반론이지 이건『부부학 콘체르토』와는 멀게 들릴 수도 있다. 그러나 현실은 거기서 거기다. 잘해주다가 다 토하게 만들고 잘해준 공을 원수로 갚겠다는 것이 바로 이혼도장 찍으라는 엄포다. 잘해주는 것 반갑지 않은 경우도 많다.

물론 여자 쪽에도 잘못은 있다. 처음부터 받지 말고 거절하여 잘라 줬어야 한다. 애정이 아니면 이런 것을 줄 턱이 없다고 보는데 나는 애정에 무관심이고 내 스타일이 아니라고 잘라 줬더라면 복수는 없다.

물론 이게 어려운 결단이다. 남의 호의를 가지고 애정과 결부 짓는다는 것도 여간한 용기가 아니면 어려울 뿐더러 과도하게 색안경을 쓰고 판단한다는 오해도 만만찮은 일이기 때문이다. 그래서 하고 싶은 정신문화적 처방은 이러하다.

남자 입장에서 볼 때 나 아닌 두 번째 남자를 나보다 좋다고 할 수도 있는 일이므로 처음에 오버하지 말라는 것이다. 자꾸 뭘 주고 싶어도 상대가 불편해 하면 (情도) 주지 말라는 것이다. 그런데 이미 물이 쏟아졌다면 어떻게 하나. 답은 마음을 비우고 물어내라 하거나 복수까지 할 생각은 하지 말라는 것이다. 왜 하지 말아야 하는가. 소인배가 되지 않기 위함이다. 악인이라는 말을 듣지 않기 위해서다.

그러니까 애정지수는 인위적으로 올리고 내려지는 것이 아니라 오랜 세월에 걸쳐 금반지나 아파트를 사주는 순간적인 방법이 아니라 모래알처럼 작은 알갱이가 꾸준히 쌓여져야 질이 좋아진다는 것이다.

하지만 세월은 반대다. 노처녀들 오해 말고 들을 것은 대개의 여성의 경우 새 차 한 대 사주고 아파트 한 채 턱 사주면 아무리 싫어도 그와 결혼한다는 것이다. 그런 남자가 어디 있느냐 면서 그런 성의를 무시하면 안 된다 한다.

사랑하니까 주는 것이지 사랑하지 않으면 주겠느냐고 반문하는데 그러면 돈에 몸 파는 창녀와 다른 게 무엇인지 구분이 안 된다.

아파트, 곧 돈에 몸을 팔고 마음을 준다면 그것은 성매매 행위다. 그런데 세월은 지금 진실한 사랑이 실종된 서월이다. 화류계처럼 돈 많은 홀아비 있으면 곰보 째보라도 간다는 말이 흔한 세월이다. 고생

하려면 뭣 때문에 결혼을 하느냐는 풍조가 정신문화를 대적하는 세월이다.

정신문화는 인생 골병이나 들라는 것이 아니다. 정신문화에서 말하는 부부는 가치의 문제다. 돈으로 평가받지 말고 단순한 한 순간의 고열(애정표시)에도 치우치지 말라는 것이다. 잘 사는 아내가 되어야지 돈 더 많은 남자가 오라하면 남편 버리고 자식 버리고 가면 십리도 못 가서 발병 나 가가지고 영원한 불구인생이 되니 그러지 말라는 것이 『부부학 콘체르토』이다.

남자도 마찬가지다. 남자는 미인에게 약한 까닭에 미인이 추파를 던지면 돈은 있고 하니 아내를 버리고 새 살림을 차린다. 뒷돈 다 대주고 새 아파트 사서 거기에 비밀 꽃밭을 만든다. 친구들이 부러워한다. 외제 차 몇 대 있고 아파트에 땅도 많고 애인이 몇 명인데 해외여행 갈 때는 꼭 애인하고 간다면서 괌이다 베트남이다 태국이다 하고 세계를 돌아치고 다니는 남자가 능력 있고 멋진 남자라고 부러워하는 세월이다. 역시 정신문화를 깨뜨리는 사고다.

세월은 부부를 치료하지 않는다. 반대로 병들게 하고 갈라지게 만든다. 소득격차가 커졌고 정신문화는 찰나 문화로 바뀌어 감각적이고 촉각적으로 기울어졌다. 순종이란 말은 원래 내동댕이쳐야 할 구어라는 점을 인정하는 것이 『부부학 콘체르토』이다.

또 희생이란 말도 걷어차 낸다. 아내는 복종하고 남편은 군림하던

구시대의 사고는 『부부학 콘체르토』에서 하고자 하는 정신문화와 정면 배치된다. 남편은 등골이 휘게 고생하고 아내는 호의호식하고 마마처럼 모시는 경향의 신 풍속도 『부부학 콘체르토』는 배격한다.

순종과 희생에 대응하는 새로운 정신문화 영역의 『부부학 콘체르토』는 두 단어를 걷어치우고 상부상조하며 서로의 부족함을 채우며 단점을 보완하라는 말로 바꾼다.

49:49를 분배하고 남은 2%는 아량이다. 양보이며 서로가 져주는 것이다. 부부가 애정지수 고득점을 유지할 방도를 위하여 2%는 묻고 덮어주자는 것이 『부부학 콘체르토』이다. 그러나 세상이 녹녹치 않아 부부는 세상에서 불어오는 시류에 흔들리게 돼 있다. 이견이 좁혀지는 대신 벌어지고 성격은 유순해지지 않고 날카롭고 포악지고 있다.

이대로 버려두면 안 되는 것에서 중요한 것은 부부의 애정관계다. 내려가는 사랑의 온도를 높일 묘책을 찾아야 함에 있어서 중요한 수단은 『부부학 콘체르토』 제6장에서 말한 "부부는 말로 산다" 할 때의 대화다.

대화의 목적을 바로 알아야 한다. 따져서 이겨 항복을 받아내어 그 못된 버릇을 고치겠다는 목적이 있는 대화는 전쟁이지 대화가 아니다.

대화는 49:49의 애정지수를 체크하고 2% 공간을 분석하여 웃으면서 인정하고 조정하여 애정의 도수를 높이겠다는 목적일 경우라야 대화라 한다.

그러나 부부는 늙는다. 젊어서 만나 살다보면 늙음에 따라 부부는 달라지고 변한다. 부부가 첫날밤의 그 마음 그대로 사나? 나는 그렇다 한다면 조심하라 하련다. 위험하다 하련다.

첫날밤이 지나고 자녀를 낳고 기르다 보면 첫날밤의 감정은 회상하기도 어렵게 멀어지고 만다. 왜 멀어지는가? 실망의 연속이 범인이다. 겪어봐야 알게 되는 것이 사람인 까닭에 겪으면서 느끼는 것이 있기 때문이다.

"아! 이 사람에게 이런 면이 있었구나." 아내만이 아니라 남편도 느끼는 게 부부 공통이다. 물론 따라는 주지만 결과는 곧 낭패로 나오는 게 더 많다. 이렇게 반복되다 보면 여자가 남자의 위치로 가고 남자는 여성화하는 경우가 있는가 하면 남자는 포기하게 만들고 여자는 실망하게 만든다.

우선 예쁘던 얼굴이 예쁘게 보이지 않기도 하고, 말소리도 듣기가 싫어지기도 한다. 앉는 것도 밉고 자는 것도 보기 싫고 숨소리도 듣기 싫을 때도 있다. 권태기도 온다는 것이다. 변심의 시기도 맞는다는 것이다. 얼마 남지도 않은 애정의 바가지가 닳아버린다는 것이다. 다 막아도 마음 변하는 것 막기 힘들다. 결국 한쪽은 마음이 변하기도 한다. 동시에 둘 다 변하면 이혼한다.

요는 그래도 변치 않고 한쪽은 줄어드는 애정지수를 높이기 위해 노력하는데 어느 날 보니 남편이 변하고 아내가 변한 것이다. 청천벼락보다 더 무서운 변심, 이런 날이 다가와도 올 줄 몰랐다고 '아이고!' 땜을 놓지 말 것은 『부부학 콘체르토』가 미리 알려줄 것이기에 하는 말이다.

부부라고 불변이 아니다. 얼마나 어디까지 변하느냐의 차이만 있을 뿐, 분명 부부는 변한다. 자신도 알고 상대도 안다. 그러나 대처하는 기술이 없어 갈라지고 별거하고 이혼하는 것이다. 위기를 위기인 줄 모르는 인간은 지진을 감지하지 못하나 코끼리는 미리 알고 산으로 오른다 했다.

위기, 변심의 위기는 예방주사를 맞아야 하는데 일단 어긋나면 '내 마음 나도 몰라'로 감당이 안 된다. 그렇다고 "나 지금 마음변해가고 있어……" 이렇게 말하는 부부 있나? 반대로 "당신 지금 마음이 변하는 것 맞지?"라고 묻는 부부는 있다.

그러면 이때가 중요한데 "생사람 잡지 마!" 소리를 지르며 덮으려 한다. 이것은 부부를 파멸로 몬다. 결국 바람도 나고 새살림도 차리고 가출도 한다.

절대 그럴 일 없다고 장담하는 마음을 어리석다고 하지는 않는다. 가상하고 참 착하다 하련다. 그러나 때는 늦었고 우는 사자의 이빨에 씹히기 시작하면 인력으로는 불가능이다. 생고부가 되거나 난데없는 홀아비 신세로 추락한다.

세상이 인정하지 않아 "마누라가 바람나서 애들 두고 집 나갔대" "뭐야?" "그래서 집 나갔대?" "야~ 그 여자 그렇게 안 봤는데 딴판일세." 이 정도만 돼도 낫다.

"오죽하면 나갔겠어?" 여기까지도 들어줄만 하다만 "밤일이 시원찮은 모양이지" 하는 말을 듣게 된다면 죽어야 치유될 영원한 상처가 된다. 반대의 경우도 마찬가지다.

이처럼 극단의 변심은 초심유지 실패이며 관리미숙이고 대화가 서툰 탓이며 부부애정관계에 대한 무지의 탓이다. 앞서 말한 것처럼 "지금 나는 마음이 흔들린다" "변하는 중이다" "집을 나가고 싶다" "이혼하자" 진심을 그대로 솔직히 말해야 한다.

그러나 솔직 정직하게 이런 말을 잘 하지도 않지만 만약 사실대로 말해도 상대가 소화를 못 시켜 받아들이지를 않는 묘한 관계가 부부다.

"나? 늙나봐. 안 아픈 데가 없어" 하면 "아, 나이가 이제 몇 살이나 먹었다고 그래?" 이런 식으로 받아쳐 버린다. 계산이 어두운 탓이다. 부부 변심론에 대해 무지한 탓이다. 변할 수 있다. 이게 부부다.

천하에 변치 않는 것은 단 하나도 없다. 세상 모든 것은 다 변한다. 불변성은 하나님만의 속성이라는 성경은 몰라도 사람은 변한다. 세월에 장사가 없는 그것이 변심이다. 변하는 것 알지도 못하거나 변하는 줄 알면서도 자신마저도 막아지지 않는 것이 사람이다.

일단 '사랑을 할 줄 안다는 것=변할 줄도 안다'는 등식이다. 뜨거운 사랑일수록 변할 여지가 더 많다. 특히 맛있는 음식이 더 잘 변하는 것처럼 좋은 아내가 더 변할 우려가 많다.

참나무 장작은 더디 변하나 도토리묵은 하루만 지나도 변한다. 뻣뻣하고 무재미한 경상도 남자도 변하고 나긋나긋한 신랑도 변한다. 인간은 변한다. 꼭, 반드시, 필연으로 변하는 것이 인간이다. 사랑은 특히 더 잘 변한다. 달콤할수록 변한다. 그러니 어쩌면 좋을까.

변한다는 것을 미리 알고 살아야 한다. 건강에 비유하면 독감이 올지도 모르는 게 아니라 환절기가 되면 꼭 오는 것이니 예방주사를 맞아야 하는 것과 같다.

다 변해도 내 남편은 내 아내는 변치 않을 거라고 찰떡같이 믿는다면 좋지만 대비는 필요하다. 이때 항상 공중에 뜬 49:49라는 기본은 빼도 남은 2%라는 공간은 이도저도 아닌 변질요소다.

그런데 달랑 2%라면 나을 건데 20:20이 기본이고 변질요소가 60이라면 거대한 공간이 비어 우선 49:49로 맞춘 다음, 부부 둘이 온 힘을 다 합하여, 자존심 같은 것 다 버리고 예방주사를 맞아야 한다.

혼자서는 못 맞고 약효도 없는 '變心防止(변심방지)예방주사약'이다. 부부마다 처방은 각자 다 다른데 이는 본인들이 묵상해 찾아보면 안다.

/제10장/

격조 있는 부부

부부 격조 수준론(夫婦 格調 水準論)

굼벵이 부부도 부부는 부부다.
교미하는 개도 그때만은 분명한 부부다. 부부를 말하면서 굼벵이, 개,
돼지, 송충이, 지렁이, 구더기까지 들먹이고 이들 부부도 부부는 부부
라고 한다면 기분이 나빠진다. 더럽고 징그러워져 비교하면 안 되는
인간 부부까지 공연스레 추하다는 느낌까지 든다. 그럼 좀 고상하게
비유해 볼까?

은행나무는 암나무가 있고 수나무가 있다하듯 나무도 부부가 있다.
그런데 꽃과 벌 나비도 부부일까? 해와 달은 부부가 아니지? 밤과 낮
도 부부는 아니고…….

말문을 이렇게 연 이유는 부부도 질이 달라 부부의 품위가 있으며
격이 있다는 말을 하고자 함이다. 고상한 부부가 되라는 것이다. 천박
하지 말라는 것이다. 하늘나라 선녀보다 더 아름답고 천사처럼 순결
고고한 부부로 살라는 역설문장으로 시작할 뿐이다.

부부여! 이 얼마나 아름답고 고결한 이름인가. 이름값 하고 살고 막

살지 말 것이며 독사처럼 갈라진 혀로 두말하지 말고 잘살라는 것이다. 흔히 비둘기처럼 다정하게 살고 원앙새처럼 예쁘게 살라는 뜻인데 속지는 마라. 원앙새는 암컷이 임신만 했다하면 수컷은 그 단박에 다른 암컷에게로 날아가 졸졸거린다는 것이 밝혀졌다. 어떻게 살면 남 보기 좋고 부모가 봐도 예쁘고 자식들이 보아도 존경스러울 것인가?

짐승같이 살면 안 된다. 이때 개돼지 같은 부부도 있다 하면 돌을 던질 참인가? 그런데 있다. 부끄러움을 모르는 부부다. 귀하고 천한 것을 구분하지 못하고 망신을 피할 인격이 없는 것이다.

물론 그렇지 않다 한다. 오죽하면 이렇게까지 하겠느냐 한다. 창피스러운 줄 알지만 참을 수가 없다는 것이다. 남이야 어찌 보든 내가 화가 난 마당에 그게 중요한 게 아니라 나버린 화딱지가 더 중요하다는 것이다. 체면이나 인격을 잊는다. 짐승이라 해도 좋다는 건지 절제력 같은 소리 하지 말란다.

부부는 싸울 일 많지만 어떻게 싸우느냐에 따라 집안 공기가 달라진다. 크게 보면 나라까지 병든다. 자식이 삐뚤어지나 마나 다 제 팔자라고 해 버린다.

안하무인이라 사람의 행동이나 인성을 잃을 때가 많다. 하여 『부부학 콘체르토』는 격조 있는 부부가 되어야 한다는 말부터 하겠다. 그렇다면 격조 있는 부부란 타고 나나? 그렇지 않다. 『부부학 콘체르토』를 통하여 최고는 아니어도 한 단계씩 올라가 부부도 행복하고 가정이 화목한 길로 가자는 것이다.

格調(격조)란 사람의 품격과 취향이다. 품격을 말하면 마음상하지 말고 듣고 취향도 점검하여 부부가 고상하게 살라는 것이나 그러고 싶지 않은 부부는 없을 것이다. 그게 말같이 잘 안되니 문제라 할 것이다.

묘책은 부부로 만났으면 취향간격을 좁히라는 것이다. 취향편차는 결혼을 할 때 잘 조정하여 취향 채널과 사이클을 잘 맞춰야 한다. 그때를 놓친 부부는 거리를 좁히기 어렵다지만 세월이 갈수록 더 어려워진다.

먼저 종교인이라면 종교부터 조율해야 한다. 이렇게 조율하여 채널과 사이클을 맞출 것은 많지만 먼저 가치관이다. 가치라는 말 쉽고도 어려우나 매사에 적용되는 말이다.

집안을 수석과 분재로 채울지, 서재토 채울지, 외제 가구로 채울지, 고급 양주로 채울지, 화가의 그림으로 채울지, 메이커 의상으로 채우고 구두와 양복으로 채울지…… 이게 가치다.

불상을 상석에 모셔 놓고 달마도를 벽에 걸거나, 성모상을 모시고 성 만찬 그림을 벽에 걸거나 부부는 무엇이 좋고 싫다는 가치라고 할 생각이 있다. 연애 시절부터 이런 문제부터 정리정돈이 잘되니까 결혼까지 한 것이다.

나이트클럽에서 만나기를 즐겼는가? 커피숍인가? 극장인가? 레스토랑? 아니면 고궁, 도서관, 박물관, 관광지? 만나서 두 사람이 편안하고 안락한 부위기는 각자 다르다. 그러나 이런 취양이 다르면 부부까지 오지도 않았을 일이다. 두 사람의 추미가 같은 것 중요한데 더 중요한 것은 가치관이다.

가치관의 채널과 사이클이 맞다면 종교도 맞는가? 부처님과 예수님을 한집에 모시면 못 쓴다고 단정하기는 어려우나 불편해진다.

일요일이면 교회를 가는 것도 함께 가야 기쁜 것이 부부인데 한 사람은 안 가면 기쁨이 반감한다. 이렇게 조율하여 격을 맞춰야 하는데 살다 보면 미처 맞추지 못한 자그마한 문제들이 큰 걸림돌이 되어 알고 보면 태생적 한계도 있으나 부부가 된 배필 중 누군가가 조율을 막는 경우가 많다.

부부간에 가치와 취향이 어긋나 골이 깊고 벽이 두꺼워 지면 품격이 떨어진다. 정신문화연구시리즈에는 '품위학'이라는 책이 있다.

인간 정상급 인격은 인격이라 하지 않고 품위라 하고, 다음은 품격이고 다음이 인격이다. 인격이 50점이라면 품위가 100점이라 할 것인데 인격 이하는 인간성이라 하거나 그냥 인간, 여기서도 또 점수가 내려가면 인간도 아니라 하고 막장은 개마도 못하다 하고 짐승이나 다를 게 뭐냐고 하게 된다.

부부에게도 똑같은 논리가 적용된다. 품위 있는 부부, 이를 격조 높은 부부라 할 것인데, 짐승 같은 부부라는 말을 듣고 싶은 부부가 어디 있을까마는 본인의 의지와 다르게 오해가 됐든 사실이 그러하든 부부의 격조가 형편없는 부부도 있다. 방법이 없겠는가? 우선 무식을 벗어야 한다.

무식과 유식의 분기점이란 학식을 기초로 하는 말이기는 하나 학식보다 지혜로움을 말한다. 지식은 많아도 지혜가 부족하기도 하고 학벌이나 지식은 낮아도 지혜는 출중한 사람도 있다.

또 이때의 무식을 벗는다 함에는 인간성도 포함된다. 지혜로우나 잔꾀를 지혜라 하며 가슴이 차갑고 인정이 없는 인간성도 알고 보면 유·무식과 직결되어 있다. '배움＋지혜로움＋인간다운 따뜻함＝격조 높은 부부의 조건'이라는 말은 간략히 압축한 일부이고 전부를 말하기는 무리다.

많은 부부의 높은 격조를 구성하는 요소는 논쟁의 여지가 많아 단정은 금물일 것이나『부부학 콘체르토』가 말한 이상 3가지 조건을 갖추기만 해서 격조 높은 부부라 할 수는 없다. 이 3가지를 기초로 한 인격 위에 이를 어떻게 적용하며 조화를 이루어 내는가의 문제가 본 제10장 부부수준론이라 할 것이다.

부부에게는 부부의 수준이 있다. 자로 잰 듯 수치로 말할 수는 없으나 누구에게나 감지되는 엄연한 실제가 부부의 부부된 인품이라 할 부부수준이다.

물론 어느 누구도 상대를 가리켜 수준이 낮은 부부라고는 잘라 말하지 않는다. "그 부부 어때?" 이 정도로 오가는 대화에서 "괜찮던데" 혹은 "이상한 부부야"라던가, "참 좋은 부부 같더라"하는 정도의 대화 정도가 오고가나 이런 대화도 돌아온 부부 사이나 혹은 친한 관계에서만 하는 평가여서 좀처럼 드러나지 않는다.

그러므로『부부학 콘체르토』에서도 이를 자르고 재는 것은 신중해야 한다. 그러나 엄존하는 현상이기에 그게 무엇이며 왜 중요한가를 생각해 볼 이유가 된다.

엄존하는 부부의 격조는 누구보다 먼저 부부 두 쌍이 만났을 경우 상하의 격조를 부부 두 쌍 모두가 동시에 감지해 피차 알게 된다는 것은 실체다.

왠지 만나보면 격조가 느껴진다. 바둑에서 한수 위 고수를 쉽고 빠르게 감지하듯이 부부간에도 쉽게 감지되는 특징이 있다. 격이 한수 윗자리에 있는 부부는 한수 아래의 만난 상대부부의 단수나 급수(바둑에 비유하면)를 바로 알게 된다. 물론 말은 하지 않는다. 그런 표정도 드러내지 않는다. 한수 아래에 있는 격 낮은 부부 자신도 만난 상대 부부가 한수 위라는 것을 직감한다. 역시 드러내 말은 안 한다. 감춘다. 하지만 안다.

누구보다 이 점을 가장 정확하게 잘 아는 사람은 당사자다. 바둑에서 18급부터 시작하여 9단까지 27개 단계의 위아래가 있다면 부부의 격조 역시도 1점에서 100점까지 실존하고 반대로 마이너스 100점까지도 엄존한다.

본인 부부가 이를 잘 안다. 감지하는 순간 말은 잘 안 해도 격조가 낮다고 느끼는 순간 내심 자존심이 상한다. 높이고 싶다. 그러나 높일 방도를 모른다. 심층 연구할 주제가 이것이다.

첫째는 부부된 두 사람이 앞서 말한 3가지 요소자체가 낮은 탓이라 할 것이고, 둘째는 부부된 두 사람이 조화가 아닌 불화상태일 때 부부격조의 단수와 급수가 떨어진다.

첫째와 둘째가 정 반대라고 한다면 급수와 단수가 올라가게 된다. 어떡하면 올라가고 어떻게 하면 내려가 줄어드는가. 저자가 정답까지 내줄 능력은 없겠으나 함께 좋은 답을 찾아갈 길을 더듬어 보는 과제는 내 줄 수 있다.

연구에 연구를 거듭하면 부부의 격조는 높아질 것이며『부부학 콘체르토』가 함께 연구자로 동참할 것이다. 이때 이를 단순하게 표현한다면 허접하다 할지도 모르겠으나 '부부격조의 비법'이라 하겠다. 그럼 유치할지 모르겠으나 말한 대로 그것을 '비법'이라 하기로 하고 그 비법이라는 것은 무엇인가 생각해 보자.

첫째로, 부부는 각자 열심히 공부하라는 것이다. 이때의 공부란 학문을 기반으로 하는 것이다. 여기에 그치지 말고 지혜를 쌓으라는 것이다. 나아가 지식과 지혜 위에 인품(인간성)을 더 하라는 것이다.

사실 많은 부부가 배우지 않는다. 일단 부부가 되고 나면 아예 학문의 빗장을 잠가버린다. 이게 바람직하지 않다. 음악을 하거나 그림 서예를 하거나, 혹은 요리든 육아든 문학이든 부부가 된 후에도 열심히 배우는 부부가 많은데 이는 바람직하다. 기계와도 같은 것이라 학문도 배우지 않으면 그 자리에 그대로 있지 않고 퇴보하는 것이다.

일단 대학을 졸업했어도 그것은 아내와 남편으로 살아가는 부부 학문과는 대개가 무관한 것이 현실이다. 이는 취직이 되었으니 더 이상은 배우지 않아도 된다는 말과 다를 게 없다. 아무리 좋은 직장에 취업했다 하여도 목(해고)이 잘리지 말라는 법이 없다. 직장에 들어갔으면 이제부터 더 노력하고 배워야 한다.

궁궐 내의원 의과시험에 합격했다 해서 학업을 중단하면 어의가 되지도 못하고, 설령 어의가 되었다 하도 노력하고 연구하지 않으면 임금의 병을 잘못 돌보아 오히려 벌을 받고 쫓겨날 우려는 늘 있는 것과 같다.

공연히 예전에 배운 것만 믿고 보다 공부하기를 게을리 하여 임금이 돌아가시기라도 할 경우 어의는 사형을 당할 수도 있다는 이치다.

부부도 이와 일점 다르지 않다.

그러나 현실은 부부가 되었으면 더 이상은 공부하지 않는다. 취직만 됐다고 끝난 게 아니라 승진을 해서 과장 부장이 되고 특별 보너스와 상여금도 받아야 하건만 아내의 경우도 아기만 잘 낳으면 끝난게 아니라 낳았으면 잘 키워야 하는 것과 같은 이치다. 부부의 실생활도 그러하지만 부부의 내면에 잠재된 격조의 3요소도 마찬가지다.

부부는 알아야 할 게 있는데 아내고 남편이지만 그에게는 그 된 사고(사상+이념)가 있다. 그가 나의 남편이나 아내라고 하는 것의 비중이 크지만 못지않게 큰 비중을 차지하고 있는 것이 그의 그 된 존재이유다.

별로다 싶건만 아무것도 아니게 보이는 화분 가꾸기에 목을 매듯하는 경우, 애완견이 없으면 못산다고 하는 경우, 남편보다 개를 더 좋아한다면 개를 버리든가 남편을 버리라는 말이 나올 정도로 상대의 평가가 높든 낮든 부부는 각자가 느끼는 만족이 있으며, 남편은 남편으로서 아내는 아내로 인정하면서도 또 다른 그 무엇이 하나씩 있다.

낚시? 등산? 골프? 세상에서 그런 것을 높이 보든 낮게 보든 부부 일방은 그것이 남편이나 아내보다 더 애지중지한다고 오해를 할 정도로 집착하는 것이 있다.

일단은 격조 고하를 떠나서 아예 그런 게 아무것도 없는 것 보다는 낫다. 허나 고스톱을 신주단지처럼 여기며 난 그것 없으면 못산다거나, 술 마시고 춤추는 것을 가치로 여겨 시간만 나면 아내나 남편도 잊고 그에 몰두한다면 일단은 그로서 그가 존재하는 이유라든가 존재확인, 아니면 그것이 또 다른 가치라고 보기 때문이다.

이때 저급하고 럭셔리 하고 않고의 여부는 언뜻 중요하지 않게 보기 쉬우나 사실은 그것이 자기 자신의 존재이유와 가치라고 하기에는 허접하고 무가치 한 것이라면 문제는 심각해진다.

누가 어떤 그 무엇, 남편이나 아내라도 되는 양 목을 맨다면 치우라고도 못하고 싸울 수도 없고 부부가 힘들어진다.

그러면 부부의 질이 떨어져 격조가 낮아지고 마는데 하나는 선택한 가치의 격이 낮은 탓이며, 다음은 그러므로 부부가 부딪치고 불화하기 때문이다. 화합이 중요하고 무엇이냐고 하는 선택이 중요한 것이다.

무엇이든 가져라. 그리고 열심히 노력하고 배워라. 그러나 유해한 것을 선택이라고 하지는 마라. 선택이 잘못됐으면 바꿔라. 바꾸기 싫고 부부간에 간섭하는 것이 심한 거부감이 생기게라도 된다면 일단은 턱을 괴고 심각히 고민할 문제다.

그로서 싸우는 것이 나을지, 되지도 않는 더러운 것을 추천받고 내 것을 버릴지, 무가치하고 질 낮은 내 것을 버리고 부부 된 상대가 이것으로 바꾸자고 하는 대로 바꿔야 좋을지, 이에 대한 정답이란 본인의 권한이라 저자가 이래라 저래라 할 수는 없다. 그러나 이렇게는 말할 수 있다. 부부 품위보다 더 값진 가치는 없으므로 첫째는 배우라는 것이다.

선택을 잘하였고 아내나 남편의 체면을 더 높이는 선택이 아닌 격 낮은 것이라면 버리고 새로 선택해야 한다. 그리고 그에 대한 학문을 닦고 성장시키며 지혜와 인간성의 참맛을 덧입히라는 것이다.

문제는 이로서 끝이 아니다. 부부가 상극으로 다른 것을 선택한 경우 이를 인정하고 인정받기가 어렵다는 것이 있다. 한쪽은 고상한데 한쪽의 선택은 지저분하고 더러운 것? 실존한다. 본인은 잘 모른다. 그러나 상대는 안다.

그러나 상대가 이를 알고 바꾸라고 하면 독선으로 매도당하기 쉽다. 이럴 경우 무관한 제3자는 객관적이고도 확실한 정답을 안다. 하지만 제3자도 그 중요한 것을 버리고 바꾸라고 말하기는 참 어렵다.

나름대로 아무리 격 낮은 취향이라 해도 그 속에도 역시 철학과 진리는 있는 것이므로 우겨대면 싸우기 싫어서도 말을 안 한다. 말을 안 한다고 하여 점수가 없을까? 100점짜리로부터 0점짜리까지, 마이너스도 존재할뿐더러 앞서의 경우와 같이 두 쌍의 부부가 만났을 경우 키 높이의 차이는 엄존한다는 것이다.

그러나 정상급에 높이 올라가면 98점이나 97점은 등급차라고 보아서는 안 되기 때문에 크게 상·중·하로 구분해 깊이 연구하고 분석해 보면 부부는 알찬 부부가 있고 낭비하는 부부가 있다.

무가치 한 것을 가치로 여기며 돈과 시간과 마음을 소비하면 어리석다고 할 수밖에 없다. 반대로 고고한 상급 취향을 위해 시간과 돈과 마음을 소비하면 그것은 행복의 창고에 행복의 생수를 가득 채우는 결과가 되어 격조 높은 부부로 산다.

할수록 손해나는 짓이 있고, 안 하면 손해나는 짓이 있다. 이것이 부부가 자신의 격조를 높이는 비법이다. 여기서 더 유익한 그 무엇은 없을까? 글로 써 가기 만만찮아 어떻게 받아들여질지 우려되지만 또

간과하지 말아야 할 요소가 있다.

반드시 3요소를 갖되 부부 양쪽이 피차 존중받는 상위급에 열심을 내라는 것이다. 이때 어려운 것은 미세한 차등을 잘 가려 분석을 잘 하는 것이다.

아내가 남편이 선택한 취향을 만족히 여기며 남편이 어느 누구에게도 아내가 선택한 취향에 대해 자랑스러울 정도로 만족하는 것이라야 좋다는 것이다. 그러므로 아내나 남편만이 인정하고 만족하는 것만으로는 부족하다. 제3자가 부러워 할 격조를 가졌느냐의 여부가 더 중요하다.

이렇게 말하면 부부가 무슨 남들을 위해 사느냐 할 수도 있을 것이다. 우리 둘 부부가 좋으면 그게 제일이라고 무시 할 수도 있다. 그렇지 않다. 부부만 좋으면 그만이 아닌 또 다른 이유는 바로 자녀들과도 연관이 있기 때문이다.

제3자가 인정하는 선택은 분명 자녀도 충족시킨다. 반대로 부부만 인정하는 선택은 자식이 만족하기 어렵다. "너희 아빠는 무엇을 좋아하시니?" "엄마는?" 하고 물을 때 자녀는 무엇이 상위급이고 하위급인지 분별을 잘 못하기도 하나 보이지 않게 예리한 내실은 확연히 존재하고 나아가 이것은 부부를 행복하지 하여 격조를 높이 평가받는다. 하지만 격조 높은 부부로 산다는 것은 구조적으로 어려운 일이다. 제 눈에 안경이라는 말처럼 입맛부터가 다른 게 부부다,

TV 채널을 선택하여 즐겨보는 것도 다른 것이 부부이며 앞서 각 부에서 말한 것처럼 부부는 생리적으로나 체질적으로도 다르다. 이렇

게 다른 부부가 둘이 똑같은 취향을 가진다는 것도 그만큼이나 어려운 문제다.

그럼에도 둘이 똑같이 고상한 취향을 가진다면 최선이라 할 것이나 과욕이라 할 수도 있다. 또 각각 다른 취향이라 하여도 격조는 상위급이 될 수는 있다.

하위급이면 중위급으로 올리고 중위급은 상위급으로 올릴 방도를 연구하면 이상적일 것이나 한 번 정한 취향을 끝까지 지킨다고 하게 되면 중위에서 상위로 올리자고 제안하는 바람에 부부 사이는 더 멀어지기도 한다. 그러니까 격조의 실체가 무엇인가를 연구해 보는 것도 중요할 것이다.

격조의 등급은 돈으로 평가되지 않는다. 돈이 많이 있어야 가질 수 있는 취향이라면 쇼핑을 예로 들거나 비싼 음식에 고급요리를 즐긴다고 하는 류의 취향은 먹어치워 없어지는 것이라 『부부학 콘체르토』에서는 중하위급으로 본다. 소모되고 사라지는 것보다는 보존되고 남는 것이면서 유익한 최고의 가치는 정신문화에 뿌리를 둔 정신적 가치를 최고로 친다.

물질이 중요하나 그보다 더 값진 것이 있다는 뜻이다. 가령 그림그리기를 취향으로 가진 부부가 그린 그림이 모모 재벌회장이나 정치인과의 연고로 인하여 고가에 매매되었다고 하는 것으로는 최상위로 평가하지 않는 다는 것이며, 재벌회장의 취향이나 고위 공직자가 사들이지 않았다 해도 진실로 그 그림이 잘 그린 그림이라면 열배나 싼 평가금액이며 사는 사람이 없어도 더 높은 평가를 한다는 것이 『부부학 콘체르토』이다.

이렇게 방대하고 다양한 경우는 무한하여 어디까지 글로 써 낼지도 모를 일이다. 그러나 당사자가 깊이 생각해 보면 자신은 진실을 안다. 무엇을 선택하고 버릴 것이며, 어떻게 지식을 높이며 지혜와 인성을 추가할까의 최종선택은 당사자의 몫이다.『부부학 콘체르토』의 격조와 부부의 수준론을 통하여 보다 깊은 생각에 잠길 동기를 부여받는다면 그 이상 더 바랄 것 없다 하겠다.

제11장

남자는 사냥
여자는 화장

＃ 부부 역할 분담론(夫婦 役割 分擔論)

　　　　　　　　　　　　　　　　남자와 여자. 부부를 좀 더 깊
이 연구하려면 남성학・여성학까지 찾아보아야 할 것이다. 그러나 아
직 전 세계 어디에도『부부학 콘체르토』란 학군은 없다고 할 수준이
므로 정신문화연구시리즈가 미약하나마 처음으로『부부학 콘체르토』
라 하여 고고성을 지르고 있다.

　이때『부부학 콘체르토』를 '論(론)'이라 하지 않고 '學(학)'이라 함
은 세상을 지탱하고 있는 기둥, 인체에 비유하건 등뼈와도 같은 역할
이 부부여서 타 어느 학문보다 학문으로서의 존재 이유와 가치가 출
중하기 때문이다.

　창학(建學)목적은 간단하다. 아름답고 행복한 부부로 살고 부부에
게 지워진 책임을 능히 감당하여 인간사회가 아름답고 행복해지기를
바란다고 하는 것이다.

　그러려면 차츰『부부학 콘체르토』에 대한 연구에 관심을 가진 연
구자가 나와 연구에 몰입하고 학문으로서의 체계가 정립되어야 한다.

이를 위한 『부부학 콘체르토』의 시작은 이념정립이며 원론 구축이기에 본서의 목표는 여기까지에 있다. 따라서 필연으로 수반되어야 하는 학문은 많지만 후대들에게 맡기면서 인류학만은 연구에 인용함이 좋겠다.

> 생물학에서 인류와 그 문화를 연구하는 것을 인류학이라 한다. 이 인류학에서에서 말하는 문화란 의식주를 비롯하여 사회구조·관습·종교·예술·과학 등 물질생활과 정신생활(문화)을 통틀어 다른 동물에게서는 찾아볼 수 없는 인류 특유의 생활방식과 그 소산(所産) 일체를 가리키며 이 내용(위아래)의 본문은 네이버 백과사전을 인용한 것이다.
> 인류학은 문화를 지니는 동물인 인류를 전체적으로 이해하려는 학문이지만, 실제의 연구에서는 생물적인 측면과 문화적인 측면에서 각각 별개의 관점과 방법이 원용된다.
> 이러한 각도에서 인류학의 분야를 둘로 크게 나누어 자연인류학과 문화인류학이라고 부른다. 협의의 인류학은 자연인류학, 곧 형질인류학(形質人類學)을 말하지만, 광의의 인류학은 이 형질인류학을 비롯하여 민족학(民族學)·선사학(先史學) 등의 3개 부문으로 이루어져 있었다.
> 16세기 말부터 시작된 유럽인들의 해외진출에 따라 세계 각지에서 발견된 미개인이나 미개사회에 대한 흥미와 관심이 고조되는 가운데 19세기에 진화론이 대두되자 화석인류와 그 문화에 대한 연구가 급속한 진전을 보였다.
> 인류학의 싹은 고대 그리스에서 이미 찾아볼 수 있다. 즉, 다른 동물과의 비교를 통한 생물로서의 인류라는 인식이라든지, 자신들과는 피부색·얼굴 생김새·언어·풍속·습관 등이 다른 이민족(異民族)에 대한 기록 등에서 그 시초를 찾을 수 있다. 그러나 중세의 암흑시대를 거쳐 이 학문이 근대과학으로 발돋움하는 기초는 18세기에 들어와 인류를 동물분류체계에 포함시키고 인종의 분류를 시도한 린네(Carl von Linné)와 인류의 특성이나 인류의 차이를 과학적으로 해명하고자 노력한 블루멘바흐(Johann Friedrich Blumenbach) 등에 의해 마련되었다.
> 18세기 후반에는 뷔퐁(Georges Louis Leclerc de Buffon), E.다윈(Erasmus

Darwin)에 의해 생물진화의 사상이 움트는 한편, 절멸동물(絶滅動物)의 화석과 함께 인골이 발견되기도 했으나, 이것이 홍적세 인류의 존재와 인류 진화의 증거로서 인정을 받게 된 것은 C. 다윈(Charles Darwin)의 『종(種)의 기원』(1859)이 발표된 뒤의 일이었다. 또, 오랜 논쟁의 대상이 되어 오다가 화석인류로서 최근에야 Z 광을 받게 된 것이 1896년 독일에서 발견된 네안데르탈인이다. 그 후, 세계 곳곳에서 발견된 화석인류에 의해서 이인종(異人種)에 대한 관심이 높아지는 것과 아울러 미개사회 문화에 대한 연구가 촉진되었다. 그리고 마침내 19세기부터는 진화론이 대두되면서 인류학이 학문적으로 확립되었다.

협의의 인류학이 현존하는 인종의 신체적 특징을 고찰하고 그 차이와 원인을 구명하며 화석인류를 통해 인류 진화의 발자취를 탐구하려는 입장인데 대하여, 민족학은 현존하는 미개사회의 문화를 서로 비교하고 거기에서 법칙성을 발견하여 문화의 본질을 해명하는 한편, 여러 민족의 문화를 분류·배열하여 문화발전의 자취를 찾아내고자 하였다.
이와 같은 입장에 대해, 선사학은 발굴되는 인류의 유구(遺構)나 유물에 근거를 두고 과거의 문화양상을 복원하여 그 발전의 역사를 탐구하려는 것이었다.
인류의 생활양식을 특징짓는 문화의 본질을 해명하기에는 문명사회는 너무나 복잡하다. 민족학이 현존하는 미개사회를, 선사학이 과거의 미개사회를 각각 그 대상으로 삼은 까닭은 바로 그와 같은 단순한 문화가 문제 해결에 도움이 되었기 때문이다.
오늘날 이와 같은 인류학의 세 부문은 더욱더 분화되어 인류학을 자연인류학과 문화인류학으로 나눌 경우, 민족학과 선사학은 문화를 대상으로 한다는 의미에서 후자에 포함시키지만, 실제의 연구에서는 각각 독자적인 방법과 영역을 지키며 발전해 왔다.
자연인류학은 생물학의 진보와 함께 종래의 신체 계측이나 여러 성상(性狀)을 기재하는 단계에서 벗어나 여러 현상의 생리생화학적·유전학적 연구가 이루어지는 한편, 화석인류의 자료가 늘어나고 영장류에 대한 연구가 진척됨에 따라 인류 진화에 관한 탐구가 그 깊이를 더하게 되었다.
문화인류학에서는 특히 사회구조를 다루는 분야를 사회인류학이라 일컬어 구별하고 있으며, 그것은 이제까지 민족학의 주요한 하나의 과제가 되어 왔던 분야이다. 문화를 지탱하는 기초에 대한 심리학

적 연구도 진전되어 심리인류학(心理人類學)이 성립되었는데, 이것
은 문화의 정체나 변화를 그 문화의 담당자인 인간의 심리로부터
이해하려는 입장이다.
이렇듯 인류학의 각 부문이 날로 세분화되는 현상은 학문의 발달
과정에서 불가피한 일이겠으나, 궁극적으로 인류학의 목표가 '사람
이란 무엇인가'라는 명제에 대한 과학적 인간상의 정립이라는 점
에는 변함이 없다. [이상, 출처: 人類學/ 네이버 백과사전]

물론 본서는『부부학 콘체르토』지 인류학이 아니므로 인용구가 과
다할 수도 있을 것이나 인류학이라는 거대 학문을 어찌 단 3페이지로
말했다 하겠는가. 하지만『부부학 콘체르토』와 독자여러분이『부부
학 콘체르토』에서 부부역할 분담론을 이해할 기초는 잘 되었다고 보
아 길다 짧다의 문제는 논외로 쳐도 될 모양이다.

저자는 인류학 전공자는 아니다. 전공이라 한다면 일생을 다 바치
려 하는 정신문화연구영역에 몸을 던진 연구학도일 뿐이다.
연구학도는 영역을 초월하여 세상을 누비고 다니며 꼭 필요한 것
(학문)만 채취하여 그를 논거와 인용구, 또는 참고문헌으로 삼고, 찾
지 못하거나 아예 없는 경우라면 깊이 묵상하고 연구하여 집필하는
것이 본분이라 할 것이다.
이렇게 볼 때『부부학 콘체르토』에서 타 학문을 인용하지 않고 오
로지 연구된 것만 쓰면 더 좋을지도 모르겠으나 적어도 남자와 여자,
그리고 부부를 말하는 데는 인류학의 원류를 짚어야 말문을 열 집필
에 유익할 것이다.
이런 차원에서 보았던바, 인간은 부부로 살고 부부에게는 산더미
는 과할지라도 한두 트럭 분량의 연구물은 못써도 최소한 한 짐 분량

의 연구서적은 마땅히 필요할 터이나 역시 후대들에게 부탁하고 정신문화연구시리즈 집필 전권 완간을 목표로 이념정립에 몰두하는 바이다.

누가 쓴 어떤 책 어디에 이런 내용이 있고 없고는 중요하지 않으나 꼭 필요한 부부 역할 분담론을 지탱시킬 원칙이 하나 있다. 남자와 여자이며 그중에서도 부부이며 부부의 역할분담론이다.

인류학의 시원은 앞서서도 보았듯이 선사학과 더불어 궁극적 목표가 되는 "'사람이란 무엇인가'라는 명제에 대한 과학적 인간상의 정립"이다.

부부는 선사인류학 시대에도 남녀가 짝을 이루었다. 일부일처(一夫一妻)라거나 일부다처(一夫多妻), 반대로 일처다부(一妻多夫)의 시대도 살아왔다.

21세기 첨단정보통신의 세월이 왔건만 지금도 아마존 오지의 '와우라' 족이나 '조에' 족은 일처다부제(一妻多夫制)로 산다. 이렇게 태어난 자식은 다부 가운데 누구의 정자로 태어났느냐는 등의 친부개념은 관심도 없어서 아이는 그저 아버지가 많아 성장기에 필요한 먹을거리 공급받기에 유리하게 잘 먹고 자란다.

이들은 30~400명 집단촌을 이루고 실오라기 하나도 걸치지 않고 사는 부족으로서, 일단 처녀 총각이 결혼을 한 다음에도 아내가 다른 총각과 눈이 맞아 그와도 또 결혼하겠다고 하면 원 남편은 새 남편과 아내의 결혼식을 성대하게 치러준다.

두 번째 결혼한 아내는 새 남편이 하러 가자고 하면 새 남편을 따라 숲속에 들어가 성교를 마치고 돌아와서, 같은 날 첫 남편이 나도 하고 싶다고 하면 이번에는 새남편이 동의하여 가서 하고 오라고 하는 것은 당연한 일이고, 이에 또 세 번째 남편이 나도 하고 싶다 하고 아내도 또 하고 싶은 마음이 있으면 그러자 하고 또 숲속으로 가서 성교를 하고 돌아온다. 남편이 단 두 사람이 아니라 셋, 넷, 다섯도 되고 서로가 당연시 한다.

　누구의 정자인지 따질 필요도 없는 자녀가 열 명이 넘어도 같은 움막에서 모두가 같이 잠을 자고 자다가도 마음이 내키면 언제고 하고 싶은 대로 성교를 하는 등등…… 인간이란 인간의 시원에서부터 오늘에 이르기까지 부부의 역할을 다 말하려면 따라붙으려고 덤비는 불나방 같은 무수한 학문이나 학설과 사례가 부지기수다.

　이와 같은 연구는 자연인류학이 아닌 문화인류학의 영역에 속하는데 자연인류학에 이어진 것이 문화인류학이므로 자연인류학적 관점에서 사회인류학이나 심리인류학을 떠나 초기 태생적 본능인류학을 연구해 볼 이유가 있다.

　초기 본능인류학은 이제 종 기원의 생장으로 진화론 쪽으로 갔으나 진화론은 창조론과 대조를 이루는 학문이므로 그쪽으로까지 확대하면 정신문화연구의 목적지가 너무 멀어 그리로 가면 안 된다. 하여 최대한 단축한다면 짧막하나마 첫 남자와 첫 여자가 부부로 살 그때의 원초적 기반을 연구해볼 필요가 선결이다.

　먼저 인간은 왜 부부로 짝을 이루고 사는가? 답은 성욕충족이 시원이다. 자식을 낳기 위해 부부가 된 것이 아니라 성욕충족욕구를 추구하다 보니 자식이 태어난 것이다.

이때 동물처럼 내질러(낳아) 놓고 태어난 자식을 돌보거나 기르지 않는다면 인류학의 연구 각도는 지금과 달랐을 것이나, 복 받은 인간은 이제부터는 성욕보다 더 간절하게 자식사랑에 몰입하게 된다는 것은 인류학에서 이를 얼마나 연구해 체계화 했는가의 여부는 별개로 하고, 보다 우선시 되는 인간의 본능부터 짚어봐야 한다.

인간의 본능이란 말도 꺼내고 보면 태산이다. 최대한 압축하여도 식욕, 성욕, 수면욕인데 오감만족이라는 신세대 언어에서 말하는 오감은 시각・청각・후각・미각・촉각으로서 이것도 본능영역이기는 하나 달리 확대하면 의・식・주 본능이라고도 할 것이며, 역시나 벌려만 놓고 추단을 못할지도 모를 방대한 영역이라 또 지나가야 한다.

그러나 꼭 짚고 가야 할 것은 남자는 남편이며 여자는 아내로서 남자는 배짱, 여자는 절개, 뭐 이런 게 아니고, '남자는 사냥'이고 '여자는 화장'이라는 사실이다.

남편이 사냥이라는 말은 의식주해결의 생계책임이다. 아내는 화장이라 함은 의・식・주 해결의 책임을 맡아 사냥을 나간 남편이 마음 변치 않고 잡은 멧돼지(사냥물)를 집으로 가져오게 하는 귀소 본능 기대효과 충족이다.

여자는 사냥을 못한다. 하다가도 임신을 하건 중단해야 한다. 남자는 중단 없이 사냥을 다닐 수 있다. 그러면 사냥 나간 남편이 짐승을 잡아(물고기를 잡아, 과실을 따와) 자식과 아내가 있는 움막(가정)으로 꼭 돌아오도록 단단히 묶어(이끌어)야 한다. 이때 묶는 끈이 바로 사랑이며 마음, 즉 정신이다.

남자는 산야를 떠돌아다니며 산야의 물정고- 지리를 숙지해 두어야 한다. 멧돼지를 잡는 기술도 익혀야 하고 사나운 짐승으로부터 자신과 처자식을 기를 힘과 무기를 사용할 줄도 알아야 한다. 그래서 그런지 아내는 남편을 바깥양반이라 부른다.

아내는 사정이 다르다. 집을 지키고 싶어서 지키는 것이 아니라 인간의 3대 본능(식욕·성욕·수면욕) 중 성욕에 의해 동침을 하였더니 몸이 무거워져 간다.

나돌아 다녔다가는 유산하기 십상이고 몸도 무거워 용이하지도 않다. 남편은 안전한 곳에 둥지(움막)를 지어놓고 태어날 자식과 출산한 아내에게 열심히 양식을 공급해야 한다. 남자는 밖에 밝고 눈이 커져야 할 이유다.

그런데 멧돼지 잡기란 쉽지 않다. 토끼 한 마리도 못 잡는 남편도 있다. 하지만 매일 집채만 한 멧돼지를 두세 마리씩 잡는(돈 잘 버는) 남편도 있다. 이때 남자는 여자의 우러름을 받고 뭇 여성들의 유혹을 당한다.

한 번에 몇 마리를 둘러메고 올 수도 없어서 산속에 감추어 두거나 한 마리는 아내한테 가져오고 한 마리는 첩(애인)에게 둘러메고 간다. 부부란 복잡한 조합인 것이다.

여자는 눈치를 채고 남편을 기다리며 고민하다 "그년 어디가 그렇게 좋아서 나를 속이는가?" 깊이 생각하다 보니 얼굴에 분을 바르고 입술에 색을 칠하는 것이다. 향수를 뿌리고 머리를 단장하고 예쁜 옷을 보면 환장을 하는 것은 우리 조상 때부터 피 속에 배어버린 여성성의 근원이 된다.

자~ 이러니 부부가 싸우지 않는 것이 문제 아닌가? 안 싸운다는 부부가 이상한 것은 아닌가? 그래서 부부는 부부의 지혜가 요구되며 아내와 남편의 지혜가 전문 학문으로 자리를 잡아야 한다.

이상 열거한 말을 간단하게 줄이면 부부 역할 분담론이다. 정신문화연구에서 위의 실상만 완숙하면 지혜가 자라난다. 남편은 믿을 존재가 아니라 단속할 존재다. 늘 감시하고 신경을 곤두세워야 할 존재다.

그런데 문화·사회·심리인류학이 자연인류학을 지배하고 거느리는 세월이 왔다. 여성이 더 능동적이고 멧돼지를 더 잘 잡는 세상이 됐다. 여자 하나가 남자 열 명을 웃도는 능력은 다양하나 첫째로 여자들이 도가 지나치게 너무 예뻐진 것이다.

남자는 멧돼지만 잘 잡을 뿐이지 여자보다 진화가 늦어져 남자는 여자가 너무 황홀하고 아름다운 세월을 맞이하자 그만 여자의 황홀함에 너무 깊이 푹 빠졌다.

멧돼지를 잡는 족족 여자(아내)에게 가져가 묻지도 않고 바쳐버렸다. 여자의 비축 본능에 남자가 진다. 그러다 보니 여자는 부자가 되고 남자는 통돼지를 갖다 주고 그나마도 사정사정하여 고기 살점 한 점(한 수저)을 타다 먹는 세상이 돼 버렸다.

드디어 여자가 애인을 거느리는 역전인류학이 현실이 됐다. 그러니까 부부 역할 분담론은 문화인류학적 차원에서 세상의 변화에 따라가지 않을 수 없게 된 것이다.

부부들이여! 현대를 사는 부부 양인이 부부됨의 최상급의 고고한 부부의 윤리와 덕목의 부부가치를 찾아라. 세상이 다 변해도 진리는 변치 않으며 자연인류학을 지나 문화인류학을 넘어 첨단 IT인류학의 세월이 와도, 이미 왔고 오게 될 세월에 합당한 원리원칙이 있으며 이 원리원칙만이 부부를 지켜줄 것이다.

이제 말한 역전 여성상위 인류학의 세월 그대로 살면 폐지될지언정 그런 부부는 칼부림 나고 불을 질러 타죽고 만다. 돈 많은 아내가 남편에게 살해당하고 아름다운 미인이 단명하는 이유에는 이와 유관한 요소도 포함되어 있다.

죽고 싶으면 세월 따라 흐르는 역전인류학을 숭모하고 그에 따를 것이나, 행복을 지키고 복되게 살려면 『부부학 콘체르토』를 마음에 담아라. 그리고 한마디를 듣고 열 가지를 깨우치면 된다.

돈은 절대적 부부행복 지킴이가 아니다. 꼭 그런 것은 아니라 해도 좋다마는 아내나 남편 어느 한쪽이 절대적으로 속이고 지배한 부부는 죽지 않으면 중태에 빠질 지경에 이르는 폭력을 낳는다. 괜히 때리는 남편은 없다. 맞는 아내에게는 때릴 수밖에 없도록 만든 원인이 있다.

이럴 때 얄밉다 하고 말련다마는 "불에 타죽고 칼에 질려 죽더라도 한번 그렇게 살다가도 죽었으면 원이 없겠다"라는 말이 하고 싶다면 이해는 한다. 그러나 명심할 것은 남편에게 부여된 능력, 즉 분담 받은 역할을 성장시키지 못한 책임은 없는지 묻는다. 그러면 "우리 남편은 원래 돈을 잘 못 벌어요" 하려는가? 감사할 수도 있는 경우다.

그 남편 수천 억대 재산을 가지면 당신이 그 꼴 못 보고 자다가 살해하고 세상 떠나지는 않았을까? 부부는 현재가 최선이다. 하루 한 끼도 잘 못 먹고 두 끼니를 쫄쫄 굶어도 그것이 현재이며 최선의 복인지도 모른다 하면 이성적인 평가가 아니라 하겠는가?

부부 역할 분담론의 근본은 자연인류학 사상을 모토로 한다. 남자는 사냥하고 여자는 화장이며 아이를 기르는 것이다. 남자가 축다리 짓을 하니까 할 수 없이 아내가 걷어붙이고 돈벌이에 나섰다면 남편의 무능이 첫째지만 둘째는 남편의 남성성, 즉 아내가 남자의 기를 언제 어떻게 죽인 사실은 없는지도 검진해 보아야 한다.

지금은 부부의 역할분담이란 말 자체가 본류를 이탈한 세월이다. 남편과 아내의 역할이 없어졌다는 뜻이 아니라 당위성이나 개념이 유명무실해졌다는 말이다.

고작 남편도 설거지를 한다거나 육아를 분담하고 가사 일을 돕는다는 것은 본류가 아닌 지류에서도 한참 먼 사스한 문제이며, 진정 『부부학 콘체르토』에서 연구해야 할 부부 역할 눈담론이라 한다면 이제는 남편이 임신하고 아기를 키우는 임신, 출산. 육아의 영역까지도 무너질까 우려될 지경에 이르렀다는 의미다. 말이 안 되는 말인가? 남자가 어찌 임신을 하느냐고 할 텐가?

세상이 변하는 속도로 보아 남성의 장기 어느 곳엔가 태반을 부착하고 착상한 태아를 옮겨 남편의 몸에서 성장기 열 달을 보내게 할 놀라운 연구는 지금 지구촌 어디서 누가 하는지도 모르는 일이다. 이미 체외수정도 가능한 단계에 가까웠음은 인큐베이터를 떠올리면 어렵지도 않다.

그러나 『부부학 콘체르토』에서 말하려는 정신문화 측면에서의 역할 분담은 이와 같은 물리적·임상적·생체흔을 이르는 것이 아니다. 부부의 행복이며 그것이 가정과 사회국가에 지대한 직접적인 영향력이 된다는 점을 중시는 것이다.

남편이 빨래를 하는 것 좋다. 설거지 얼마든지 같이하고 요리는 더 말 할 것도 없는 그야말로 부부는 둘이 아니라 하나이며, 남자와 여자라는 성차별이 어느 쪽엔가 티끌만 한 피해를 주고 이득을 빼앗긴다면 이것은 현실론이며 정신론에 의한 접근이 아니다.

이제 말한 모든 것들을 다 그렇게 하라. 할 수 있으면 남편의 체내에 모태를 이식하든 인조태반을 앉히든 할 수 있거든 해도 된다. 앞서 그래서는 안 된다는 말만 한 것은 아니었다.

누구는 자식 낳고 누구는 편하게 받아 안고……. 그래도 부부가 행복하다면 좋지만 그것이 불공정하다고 하고 상대가 기꺼이 함께 나누자고 합의가 되었다면, 그것이 좋고 행복하다면 따를 것이고 아들도 둔 입장에서 저자가 반대할 아버지는 아니다.

다만 절대적으로 중요한 것은 부부의 역할분담이 또 다른 불행의 씨앗이 되면 안 된다는 것이다. 행복이 지장을 받으면 안 된다는 것이다. 허나 아무렇게나 행복만을 주장하는 것은 아니다. 법보다 상위에 윤리가 있으며 윤리의 본질은 온전한 정신이라는 점 강조한다. 온전한 정신은 현재만이 아니라 내일과 인생의 끝날 까지도 후회가 없어야 한다는 사실이다.

이 모든 것은 선택의 문제다. 역할 분담이야말로 부부가 부부로 사는 고도의 조화이며 화합의 덕목이다. 그러므로 내가 편하거나, 내가 지기 싫다는 열등감이나 이기려는 우월감의 발로에서 분담은 안 된다. 사랑은 오래 참고 믿는 것이라 했으나 일방적 피해를 감수하는 일방적 희생이라는 말은 성경에도 없다.

/제12장/

부부와 종교

＃ 부부 종교 사상론(夫婦 宗敎 思想論)

부부는 어떻게 사는 것이 가장 이상적이며 부부다운 것인가? 책 한 권을 써도 모자랄 주제다. 이는 옳고 그르고, 맞고 틀리고, 좋고 나쁜 것의 기준잣대는 열 개 백 개도 넘기 때문이다.

크게 두 가지로 나누면 그의 가치관에 따라 다르고 종교에 따라 다르다. 이때 가치관이란 70억 인구 모두 미세하나마 각자 가치관이 모두 다르므로 일반적이지 않아 논하기에는 무리다.

종교도 마찬가지다. 물론 종교도 많지만 가치관보다는 요약이 가능하여 『부부학 콘체르토』가 두세 가지로 압축해 일반적이고 객관적인 범주에서 연구하기에 용이하여 종교와 부부가 어떻게 조화를 이룰지 생각해 보련다.

먼저 가치관과 종교가 만나면 무엇이 우선이냐부터 생각해 보자. 내 생 각, 즉 내 가치관이 우선일 수 있다 하겠으나 내 생각은 수시로 바꾸어지나 종교는 변치 않아 가치관을 비켜라 하고 종교가 우위의 자리를 점하는 힘이 있다. 원래 따지고 보면 1차는 가치관이고 2차는 종교사상이 어떤 결정을 하도록 절대적으로 작용하는 것을 알 수 있다.

그럼에도 세계는 종교의 영향을 과도하게 받고 있다. 지난 역사와 현실은 물론 미래도 종교의 영향력을 벗어날 기미는 찾기 어렵다. 아주 크게 보면 세계의 전쟁역사 또한 종교전쟁이라 하여 무리가 없다. 아닌 척 하고 아니라 해도 종교분쟁은 무기전쟁의 원인이 되기도 한다.

작게 보아도 종교전쟁이다. 부부도 종교관이 다르면 사사건건 자주 부딪치게 된다.

이때 "왜 여기다 종교를 끌어넣느냐" 하여도 종교는 사상의 근원을 이루어 나타난 현실의 인자로 작용하였다. 곧 종교사상이 달랐다는 것은 아니라 해도 실존하는 존재다. 하여 부부는 종교조화가 참으로 유익하다 할 것인데 『부부학 콘체르토』가 종교를 통일하여 하나가 되라 한다고 될 일도 아니므로, 하나가 될 방도는 물론 하나 되지 않은 경우도 연구의 과제에 속한다.

세계종교는 크게 유대교, 이슬람교, 불교, 기독교, 천주교, 로마교, 힌두교 등 개략 7가지 정도로 요약할 수 있다. 이런 종교가 왜 생기고 어느 종교가 바르고 그르고의 문제는 『부부학 콘체르토』의 영역 밖이다. 다시 말하지만 현존하는 현실이라는 것이며 국가 대 국가, 민족 대 민족, 사회 대 사회 등등 무한하나 『부부학 콘체르토』에서는 부부에게도 이것이 현실이라는 사실만을 전제한다.

한국의 경우만 적시하지 말고 지구전체를 대상으로 하면 좋지만 한국의 경우만 연구주제로 하더라도 응용하면 원리는 같을 것이다.

그렇다면 한국의 경우는 어떠한가?

　한국의 종교는 무종교인이 더 많다. 기독교와 천주교인이 대략 약 1,200만, 불교 약 1,500만, 나머지 2,300여만 명이 무종교라고 대분류해도 크게 무리가 없을 것이다.

　무종교인 가운데는 유교와 전통무속신앙인들이 다수 포함되어 있고, 기독교에서 말하는 이단, 그러나 이단이라는 말을 기독교서적이 아닌『부부학 콘체르토』에서도 쓸 이유는 없을 것이므로 기타 종교라고 할까?

　이러한 기타 종교는 통일교, 여호와의 증인, 몰몬교, 제7일 안식교, 신세계, 만민교회 등이 있으나, 상대적으로 불교에서도 정통 불교와 불교에서 말하는 사이비 계열도 있는 등등을 제외하면 무종교로 분류된다고 보아도 될 일인데『부부학 콘체르토』에서 종교논쟁에 흑백을 말할 이유도 필요도 없을 것이다. 그러니까 종교는 각각 다르다는 것만을 말하는 중이다.

　이때 어떤 종교인이 되었느냐에 따라 부부의 가치관도 다르고 문화와 풍습이 달라『부부학 콘체르토』는 이 점을 전제하고 부부종교 사상론을 펼쳐갈 것이다.

　먼저 오해는 하지 말기 바란다. 저자는 기독교인이지만『부부학 콘체르토』를 통하여 기독교 전도를 목적으로 하지는 않는다는 것이다. 그러나 기독교인인 까닭에 저술의 목적과 달리 기독교 사상은 피치 못하는 경우가 있을 것이라는 점은 한 수 접고 읽어주기 바란다. 더불어 꼭 종교를 통일하라는 것도 아니다. 다만 할 수 있으면 부부는 하나의 종교로 합치는 것이 좋다는 것이 저자의 주관이다.

부부가 하나로 통합하여 같은 교회나 사찰에 다니라는 것은 권장사항이다. 권장은 권하는 것뿐이지 강제 일 수도 강요도 아니다. 불교든 기독교든 통일교든 하나가 좋은데 왜 하나가 좋다는 것이냐의 문제, 그리고 하나로 합친다면 어떻게 합칠 것이냐의 문제, 합쳐지지 않는다면 그 상태에서 어떤 의견이 유익하냐는 점, 『부부학 콘체르토』는 이점에 초점을 두어 쓰고 내는 책이다.

그러면 왜 하나가 좋다는 것인지 권고사항부터 말한다. 부부가 평상시 열심히 일하다 일요일이 되면 하나는 교회로 가고 한 사람은 사찰로 가는 것은 한집에 두 분의 신을 모시는 현상이라 부적절한 비유로 치면 신과 신끼리도 부딪쳐 싸운다는 이유에서다.

물론 이 말은 틀린 말이다. 신들이 정말 신들끼리 싸울까? 신과 신은 맞붙어 서로가 싸우지는 않는다. 배후에서 조종은 한다. 아내를 조종하고 남편의 마음을 조종하여 움직인다. 이때 서로 다른 신끼리 자기의 좋은 것만 내려주면 좋지만 그렇기도 하면서 동시에 나쁜 점, 즉 상충되는 신통력도 작용하는 것이다.

교회는 이런 현상을 가리켜 성령과 악령이 역사한다고도 하는데 두 분의 신 가운데 누가 성령일까. 기독교는 하나님의 영이 성령이라 할 것이고, 불교인은 부처님의 영이 성령이라 하면서 피차 상대방의 영이 악령이고 자신의 영이 진짜 복도 주고 보살펴 주는 성령이라고 하게 된다.

그러니까 부부간에 종교가 다르면 별 유익도 없는 공연한 마찰이 잦다. 아니라도 부부는 많이 부딪치게 돼 있고 이를 조절하며 사는 마당인데 신들까지 끼어들어버리면 갈등 횟수가 늘어나게 된다.

물론 결혼하기 전 이미 이런 문제는 걸러졌다는 것 안다. 문제는 무종교인끼리 결혼하고 나면 후일 먼저 누가 종교를 선택하거나 다르게 선택할 경우에는 이런 갈등 발생빈도가 늦어지게 돼 있다. 이에 대한 해답은 처음부터 아예 부부는 같은 종교인끼리 만나는 것이 이상적이고 좋다는 것이다.

그러나 이미 돌아올 수 없는 강이라는 말처럼 소위 골수분자가 돼버려 부부지만 종교만은 합칠 수 없다고 할 경우 이를 어쩌나. 합쳐보려 노력을 한두 해 한 것도 아니고 그 문제로 몇 년을 싸웠으나 공연히 그로서 사이만 더 나빠져 버렸다고 한다면 어쩌면 좋을까? 답은 그대로 인정하라는 것이다.

이 경우에도 두 가지가 있다. 하나는 종교인과 무종교인, 다음은 종교인과 종교인인 경우다. 그대로 인정하라는 말은 종교인과 종교인의 경우가 더 강하고, 종교인과 무종교인인 경우에는 좀 약하다는 것이다. 강하고 약하다는 말은 하나 될 가능성 차원에서 강은 불가능에 가깝고 약은 불가능은 아닌 쪽에도 여지가 있다는 점이다.

그럼 '종과 종'이 다르되 강할 경우 『부부학 콘체르토』는 어떻게 말하면 좋을까. 앞서 말한 대로 하나로 합치는 일로는 더 이상 부딪치지 말고 인정하라는 것이다. 기독교인이라면 기도만 하라는 것이며, 불교인이라면 불공이나 잘 드리라는 것이다. 그러다 보면 시간이 가고 어느 날 상황이 변할 수도 있고 변하지 않을 수도 있는 일인데 변하여 같이 부처님께로 가든 하나님께로 같이 나가게 된다면 신들끼리 싸운다는 일은 사라질 것이고 『부부학 콘체르토』에서 권장한 것도 받아들여져 부부간 종교사상 갈등의 표면은 보다 부드러워질 것이기 때문이다.

종과 종이 아니라 '종과 무'인 경우에는 좀 다르다. 절에 가자거나 교회가자고 많이 해 봤을 줄 안다. 절대 안 가다고 했다는 것도 안다. 이럴 때 계속 그 문제로 짜증나게 다그치지 말고 그대로 인정하라는 것이다.

이때 자칫 삐칠 뻔한 말은, 무종교인인 아내나 남편 역시도 배우자가 종교인이라는 사실을 인정하고 "거기 가지 마라" 하지는 말라는 것이다. 부부가 결혼했다고 하여 종교도 결혼한 것은 아니다. 더불어 아무리 남편이고 아내가 되었다 한들 종교까지 내 맘대로 할 조건으로 결혼한 사실도 법도 없다.

내 아내요 내 남편 맞지만 생각마저 배우자의 틀 안에 가두어 두라는 것이 결혼은 아니므로 살아오는 사이에, 또는 결혼하기 전부터 가졌던 종교를 치우는 조건으로 한 결혼도 아닌 것 분명할 뿐더러, 법상 그런 것도 없다.

대한민국의 국민은 종교선택에서 국법이나 민법, 여기서 말하는 부부 법에서도 강제사항은 아니라는 점 무종교인이 이를 인정해야 한다. 반대로 종교인도 배우자가 무종교를 선택한 것에 대해 억압하고 그로 인해 산다 못 산다 하면 안 된다는 말이다. 종교는 선택을 하고 하지 않고에서 절대적 자유이며 기본 인권이다.

잠시 한 템 숨을 돌려보자. 아내나 남편에게 종교선택의 자유도 못 주겠는가? 참 모자라는 인격이다. 종교가 내게 직접적인 피해를 준다면서 애들 밥도 굶기고 서방님 쫄쫄 굶기며 교회만 간다고? 한 끼 굶어서라도 아내가 모시는 하나님께 갔다면 좀 이해하지 못하겠는가?

이해는 하는데 벌써 몇 년쨌지 모른다? 지금까지 이해해 왔다면 그러려니 하고 평생은 못 해 주겠는가? 남편이 그래서 좋은 것 아닌가? 춤추러 가고 술 마시러 간 것과는 다른 건데 그래도 안 되겠는가? 옹졸한 생각이다.

반대로 종교를 선택한 배우자에게 묻는다. 누가 종교인으로서 부부 사이가 나쁘게 살라 하던가? 목사님이 남편 밥 굶기고 예배당에 오라고 하였다면 교회를 옮기고 스님이 남편 밥보다 법회가 더 중요하다고 몇 년씩 남편 밥을 굶기고서라도 불공을 드리라고 했다면 역시 절이 싫다고 중이 떠나듯 옮겨라.

다른 절을 찾아가 상담하고 불적을 바꿔라. 절대 옮기지는 못하겠다고 한다면 그렇게 말한 남편의 말이 맞는다. "목사하고 바람난 년" "중하고 붙은 년" 이런 말 들어도 싸다.

심한 말이 아니다. 어떤 종교든 남편이나 아내나 가정을 팽개치고 오라하지 않는다. 오히려 더 가정을 잘 꾸리라 하고 남편에게 인정받고 화목하게 살라고 한다. 그러지 않는 종교가 있다면 종교는커녕 그게 바로 악령들이 지배한 사교다. 교적을 옮기고 불적을 파내야 한다.

사실 배우자의 종교를 인정하기 어려운 것 아니다. 그러나 어렵다면 정말 어렵다. 하는 짓마다 밉고 좋은 것도 나쁘게 보인다. 그가 마귀가 씌어서 그런 것은 아니다. 툭하면 마귀, 가귀 하는데 이런 말 좋지 않다.

남편이 어찌 마귀란 말인가. 앞서 말한 지식이나 지혜는 어떤지 모르겠으나 마귀도 마귀라 하면 기분 나쁘다. 황차 마귀도 아닌데 마귀라 하면 되겠는가? 미쳤다고 하면 되겠는가? 점점 사나워지라는 말과 같으므로 부부간에 서로를 마귀로 단정한다면 둘 다 못난 사람이다. 그러면 과연 인정하라는 말은 무엇인가?

다른 종교인이라는 사실로 인하여 상한 마음을 자기가 바꾸라는 것이다. 치료받으라는 말인데 누가 치료하느냐의 주체는 자기 자신이다. 상대가 자꾸 병을 도지게 한다고 하고 싶겠지만 바람이 자꾸 불어온다거나 소나기가 자꾸 쏟아진다면 소나기를 보고 쏟아지지 말라거나 바람을 향해 불지 말라는 사람은 없다.

소나기가 오면 내가 그 소나기를 피해야 마땅하다. 부부의 종교도 원리는 같다. 배우자가 화를 돋울 목적으로 일부러 그러는가? 일부러 믿음도 없으면서 나 엿 먹이느라고 어깃장을 놓는다는 사람도 없지는 않겠으나 종교는 어떤 종교든 어깃장을 목적으로 하거나 남편 열 불이나 지르자는 목적으로 나가지는 것이 아니니 오해하지 말아야 한다.

여기서 이미 깊이 빠져버린 종교인의 종교가 있는데 그 종교가 사회적·윤리적으로 현격한 문제가 있는 소위 '사이비종교'인 경우도 생각해 보자.

사이비종교란, 말만은 비슷하나 다르다는 것이 아니라 아예 '틀렸고, 아니다'라는 것이다. 종교라고 하는 허울만 썼을 뿐이다. 이 판단은 누가 하여 맞다 틀리다 하는가? 법상 판사가 내린다. 인간의 양심도 판단한다. 가령 정상적인 사회질서와 사회정의에 반하면 사이비다.

예를 들어 집에서 나와 한두 달 동안 기도하라든가, 무슨 그럴듯한 주장을 교리라는 명제로 혼음을 해야 한다든가, 전 재산을 남기지 말고 몽땅 종교에 바치라고 하는 경우는 사이비다.

이런 사이비는 법상 문화체육관광부에 종교단체 등록여부 기본조사를 해보면 안다. 법에서 인정한다면 인정해도 되는 종교의 원칙(교리)이 등재되어 있고 누가 무엇을 가르치는가에 법상 하자가 없어야 사이비가 아니다. 가령 무당이나 점쟁이는 문광부에 등록이 안 된다. 그러므로 무당이나 점쟁이에게 홀리면 종교가 아니라 미혹이며 사기를 당하는 것과 같은 개념이다. 이럴 경우, 부부는 이처럼 어리석은 길을 갈 때 엄청난 전쟁이 일어난다. 기 왕 여기까지 말하였으니 부부들에게 자신의 종교를 재검사해 보라고 권한다. 첫째도 둘째도 정부가, 법이 인정한 종교인가가 표준이다.

부부 중 1인이 사기성 종교에 빠진 문제라던 조건 없이 빠지지 않은 배우자의 의견을 따라와야 한다. 말은 쉽다만 그게 그렇게 안 되니 문제다. 말을 들으면 간단한데 자기가 옳다고 우기면 이때는 배우자의 지혜가 필요하다.

옳은 말도 마음 문부터 닫아걸고 들으려 하지 않는 경우 등등 여러 가지 경우가 있을 일인데 이때는 절대 화부터 내고 버럭 버럭 소리나 지르거나 구타하고 억압을 할 게 아니라, 어떻게 상대의 색안경을 벗겨지게 할지 머리를 많이 써야 한다.

지인이나 친한 벗, 또는 은사와 어르신들의 자문을 받아 적절한 좋은 방법이 무엇인지 차분하게, 오히려 웃으며 여유 있게 대해야 한다. 단 하나의 사안이 아니라『부부학 콘체르토』가 총체적 정답은 내주기는 어렵지만 원칙은 하나 있다. '담담하라'는 것이다.

강제하지 말고 서둘러 빨리빨리 막으려 하지 말고 침착하라는 것이다. 배우자를 딱하게 여기고 동정하며 사랑으로 오래 참으며 서서히 변화되게 도와주라는 것이다. 잡아끌어 무릎을 꿇게 할 생각은 독약이다.

사람이 종교에 빠지는 이유는 무식하거나 유약하기 때문이라며, 많이 배우고 태생이 강직하다면, 예를 들어 똑똑한 사람은 종교에 빠지지 않는다는 말을 많이 하고 듣는다. 기독교인인 저자가 들어볼 때 이 말에는 큰 하자가 없다.

많이 배우지 못하여 대학을 나오고 유학을 다녀와 박사가 된 사람도 '많이'의 한계는 무한인 관계로 아직도 모자람이 있다. 배움은 배울수록 점점 더 배울 것이 많다는 것을 알게 된다. 차라리 아무것도 모르면 별로 배울 게 없다.

미국갈 일도 없는데 영어는 배워 뭣 하느냐 하면 그만큼 배울 거리가 줄어들게 된다. 의학이나 과학이나 공학도 마찬가지고 세상의 모든 학문은 다 이제는 배울 것 다 배웠다고 할 것은 아무것도 없다. 배울수록 더 배우지 못해 안달하고 부족함을 스스로 아는 사람, 욕심이라 하면 욕심이지만 진실은 배움의 끝이 없는 것이어서 배우지 않은 사람은 모르는 것이다.

그러나 박사가 무식하다면 말이 안 된다 하겠으나 박사도 모르는 게 많고 특히 종교나 미래의 학문은 약간은 올려다 보이나 오르지 못한다. 하지만 종교인을 무식하다 하는 사람이 유·무식의 문제에서는 역시 마찬가지이거나 반대로 더 무식한 경우도 있다. 실제로 종교인이면서 무종교인보다 무식한 사람이 있기도 하고.

사람이 유약해서 종교에 몰입한다는 말은 맞다. 원래 인간은 유약한 것이 맞다. 몸은 쉽게 팔도 부러지고 병이 들기도 하는 것이 인간이고 건강 나빠지는 것도 별것 아닌 약한 존재가 인간이니까 유약해서 종교인이 됐다는 말은 틀리지 않는다.

그러나 그렇게 몰아세우는 그 사람 역시도 유약한데 자신은 강하다고 자신한다만 인간은 강철로 만든 무쇠 덩어리가 아니다. 기차도 부서진다.

이때 몸뚱이가 유약한 게 아니라 겁도 많고 소심하며 정신상태가 강하지 못하다는 뜻이라 해도 그 말도 맞다. 인간의 정신은 보이지도 않는다,

마찬가지로 회오리바람 토네이도 허리케인 태풍 역시 보이지 않는다. 그래도 건물을 부순다. 인간은 그런 능력도 없는 존재다. 아무리 강한 사람도 끌려가 고문을 하면 안 한 짓도 했다고 하는 허위자백으로 고통을 피하려 하는 것은 인간으로 태어난 그 어느 누구도 예외가 아니다.

그러니까 종교인의 심장만이 약한 것이 아니다. 그래서 약하기 때문에 인간은, 하다못해 착각일망정 내 주먹이라도 믿는 존재이며, 심지어는 고목나무에 절을 하기도 하는 존재다. 유약하다. 마음이 여리고 겁이 많고 간은 참새 간이고 심장이 약하다.

강하다는 사람도 사실은 마찬가진데 다만 종교관이 다를 뿐이다. 하여 아주 세밀하게 분해해 보면 무종교다 하지만 그 역시도 종교는 있다. 드러난 어떤 명패가 있는 종교가 아닌 무형의 의타심이다. 드러난 종교만 종교가 아닌데 드러나지 않았다고 무종교라 하기 어려운

면도 있다.

그러므로 무조건 종교인을 핍박하고 몰아세우는 경우라면 『부부학 콘체르토』는 그에게 말한다. 약해서 그러니 어쩌겠는가. 무식해서 그러니 어쩌겠는가. 당신도 약하고 무식하다는 말은 않겠다. 다만 유식하고 강한 쪽에서 약한 사람이 (종교를)믿어야 견디겠다고 선택한 종교심자체를 구박하고 말리지 않으면 안 되겠느냐는 질문이다.

부부종교사상론에서 상대적 다수의 경우는 종과 종 간 이질사상이 자리 잡고 있다. 부부만이 아니라 형제간에도 큰 갈등이 되는 종교(내가 믿는)와 타종교인과의 갈등은 국가의 경우로 치면 전쟁으로 비유된다.

유대인과 애굽인까지 거슬러 올라가지 않아도 현실 아랍권의 알라신과 서구를 비롯한 북미 국가에서 다수를 점한 기독교와의 분쟁은 도를 넘은 지 오래다.

결국 세계 제3차 대전은 종교전쟁이 될 것으로 전망할 정도로 국가대 국가의 종교사상은 지구상 그 어떤 사상보다 첨예한 대결을 피하기에 전력을 다하고 있으나 여전히 힘겨운 상태다. 거기까지 논하여 『부부학 콘체르토』가 말할 필요는 없을 일이나 국가가 아니라 부부가 문제이니 슬기로운 지혜가 요구되는 것이다.

부부의 경우 특히 예민한 대립은 기독교와 천주교 간에, 혹은 기독교와 불교 간의 사이가 주종을 이루게 되는데 수적으로는 적을 것이나 기독교와 이단종파라 부르는 똑같은 성경해석견해(교리)차이 대립에 따른 문제다.

이 문제부터 언급한다면 간단하다. 원론은 과연 신학체계가 성경적이냐고 하는 것으로 가늠함이 당연한데 분별하기가 쉽지 않다. 그러나 가려 낼 방도가 있다. 첫째는 정부등록 여부, 다음은 신학교가 있는 교단인가를 확인할 일이다.

신학은 영적인 영역이나 상당부분은 학문의 영역도 혼합되어 있다. 신학교가 어설프거나 연륜이 짧거나 신학교 교수가 제대로 공부한 자격자의 자질부터 짚어보면 양보하고 물러나 부부화합의 한 키워드가 된다.

극단적이겠으나 기존 교회에 반감을 가진 성도(장로 집사 포함)들이 우리도 교단을 만든다고 모여 서로가 안수하고 이를 하나님이 기름 부었다고 할 경우 영적인 문제는 언급이 어렵지만 신학의 문제는 확인이 가능하다.

문광부에 등록교단 조건은 맞았다 해도 신학대학이 학문의 체계를 갖추지 못하였다면 잘라 말해 이단이라 하기는 무리할지라도 정통에서는 거리가 있다고 볼 것이므로 정통 교회소속이 아니라면 그 곳을 떠나 상대 배우자의 권유를 받아들이라는 것이 『부부학 콘체르토』이다.

거듭 말한다. 어떤 쪽으로 일치를 이루고 하나가 될 것이냐의 조건은 경우에 따라 다를 것이나 중요한 것은 신학(교리)이 올바르냐는 문제다.

교회에도 뿌리가 있어 좋고 나쁜 뿌리도 있으며 역사가 있으므로 (교회사라 함) 그 역사가 올곧으냐는 것도 중요한데, 가령 대한민국정부에 대항하다 반정부사상으로 나라를 분할한 정부라면 진짜 대한민국이 아닌 것과 같아서 폐단도 많고 국가가 갖출 자질이 미비 되어 김일성의 북한과 다르지 않아 결국 국민이 당하는 이치와 같다.

차라리 불교이며 차라리 기독교로 법상 역사상 신학체제상 확연하게 다른 완전한 종교라면 『부부학 콘체르토』는 어려워진다. 하나 되어 화합하라는 말 어렵다.

불교나 기독교 중 제비뽑기로 할 수도 없는 일이다. 이때는 포기하고 피차 존중하고 살라고 하는 것도 불가항력이라면 어렵다. 그러나 저자의 한계가 아닌 경우라면 하나의 방도를 제시함이 저자의 본분이라 할 수도 있으므로 해도 해도 안 될 때는 다만 하나는 확실하게 말할 것이다. 상대 배우자와 대화를 많이 나누라는 것이다. 어쩌다 보니 종교가 달라져 이미 물은 쏟아져 버렸다.

이때 강조하고 싶은 말은 이미 지나간 얘기는 안하는 것이 옳다. 무슨 그때 왜 그랬느냐 저랬느냐는 언쟁은 문제 해결에 도움이 안 되고 감정만 상하게 되어 부부 사이에 나쁜 결과만 온다.

대신 상대방 종교의 우수함을 잘 설명하고 한쪽은 조건 없이 들어줄 일이다. 합의가 안 된 채로 집을 꾸미고 찬송가나 불경을 틀어놓으면 마찰이 심해진다.

대신 서로가 자기 종교를 자랑하고 말하되 한쪽은 들어주고 당신은 다니라 인정하고 개종은 하지 않는다는 조건에서 끝까지 듣고 다음날은 화자와 청자를 바꾸는 것이다.

하루는 불교 이야기, 하루는 기독교 이야기, 교대하다 보면 다툴일이 줄어드는데 이때 자기가 느끼는 단점도 말할 정도로 부부가 마음 문이 열릴 정도에 이르러야 한다. 되는 일이다.

그러라 하고 인정해 주면서 서로가 들어주고 말하여 종교사상의 소통활로를 터놓아야 한다. 부부라면 큰 마찰을 파하기 위해 안다고 무시하지만 말고 많이 들어주고 말하다 보면 하나가 되는 날이 올 수도 있다.

물론 안 오더라도 서로가 말하고 들어주는 사이로 나가야 한다. 불교인이면서 기독교를 잘 알고 다니는 발길은 사찰이라도 기독교가 말하는 구원은 구원대로 받을 수도 있다.

반대로 기독교로 하나가 될 경우 역시도 불교의 진액을 알고 기독교에 같이 다녀도 안 될 일은 아니다. 『부부학 콘체르토』는 말한다. 부부가 화목하게 사는 것은 종교 못지않게 중요한 행복이다. 둘 중에 하나를 버리라면 기독교인인 저자는 또한 『부부학 콘체르토』의 저자인 입장에서 차라리 종교를 버리고 부부를 지켜야 한다고 주장하고도 싶으나 신학을 아는 저자가 볼 땐 틀린 소리여서 그건 어렵다.

부부는 천하 그 무엇보다 소중한 인간의 근본이기 때문이며 부부 없이는 종교인도 태어나지 못한다는 점만은 확실하게 짚는다. 설령 종교를 잃어버리더라도 부부는 싸우고 버리고 이혼하지 마라.

제13장

International Age
Husband and Wife

국제화 시대의 부부

국제화시대, 지구촌시대. 이제
넓고 큰 세상을 산다. 예산댁, 함양댁, 안동댁, 하던 말이 바뀌어 일부
는 베트남댁, 필리핀댁, 연변댁, 방콕댁으로 부르는 부인도 있으나 어
색하지도 않다. 장맛비로 큰 홍수가 나서 우물 둑이 사라진 격이다.

뽕나무밭 상전벽해, 세상의 벽이 허물어졌다. 바다 건너가 이웃이
되고 제2의 고향이 되었다. '사위가 미국 있다, 호주 산다'도 흔한 말
이다. 지구가 한마을이라 하여 지구촌시대라 하고 우리의 문화와 풍
속도에도 변화의 새 물결이 밀려왔다.

부부도 과거의 부부가 아니다. 남자는 하늘이라 했으나 지금은 아
니다. 여필종부라느니 남녀 칠세 어쩌고는 다 흘러간 강물이다. 말도
영어를 섞어 써야 고상하고 귀티가 난다.

인터넷이라는 요술 상자가 열려 지구 반대편 세상을 훤히 바라보
는 창문이 되었다. SNS라는 요물이 등장하여 내 손 안에 지구촌이 다
들어온 것이다. 50년 전 부부는 이제 고려시대적 부부같이 빛이 바래

버렸다. 괜찮다. 좋은 일이다. 잘된 일이다. 더 좋아진 것이다.

부부가 세련된 세월이다. 지게를 잘 깎던 남편에서 자전거를 잘 타던 남편이 어느 날 오토바이를 타더니 눈 깜짝 사이에 승용차를 몰고 다닌다. 남자는 위대하였다. 한때의 멋쟁이는 머리에 포마드를 바르고 시티즌·오리엔트, 스위스제 에니카 시계 손목에 차고 카메라 둘러메고 나가면 근사하다 했으나 약과다.

휴대폰을 손에 들고 자가용을 몰아야 쳐주던 세월이 오더니 이제는 남편이 아내의 도움 없이는 디지털 카메라로 찍은 사진 겨우 찾아보았자 포토샵은 또 아내의 손을 빌려야 한다. 숨이 가쁘다. 지쳐 더 이상은 못 따라 간다 포기하고 싶을 때가 많다. 노트북 없이 세상을 어떻게 살아갈지 모르는 세월, 이제는 지식정보화시대다. 국제화시대다. 글로벌 무한경쟁의 세월이다. 부부도 마찬가지다.

신혼여행이란 저자 유년기에는 못 듣던 말이다. 장가갔으면 당연히 처갓집에서 자는 것이지 어디 여자를 데리고 싸돌아다닌단 말이냐. 그때는 도둑놈이라고 신랑을 매달았다.

발목을 묶어 장정이 둘러메거나 아예 천정 대들보에 매달고 발바닥을 장작개비로 내려치면서 "도둑놈 맞아?" 물으면 "아야야~! 아닙니다!" 변명해 봤자 증거를 대라는 말에 아직 연지곤지도 지우지 않은 새색시가 나와 새 술을 올리고 "도둑 아니에요!" 해야 풀어주던 것이 조선시대 얘기도 아니다.

그러더니 갑작스레 신혼여행이란 말이 튀어나오고 온양온천 유성온천 수안보 온천이 아니면 경주로라도 가면 놀라더니 비행기 타고 제주도로 신혼여행을 가다니 세상이 변한 것이다.

지금은 신혼여행이라면 해외로 가는 세상이다. 비행기 타기가 무슨 비포장 길 시외버스 한 번 타기보다 더 쉬운 세상, 놀라지도 않는다. 다이애나 왕비가 어쩌고 해야 눈길을 주고 미들턴과 윌리엄 왕자가 결혼을 한다 해야 바라다본다.

청년들아, 신식결혼이라는 말 들어봤는가? 예식장에서 드레스 입고 결혼식을 올리면 그게 바로 신식결혼이라 하는 건데 이제는 세기의 결혼식이라는 말은 있어도 신식결혼이란 말은 없다.

좋게 말하면 부부환경이 선진화 된 것이라 하겠으나 확 뒤집어져 버린 것이다. 이렇게 만나 사는 부부에게 저자와 같은 구시대 인물이 무슨 말을 하랴. 들어보나 마나일 것이고 듣고 싶지도 않다 할 것도 같아 신경 많이 쓰인다. 잡아끌어다 앉혀놓고 들어보라 할 수도 없고.

정녕 새 술은 새 부대에 담으라 한다. 부부연구 역시도 시대에 맞아야 한다. 공자 왈 맹자 왈…… 빨리 집어치워야 한다. 삼종지도니 여필종부는 저자도 싫다. 그런 말 하려면 측간에 가 혼자서나 하라는 말에 동의한다.

꼴통보수가 전통이 아니며, 여자란 어려서는 부모를 따르고 시집가면 남편을 따라 살다, 늙으면 아들 말을 듣고 살라고 하는 이 천하에 고약하고 케케묵은 논리가 三從之道라는 말인데 『부부학 콘체르토』는 그보다 급하고 중요해 할 말이 산적할 뿐더러 고전회복 유지계승 이런 것 아니다.

신식 결혼 부부도 아니고 IT시대를 사는 부부가 바탕이라고 하는 현재를 말한다. '세련되라'는 것이다.

노땅 같은 말과 생각을 버리라는 것이다. 울타리를 걷어내라는 것이다. 돌담장을 부수라는 것이다. 차라리 그 자리에 맨드라미 봉숭아 장미 뭐 이런 것 말고 세인트폴리아, 라벤더, 베고니아, 아이리스, 제라늄, 캄파눌라…… 뭣 좀 야시시하고 스마트 럭셔리한 화단을 만들라는 것이다. 식은 죽 먹기란 말인가?

허나 대개의 글은 이렇게 잘 나가다 말고 "그러나……" 했다 하면 홀랑 뒤집어 도로 제자리로 오는데 『부부학 콘체르토』는 그럴 마음 없다. 현재가 중요하고 내일이 중요하다.

기성세대보다 청년세대, 청년세대보다 손자세대, 다가올 미래 부부의 행복을 찾아보는 더듬이를 지향한다. 무엇을 더듬을 것인가. 어떻게 더듬을 것인가.

저자는 정답을 모른다. 다만 더듬을 것이다. 『부부학 콘체르토』는 더듬는 것으로 임무 완성이다. 독자는 같이 더듬으면 된다. 큰 논바닥이라 치면 모두 걷어붙이고 들어와 논바닥을 더듬자는 것이다,

우렁을 잡는 사람, 미꾸라지를 잡는 사람, 방개도 잡고 올미로 건져 올리고…… 같이 더듬되 논에서 나와 바다로 가자는 것이다.

태평양을 건너 대서양 인도양으로 나가자는 것이다. 목적은 단 하나다. 부부는 행복해야 한다는 것이다.

그것이 국제화시대의 멋쟁이 첨단 IT시대를 거느리고 선도하는 삶을 살아갈 부부상이다. 자녀들을 더 큰 세상으로 내 보낼 에너지를 채워주면 된다. 미국은 옆집 이웃동네가 맞지? 더 큰 세상은 우주다.

헌데 이렇게 밝고 확 트여 드넓은 세상에 부부가 세련되지 못하다.

무엇에 집착하는가?

과거는 전공 학자들에게 맡겨라. 이제는 부부가 달라져야 한다. 오늘에 뒤처지지 말고 내일을 보는 눈이 커져야 한다. 어렵다.

목구멍은 여전히 포도청이다 보니 쪼들리는 살림살이 매달 내야 하는 주택대출 이자가 정신을 어지럽히고 밥값 반찬값보다 두 배가 넘는 문화비와 통신비가 닥친 현실이다. 그렇지만 배워야 한다. 짜증내지 말고 웃으며 이겨내야 한다. 치밀고 올라오는 자식들이 우리들 고뇌의 결실로 자라고 있기 때문이다.

집안부터 확 바꿔야 한다. 다 걷어내 던질 것들이라 한다면 제정신이냐고 묻겠지만 모두 걷어 내던지란 말 취소하지 않겠다. 이불, 밥그릇, 살림살이 장식장, 모두 글로벌 커플답게 선진화로 교체해야 한다.

지구본은 제일 큰 놈으로 새로 사고 세계지도로 한쪽 벽을 덮고, 주변국 일본, 중국전도와 대한민국지도는 기본이다. 벽에 걸어둔 족자를 내려라. 국전 작가의 그림이고 서예이며 유명 도예가의 예술작품이라는 것도 안방으로 들이고 거실단은 바꿔야 한다. 서재를 들여야 한다. 고리타분한가?

서재는 이제 곧 사라질 모양이다. 전자서점이 종이책 서점을 밀어내고 출판사의 셔터를 절반쯤 내릴 날이 조만간에 다가오고 있다. 이미 15,000권의 전자책을 출판했다는 구글은 지금(2011년) 40,000권의 전자책 제작에 들어갔으니 내년에는 어떨까.

국내 최대의 국립중앙도서관이 소장한 책이 750만 권이다. 빵빵한 한국 국회도서관은 250만 권이다. 이미 구글은 40,000권을 펴내고 점점늘어날 것인데, 6·3빌딩보다 더 부피가 큰 구글 전자책(e-book)은 수년 내 남산만 해질 것이나 어떤 장소도 건물도 필요하지 않은 세상이 오고 있다. 그러나 이게 꼭 종이책은 끝난다는 말은 아닌 줄은 알아는 듣지?

　하지만 지금 먹고사는 것도 허덕이는 부부들에게 탁 트인 세계화 시대에 맞는 부부로 살고 집안을 꾸미라는 말이 무리인 줄 안다. 허나 생각만 바꾸면 돈은 더 적게 든다. 지킬 것은 지키고 가질 것은 다 가져도 좋지만 정신자세는 세계화를 올려다보아야 한다.

　아들이 파란 눈의 앤을 신붓감으로 데려올지 아무도 모른다. 사돈 내외가 태국에 살지 영국에 살지 지금은 모른다.

　그래서 한다는 생각이 주로 죽을 생각이고 망할 생각이며 낙심과 절망의 늪에 빠질 생각에 목을 매도 너무 매는 대한민국은 지금 어줍은 세계화의 물결을 헤쳐나간다고 한다는 짓이 겨우 영어 과외 집착인데 저자의 전용어가 있다. "영어 배워서 뭘 할 건데?" "미국가면 거지도 영어 잘한다"라는 말이다.

　영어를 잘한다고 국제화가 아니다. 영어를 잘해도 생각이 그 모양이면 미국거지가 영어하는 것과 다르지 않다. 영어과외비가 월 100만 원 드는가? 50만 원이야? 치워도 된다. 학교에서 배우는 영어에서 더 필요하면 자식이 헤치고 나갈 개척전략의 수학능력, 또는 창의적 영어수학능력을 가지게 하는 것이 더 중요하다. 부모의 고정관념을 깨 버려라. 부부의 고정관념이 자녀들에게 의존성 영어실력, 미국 거지도 하는 영어에 몰입하게 하는 데서 헤어나지 못하고 있다.

　물론 영어를 배워야 한다. 그러나 꼭 필요한 사람만이 영어를 배워야 한다. 아니면 중국어를 배워야 하고 인도나 베트남으로 동남아시 대를 바라본다면 영어는 좀 못해도 된다.

아랍어나 스페인어를 배우는 게 미국 거지도 쓰는 영어보다 낫다. 이 말은 영어를 아무리 잘해도 자녀의 전공이 무엇이며 그 전공에 얼마나 활용되느냐가 중요하다는 말이다.

공무원시험이나 교사임용시험을 위한 영어라면, 그에도 미치지 못하여 턱걸이도 힘들다면 자녀가 선택한 전공이나 부모의 전공추천에 하자가 있다. 이런 이치는 간단하다.

자기가 좋아서 하면 구태여 고액과외가 필요치 않다는 말이다. 일예로 컴퓨터게임을 좋아하는 아이들은 게임 즐기기에 필요한 영어라면 과외를 받지 않아도 통달하고 있다. 요컨대 실력과 지식이 중요하지만 의식이 더 중요하다는 뜻이다.

자녀에 대한 책임은 본인책임과 부모책임이 반반이라 하지 않겠다. 부모가 자식보다 단 1%라도 더 책임이 많다그 주장한다. 적성을 찾아주는 책임을 가진 부모가 자식이 알아서 찾지 않는다고 하지 말아야 한다. 부모가 찾도록 찾아낼 환경을 만들어 주어야 한다는 뜻이다.

토목에 재주가 있고 관심이 많은 아이를 붙잡고 피아노를 가르치느라 억수로 돈을 쳐 들이고는 뜻대로 안 된다 자식을 원망하고 가슴을 치지 않으려면 세월에 알맞은 성장과 교육환경을 만들어 주고 맞는 적성을 세밀하게 분별하여 자녀가 좋다는 쪽으로 가도록 앞장세우고 부모는 뒤에 따라가며 먹을거리나 대주면 될 일을 가지고 앞에서 잡아끌고 뒤에 떠밀어 대는 영어 과외라던 수백 천만 원짜리 못 보내 한숨지을 일이 아니다.

이 말의 총체적 의미는 바로 부부의 환경이라는 뜻이다. 중요한 것은 말(대화)의 환경이다. 다음은 현실 환경이다. 거실 서재에 불란서 산 100년 묵은 포도주라느니, 이탈리아제 골프채라느니, 독일제 무스탕이요 스웨덴 산 BMW 승용차의 환경에서 자녀는 어쩌란 말인가. 우선 거실환경을 바꿔야 한다. 생각부터 바꿔야 한다.

말이 바뀌고 행동이 바뀌고 가치관이 바뀌어 세계를 올려다보다가 마침내는 훤히 내려다보이게 해야 한다. 공부하라는 말은 평생 한 번도 하지 말아야 한다.

안 해도 상관없는 이유는 인간은 누구나 자기가 좋아하는 것을 가지고 태어나는 것이며, 자기가 하고 싶은 것은 시키기는커녕 말리고 두드려 패도 하게 돼 있다. 이게 바로 인간의 본능이다.

적자생존의 법칙도 같은 말이다. 하고 싶은 것은 족족 말리고, 하기 싫은 것은 안 하면 안 된다고 으르고 달래고 온갖 비위 다 맞춰가며 세상 맛있는 것 다 사 먹이며 하라하라 한다고 성악가가 되고 화가가 되는 것은 아니다.

이 모든 자녀환경의 첫 단계는 부부다. 부부는 부부이자 동시에 부모이므로 부모가 먹는 것, 입는 것, 즐기는 것, 바라는 것 일체는 심리적 환경과 물리적 환경에 따라 달라진다.

여기까지 쓰다 보니 문득 저자된 나를 향해 "너나 잘해~"라는 말이 떠오른다. 할 말인지 말을 말인지, 언뜻 망설이게 되는 저자의 경우를 써 볼 생각이다. 단, 자랑은 절대 아니라는 점 확실히 하고, 조금도 사실과 다르지 않다는 점도 밝히면서, 첫째 저자는 아이들에게 공부하라는 말 단 한 번도 하지 않았다는 말부터 한다.

영어 과외는 근처도 가본 일 없다는 것도 사실이다. 그런데도 아들은 지금 VOA(Voice Of America) '미국의 소리 방송' 기자가 되었다. 미국의 소리 방송은 미국 국무성 소속이며 전 세계 51개국의 언어로 전파를 발사하는 방송사로서 워싱턴 국회의사당 앞에 본사를 두고 있다.

매일 약 7,000여 글자의 방송용 보도 자료를 작성하고 직접 방송도 하고 있다. 이 보도 자료를 작성하기 위해 매일 AP 로이터 등 영문 통신사와 VOA 취재자료를 번역하고 있다.

VOA를 아는 독자는 알 것이다. 세계 51개국에서 언론학을 전공한 준재들이 모여 있는 방송사로서 그 영향력은 대단하다. 저자의 아들은 가난한 내 아들로 태어나 과외공부는 쳐다볼 형편이 되지 않았다. 저자는 결혼 후 40년 동안 35번을 사글세로 산 가난한 글쟁이다.

책을 내도 수지가 맞지 않아 집에 전기가 3번(단전) 끊기고, 살림살이는 월세가 너무 밀려 3차례나 거리에 나와 비닐로 덮여 비를 맞는 성장기에 과외는커녕 용돈도 대주지 못한, 돈에는 아주 무능한 저자를 아비라고 태어나 자란 것이다.

미국은 고사하고 서울 한 번 가볼 차비도 대주지 못한 아들이다. 그 아들이 미국에 간 지 7년차. 며느리는 우리가 다니는 같은 교회 장로님의 손녀딸인데 그 집도 가난한 집이기는 하나 둘은 구김 없이 자라고 공부를 잘했다.

그러고 보면 이게 어떻게 된 영문인지 현실적으로는 맞지 않는다. 미국과 국내외 신문에 광고를 내고 공개모집한다면 광고를 본 유학생에 석·박사 부유층 자식들이 줄을 선 경쟁을 뚫고 합격하다니 저자의 보람이다.

어떻게 아비인 저자도 한 번 가보지 않은 미국에 갔으며, 어떻게 전공도 아닌(전공은 신문방송학) 영어까지도 잘해 미국에서도 별 따기라고 보이는 응시에 성공한 것일까. 답은 부모(부부)의 경제 환경과 무관한 세계화시대를 바라본 열린 환경이었다고 확신한다.

이럴 경우 저자와 같은 기독교인은 응당 하나님이 인도하시고 크게 쓰셨다 하면 끝이다. 맞는 말이다. 그러나 이 책은 전도 서적이 아니므로 그러고 말 일이 아니다.

또 다른 정답은 아들이 어려서부터 성장할 때까지 모든 환경이 세계를 한눈에 내려다보기에 열심이었던 경제와 다른 측면이 창의적이고 적자생존 본능 법칙에 따른 지구촌 환경에서 자라났다는 것이 핵심이다.

저자는 2011년 6월 8일 난생 처음으로 미국행 비행기에 올랐었다. 당시 작정한 이 책의 초고대로 고치지 않고 본다면,

> "일본 나리타 공항까지는 아시아나 항공으로 가고, 나리타에서는 아메리칸 에어라인(A·A)으로 환승하여 댈러스(텍사스 주 달라스) 포트워스 국제공항에 도착, 다시 A·A 항공편으로 워싱턴 덜레스 국제공항에 도착하여 덜레스 공항에서 단 20분 거리의 센터빌 아들의 집으로 갈 티켓을 받아 놓고 있다, 전자여권이라 비자는 필요 없고 세관신고서만 작성하면 3개월간 머물 수 있어 9월에 귀국하는 왕복티켓인데, 참고로 왕복요금은 1,645,300원이고, 총 소요 23시간 가운데 나리타 공항에서 2시간 환승대기, 포트워스 공항에서 4시간 25분간 대기, 실 비행시간은 16시간 35분이다."

저자는 아들이 미국에 살 줄 꿈에도 몰랐다. 세상이 이렇게까지 확 달라지리라고는 상상도 못했다. 어려서 KBS라디오가 미국의 소리 방송에서 보내드린다는 멘트와 함께 아나운서의 음성을 듣고 크면서 나는 저 방송국 아나운서가 되겠다고 야무진 꿈은 키웠으나 촌구석

어린아이가 꿈만 꾸다 감히 올려다보지도 못한 그곳에 저자의 꿈을 대신 이루고 아들이 들어간 것이다.

살다 보니 미국은 평생 가볼 희망을 일찍이 접었다. 그러나 가까운 일본쯤이야 어떻게든 가지 않겠나 하여 틈만 나면 혼자서 일본어 책을 사다 독학을 했다. 학원은 안 갔고 그렇게 배운 일본어는 지금 NHK방송 뉴스를 보고 들으며 일본에는 네 번 다녀온 중에 일본에서 두 달 동안은 강단에서 강의를 하고 온 일도 있다면 하고 싶은 놈을 이길 장사가 없다는 반증이라 해도 되겠지?

중국도 가까운 나라니까 가고도 남는다고 중국어도 독학을 하여 중국신문과 인터넷 홈페이지는 그런대로 일본어보다 못하나 말은 못해도 신문은 좀 본다. 그러다 보니 아비(저자)는 평생을 공부에 미쳐 사느라 자식 공부는 하는지 마는지 돌아볼 정신도 없이 자랐다. 밥상을 차려다 줘도 펼쳐놓은 책이 많아 공부한다고 도로 나간 게 셀 수가 없다. 특히 집안은 세계지도로 꾸몄다. 평생 가볼 희망이 없는 미국이고 유럽이라서 더 집착한 것이다.

아들은 이렇게 돈에는 무능한 글쟁이 저자를 아비로 두고 태어났다. 저자는 공부보다 재미난 것 없이 살았고 지금도 그렇게 산다. 예로부터 방송이나 신문에서 무슨 말 듣기만 하면 지도를 찾아보고 한국에서 얼마나 먼 나라인가 알아본다고 씨줄(경도) 한 칸씩 세며 거리(118km)를 재보고 비행기로는 얼마나 걸리는가. 위도(날줄)는 우리나라 보다 추운가 더운가, 지금 시각은 몇 시인가 등을 찾았다. 도대체 왜 그런데 관심이 많고 모르면 답답한 건지 지금도 마찬가지다.

지구가 손바닥에라도 들어온 듯 보인 게 오래다. 세계 모든 나라에 관한 국가정보는 외고 또 외어도 아직도 태산이다만 평생글 일이다.

그러나 보니 튀니지에서 발화한 재스민 혁명이 이집트로 옮겨 붙고 이어서 리비아를 거쳐 예멘 시리아에서 불타고 있다는 뉴스는 내 손안을 들여다보듯 안다.

미국도 마찬가지다. 미네소타나 미시건이나 메인 주가 어디이며, 루이지애나, 앨라배마, 미시시피 등 6개주에 걸쳐 토네이도로, 과거 300명의 사망자를 낸 35년 전(1974년)보다 미국 역사상 가장 많은 약 350명이 죽었다는 보도는 한국으로 치면 목포와 여수이야기처럼 생생하다.

지금은 구글(어스) 지도로 손가락만 놀리면 세계의 도시와 도로를 하늘 위에서 환하게 내려다보는 세상이라 쉽다. 청년들이야 식은 죽 먹기라 하겠으나, 구글 맵으로 들어가면 내가 차를 타고 뉴욕의 거리를 다니고 있고 나이아가라 폭포나 이과수폭포라든가 히말라야 에베레스트 산 정상의 만년설도 다 보이는 세상이다.

워싱턴의 포토맥 강변을 따라 다니면서(구글 맵) 360도 내 몸을 돌려 보면 간판까지 다 읽어보고 아들이 근무하는 미국 워싱턴 바닥은 골목까지 돌돌 외고 꿴다.

너무 간단하고 쉽다보니 알링턴 국립묘지 블록별 묘비까지 다 세어보고 나면 국립묘지(알링턴)에서 나와 우회전하고 들어가면 미 국방부 펜타곤 건물이 왼쪽에 나타나고 조금 더 가면 레이건 공항이 나온다는 등등, 백악관이고 워싱턴 광장이며 북경 천안문 광장에 베트남 하롱베이 어쩌고 세계는 내 눈앞에 자기(세계)가 바짝 다가와 버렸다.

하지만 50년, 40년 전에는 이럴 줄 몰랐다. 디지털이 다 뭔가. 아날로그 시대도 오기 전이라 지금 생각하면 노가다(노동) 시절이었다. 그때 사두고 벽을 덮었던 세계지도와 지구촌 지도들은 이사를 자주 다니다 보니 몇 번이나 바뀌었는지도 모르나 지금도 새로 사둔 오래된 세계각국 지도들이 두툼한데 아깝지만 어쩌랴.

국제화 시대의 부부가 부제이나 무관치 않기로 좀 한다. 작년(2009년) 연말 센터빌 사는 아들, 며느리와 손녀딸 3명 전 가족 다섯이서 미 대륙 횡단 자동차 여행을 다녀와야 하겠단다.

워싱턴에서 40번 고속도로를 달려 LA까지는 부부 교대 하루 24시간을 달려야 4일이 걸린다. 가다가 쉬고 늘쩡거리면 오고 가는 데만 보름이 걸리는 왕복 8천여km 거리를 어린 손녀들 셋을 다 태우고 부부교대로 밤낮을 간다는데, 지금 안 가면 평생 이렇게 많은 시간이 날지 몰라 다녀오겠단다.

7인승 폭스바겐이면 차는 됐는데 손녀들 그 오랜 시간 어떻게 견디느냐 하니 차안을 방안처럼 꾸몄다나 뭐라나. 궁금하면 화상캠(인터넷)으로 다 볼 수도 있고. 그 길은 아들에 못지않게 저자도 가본 듯이 좀 안다.

61번 도로를 벗어나 80번 도로로 접어든 후 몇 날 며칠이고 40번 도로만 따라가면 오른쪽으로 그랜드캐니언 국립공원이고 로키산맥 등줄기 넘어선 다음 오른쪽 방향으로 15번 고속도로를 타면 라스베이거스가 머지않고 왼쪽으로 내려오면 LA는 바로 가까운 곳이라 통화를 하면 어디를 가는지 그곳이 어면 덴지 오르막인지 내리막인지 무식할 촌구석 출신인 이 아비하고 말이 다 통한다.

자, 이제 한숨을 좀 돌리자. 여기까지 읽어줘 고맙고, 왜 이런 말을 하는고 하니, 이유가 있다. 아들이고 딸이고 적성이 있다는 것이다.

여기서 거듭 말하거니와 저자는 영어 배워라 한 일 없다. 형편도 안 되지만 자식보다 저자가 더 배우고 싶은 게 많았기로 돌아보지도 못했다. 이것은 결코 자랑이 아니며 원칙도 아니나 사실대로의 증언이다.

또 꿈에도 한 번 미국 가서 언론인이 되라고 한 일이 없다. 존경하던 임택근 아나운서와 같이, 미국의 소리 방송국이라는 데가 어디라고 일장춘몽처럼 헛꿈만 꾸다 호랑이는 흉내도 못 내고 토끼도 제대로 그리지 못해 애만 태운 아비의 역할 본분은 빵점이었다.

그럼에도 미국으로 가도 되겠느냐는 생각도 안 한 말을 하기에 놀라 물으니 미주 중앙일보에서 오라고 한다는 것이다. 미국이 어딘지는 아는가? 영어는 배울 만한가? 저자는 아들을 잘 모른다. 충분히 할 수 있다니까 가기는 가게 하되, 돈은 대줄 게 없다는 형편, 알지만 되물었다. 결국 간 것이다.

믿어지지 않았으나 하나는 미더웠다. CBS 기자로 있으면서 특파원으로 각국을 다녔다는 것이다. 유럽일대, 호주, 동남아, 일본, 남미 각국, 미국은 물론이다. 가서 렌터카를 빌려 주정부와 시청 등을 다니며 CBS가 부여한 취재를 해본 경험이 있어서 후하게 쳐주면 40점? 아니면 30점인데 며느리가 영문학 석사라 고개를 끄덕였더니 며느리 왈, "오빠가 나보다 월등하게 잘해요" 하고 회화는 또 틀린데 문법이고 회화도 저보다 한참 위라나 뭐라나.

이쯤에서 늦었으나마 제13부 '글로벌 커플'의 결론을 쓴다. 오늘

내일 미래의 부부는 국제화 시대를 살게 된다는 결론이다. 며느리가 외국에서 시집을 오고 사위 근무처가 해외로 발령이 난다는 것이다. 눈에 넣어도 아프지 않을 손자 손녀가 이제는 한국이 아니라 어디로 갈지도 모르는 세월이 왔다는 것이다.

이런 세월은 성큼 다가왔는데 대비는 잘되는가? 해외에서 한국으로 시집와서 사는 다문화가정이 늘어나는 세월…… 눈 깜짝 하다 보니 세상이 확 돌아버렸다. 지구촌이 이웃이 되어버렸다.

그러므로 이제 청년들에게 하고 싶은 말은 적성을 찾으라는 것이다. 나의 짝이 어디서 자라고 있느냐고 할 때 지금 미국에서 자라거나 태국 인도네시아 필리핀에서 자라고 있지 않다는 보장이 없다.

우리는 이제 이런 국제화시대를 맞았고 세계인 속에 들어갔다. 문을 열고 마음을 열 것이며 생각의 폭을 넓혀야 할 때다.

이제 마치려 하면서 과연 국제화시대를 맞은 우리 자신과 후손들이 살아갈 미래부부의 환경은 어떻게 달라지고 어떤 준비를 해야 하는가를 생각해 본다. 『부부학 콘체르토』가 대를 이어 누군가에 의해 보다 완벽해지는 그날이 오면 한국인 부부가 세계의 부부들에게 무엇을 보여줄까의 과제도 생각해 보아야 한다.

해외 750만 명에 육박한다는 우리 교민들, 특히 부부교민들에게 기대를 걸면서 한 가지만 짚고 간다. 미국에서 자리를 잘 잡아 거기다 집사고 땅 사면 그게 미국 땅인지 한국 땅인지 묻는 질문이다. 남극에 우리가 기지를 만든다거나 우주에 정거장을 만든다면 그것이 누구의 소유물이냐고 묻는 것이다.

그러므로 단호하게 말한다. 한국인이 사들이고 자리 잡으면 그것은 우리 한국 땅이다. 거듭 말하지만 해외동포들의 토지가 늘어나면 한국의 국토가 늘어나는 현상이다. 이렇게 좁은 땅에서 아웅다웅 다투지 말고 넓은 곳으로 나갈 수 있으면 가라.

인도로 가고 인도네시아로 가고 유럽이고 어디고 겁낼 것 없다. 가서 자리를 잡고 부자로 잘 살기를 바라면서 꼭 잊지 말라는 말 한마디를 쓴다. 부부가 행복하게 잘 살아야 한다는 것이다.

싸우고 지지고 울고 돌아오면 만사가 허사…… 때는 세계가 우리의 이웃이 되었다. 이웃과 어울려 살아야 할 세계화 시대가 우리네 자녀들이 살아갈 세상이다. 생각을 리모델링 하고 거실이고 안방이고 공부방을 전부 새로 꾸며야 한다. 세계화 국제화를 향한 부부의 꿈은 결코 휴지조각이 되지 않는다.

/제14장/

죽기 살기 20대 부부

맞다, 지금은 사랑에 미쳐야 정상이다

본 14장에서 20장까지는 20대 부부로부터 80대 부부까지를 집중 연구해 볼 참이다. 얼마나 잘할 거냐 하는 눈으로 읽지 말고, 이제 후대 연구자 된 심정으로 확 고쳐 버린다든가 아니면 다 쓸어내고 새로 써도 좋다. 부디 『부부학 콘체르토』를 강 건너 불 보듯 보지 말고 튼튼하지 길러준다는 주인의식(작가의식)을 가지고 읽어주기 바란다.

사춘기를 지나 대학을 마치고 군대 제대했다 했더니만 자식의 눈이 이성에게로만 쏠려 버렸다. 정말 순간이다. 유치원부터 시작해 얼마였던가. 돌아보면 정신없이 산 세월이었다.

유치원도 들어가기 전 부터다. 무슨 애가 그리 약한지 약을 달고 살고 병원 다니는 것이 일과였다. 유치원이라고 들어가서는 자꾸 맞고 돌아온다. 친구들 사귀기, 이게 장난이 아니었다.

초등학교 들어가자 다들 영어다 피아노다 과외공부를 시킨다는데 태권도나 가르쳐 건강은 신경 안 쓰고 살면 하는 바람이었으나 여의치 않은데다가 받아오는 성적표는 막상 공부를 잘해도 내려갈까 걱정이고 못하면 처지니 걱정이고…….

　말을 다 하자면 한도 끝도 없다. 중·고등학교에서 대학을 가는 데까지 안 할 수가 없던 걱정들, 대학 4년 동안 매일 주어도 적다는 용돈 대주기와 등록금까지 일일이 셀 수가 없는데 세어보면 뭘 하겠는가. 세상이 그렇다 보니 멀쩡한 휴대폰을 스마트 폰으로 바꿔 달라지를 않나, 컴퓨터도 사양이 떨어진다고 몇 대를 바꿔줬나 모른다. 철철이 옷 해 입혀야지 잘 먹이기도 해야지 부모라는 것이 자식 하나 낳으면 오죽하면 1인당 양육비가 교육비 포함 2억 6천만 원이나 든다지 않던가.

　그래서 손꼽아 기다려 온 날이 빨리 휴학을 하고 가든 대학을 마치고 가든 군대를 갔다 와야 그제야 내 자식이라고 좀 여유 있게 숨통이 터질까 했으나 이번에는 웬 여자애한테 빠지고, 딸은 또 머슴애한테 뿅 가가지고 눈에 뵈는 게 오직 그 녀석이고 그 애밖에 없다.

　이렇게 짝을 만난다. 부모는 어~ 하다 보니 자식이라고 한번 터놓고 대화 한 번을 편하게 못해 왔다. 그놈의 공부 얘기에, 그놈의 대학 때문에, 그리고 군대를 보내야 하고. 그런데 모처럼 오붓할 줄 알았으나 아니다. 온통 머릿속 가득 찬 게 이성이다.

　잠도 안 자고 무슨 전화질에 혼을 빼고 스마트 폰에다 인터넷 붙들고 앉아 부모하고 마주 앉을 생각도 머리도 없다. 이렇게 시작하여 청년이 되면 짝짓기 위해 이건 태평양을 누비고 다니는 한 마리 물고기에 다르지 않다.

무슨 짝짓기에 그 정도로 넋이 나간 것일까. 허나 정상이다. 이게 다 맞는 말이다. 그게 그렇게 돼 있다. 보통 좋아서는 짝을 짓지 않는 다. 한번 보자 하여 만나보니 별것도 아니던데 애가 정신이 나가버렸 다. 문제는 한 번에 딱 만나는 게 아니다.

눈치를 보니 헤어진 모양이고 또 보니 혼자구나 싶었는데 누구를 또다시 만난 모양이다. 자세한 건 물어도 시큰둥하니 말을 자세히 안 해 잘 모른다. "딴 애예요" 이러고는 귀찮다는 눈치 같고…….

남녀가 보면 제 짝을 만나는 게 파란만장이고 만경창파다. 기가 났 다 했더니만 울고 잠을 안 자고 짜증을 부리고, 도대체 이런 자식을 뭣 때문에 키워왔는지 모를 일이다. 그러나 부모는 모든 것을 다 품 는다. 대충 눈치로 때려잡고 "이거 먹어 볼래? 저거 먹을래?" 해보지 만 무심한 게 자식이다.

제 놈을 어떻게 길렀는데 20년 넘도록 키운 아비어미는 안중에도 없단 말인가. 하지만 그런다고 싸우는 부모 있나? 애를 잡들이 하는 부모 있나? 있기야 있겠지만 대개는 아니다. 컸다는 건데 부디 상처 나 받지 말고, 모쪼록 심성이 곱고 야무진 짝을 만나는가에만 관심집 중이다.

취직도 해야 하는데 저러고 있으니 타박도 나오지만 부모라면 대 개는 비위를 맞춘다. 살살 달래다 못해 겁나기도 한다. 애 비위 거슬 러서 엇나갈까 걱정이고, 도대체 어떤 머스마를 만나고 어떤 계집아 이를 만나는 건지 주변 사람들 얘기를 들으면 더 불안하다.

온통 매스컴에서 들리는 말들이 또 걱정하게 한다. 드라마를 봐도 남의 일 같지 않은 것이 저럴까봐 겁이 부쩍 나기도 한다. 그러면서 그제야 자신의 그때를 돌아도 본다. 맞아, 다 그런 것이로구나.

하여간 만났다. 언제 어떻게 만났는지, 그 녀석 어디가 그렇게 좋다는 것인지, 궁금해 죽겠는데 만만하지 않다. 혼은 빠져버렸다. 이렇게 남녀가 만나 정이 들면 이젠 말리지 못한다. 미쳐도 단단히 미친 것이다.

부모들아! 지극히 정상이다, 미쳤다 하지 마라. 눈에 콩깍지가 씌었다고도 하지 마라. 정신 나갔다고도 마라. 이것이 천지의 조화다. 미치게 보이는 본인들도 어쩌다 이렇게 됐는지 모른다. "괜찮은 사람이에요……." 처음엔 유순하다 강해진다. 결혼할 대상, 천생연분을 만난 증상이다.

이제야 어른이 되는 과정이나 아직은 사실 어린데도 다 큰 줄 안다. 법에서도 이미 투표권도 주었고 성인으로 인정까지 했으므로 어찌 보면 어른인데 부모가 볼 때는 아직 아기들이다. 오죽하면 새 며느리를 보면 "아가야~!" 하고 부르나. 아기니까 아가야가 맞다, 누가 아가야가 되는가? 아가씨가 '아가야'가 된다.

아가씨라는 말 재미있는 말이다. 과거 우리의 조상님들께서는, 그 몸속에 아가(아기)의 씨가 들어있다고 아가씨라고 지었는지도 모를 일이다. 그러니까 아가씨고 아가야지 '어른 남+어른 녀'라 부르지는 않는다. 맞는 말이다.

어른은 아기를 낳지 못하고 젊어야 낳는다. 애라야 애를 낳는다는 것을 자식들은 모른다. 어른인 줄 알지만 보나마나 철부지들인데 몸뚱이는 완전 어른이다. 거기다 눈까지 멀었다. 경우는 넷 중에 하나다.

머스마를 잘못 만난 딸, 그런대로 괜찮은 아이를 만난 딸, 사내아이의 경우도 마찬가지다. 얼토당토않은 애를 만난 아들, 놓칠까 싶을 정도로 딱 마음에 드는 여자아이를 만난 아들이다. 사연은 천 갈래다.

집집마다 애들마다 모두 제각각 만났으므로 정할 틀이란 것은 없다. 이런저런 만남의 과정도 다르고 만나고 보니 상대도 다르다. 얼떨결에 시어머니 되게 생겼고 청춘인 줄 알았는데 장모님 소리를 듣게 생겼다. 그런데 마음에 들면 장모가 더 환장을 한다지?

자기가 남편을 만난 것보다 장모가 사윗감에게 빠지면 이상한 병을 앓는다. 밤에 잠도 안 오고 빨리 보내고 싶기도 하고 깨질까봐 노심초사 하는 등, 장모의 사위사랑 본능이 동하면 남편은 눈에 보이지도 않는다. 자기가 가는 시집도 아닌데 사윗감을 사모하기도 하며 괜히 밤도 새운다. 설렌다.

그런가 하면 영 아닌 여자애를 가지고 아들이 폭 빠졌다고 보이면 이것도 엄청난 병이 된다. 그렇다고 자식하고 원수지게 생겼으니 대놓고 어쩌지도 못할 뿐더러 그래봤자 들어 먹지도 않고 공연히 미리 골만 패일 것이다. 결론은 둘로 모인다. 하나는 맘에 들고 하나는 맘에 들지 않는 경우다. 맘에 드는가? 환장하지 말라.

마음에 들었으면 나중에 돌아오는 긴 점점 만족이 아니라 대개의 경우 점점 보기 싫어질 우려가 있다. 『부부학 콘체르토』는 힘주어 말한다. 아무리 맘에 들어도 과도하게 미치고 환장하게 좋아하지 말라는 것이다.

좋을 때를 조심해야 한다. 홀딱 반하면 위험하다. 쉬 더운 방이라 쉽게 식거나 기대가 크면 큰 만큼 실망할 이유가 더 많다는 것이다.

헌들 이제 어쩌겠는가. 나이가 보낼 때는 됐고 더 일찍 보낸 사람도 많다. 그렇다고 나이 서른을 넘길 특별한 이유가 있으면 또 다르다. 애가 공부밖에 모르는 경우 말이다.

이성에 대한 관심은 걱정 될 정도로 없고 오로지 공부 공부, 석사 까지는 해야 된다더니 박사를 마치자 유학소리가 애 이름인줄 아는 지 그것도 미국이나 영국이다.

가면 돈은 억대도 많은 게 아닐지도 모르는데 나이는 먹고 신랑 깜 도 신부 깜도 없으면 어쩔 것인가. 답답한 것은 『부부학 콘체르토』는 한사람 이야기만 하지 못하므로 어렵다. 개인 상담이라면 이야기는 달라질 일이나 개략적 정답은 하나다. 좋다는 대로 해 주라는 것이다.

여유가 있고 원하면 유학 보내고, 없으면 혼자 빈손으로라도 보내 도 될 여건인가만 점검하고 부모는 동의만 해주면 된다. 시집 장가도 좋으니까 간다는 것이고, 싫다면 보내지 못한다. 꼭은 아니지만 억지 로 선을 보이고 등을 떠민다고 될 일도 아니다.

부모란 하늘로부터 받은 천형이자 天福이다. 자식이 원하면 반대하 지 말라는 것이며, 자식이 내놓으라 하면 돈이고 땅이고 건물이고 다 팔아서 내 놓지 않으면 안 된다고 하는 게 하늘에서 받은 판결문이다. 한국적 천형이란 이런 것이다.

죽으면 죽었지 그렇게는 못한다는 부모라면 부모가 아니다. 그래 도 낳고 길렀는데 어찌 부모가 아니냐 한다면 따져보자. 이때는 부모 는 맞지만 결국은 질 것이고 남는 것은 미움뿐이다.

그래서 자식은 굳어지기 전에 모든 것에 유연성을 갖게 길렀어야 한다. 말이 통하고 타협하고 대화하여 피차 자식과 부모지간의 사랑 이 깨질 정도로 가지 않는 인성을 길러 줬어야 맞다.

반대로 부모가 그렇게 기르지 못했다면 자식 스스로가 알아서 부 모자식지간에 소통의 통로를 열리게 자랐어야 한다. 부모가 꽉 막힌 탓……. 전자계산기 누르고 무식 떨까? 부모가 컴맹이라고 자식도 컴

맹으로 살지 않는 다면 부모도 중요하지만 자식도 중요하다는 것이
『부부학 콘체르토』이다.

20대 부부여 들어라. 읽어라. 부모 이야기만 하는 것 같지만 양쪽
모두에게 하는 말이다. 때로는 부모에게 화두를 던지나 그 말은 자식
도 들어야 할 말이다. 부모를 나무라거든 자식은 역설임을 알 일이다.
부모가 그러하다면 자식이 구시대 부도하고 다른 게 있어야 되지 않
겠어?

부모가 돈이 없으면 돈 없는 환경에서 스스로 헤쳐가야 한다. 부모
가 역정을 내고 반대하면 자식은 그러는 부모의 애타는 심정을 헤아
려 부모도 좋고 자신도 좋은 쪽을 찾아야 옳다.

아무튼 정이 든 걸 어쩌겠는가. 부모는 싫어도 자식이 좋다니까 티
도 안 내고 그러라 하고 나이 서른 살이 다 되어가거나, 아니면 이제
막 대학을 마쳐 이른 줄 알아도, 자식이 원하면 좋다니까 승낙하고
결혼시키라는 것이다.

이렇게 만나 식을 올린다면 여기까지 먹이고 입히고 재우고 가르
치고 결혼식에 필요한 뒷돈 대고 얼마나 들어갔을까? 이걸 돈으로 따
지는 부모는 없다.

섭섭하면 말은 그렇게 해도 세상 어떤 부모치고 자식을 놓고 계산
기 누르고 청구서 낼 마음까지 가진 부모는 없다. 툭툭 화가 나면 던
지기는 한다. "그 돈 반만이라도 내놔라 이놈아!" 웃으며 하거나 화내
며 하거나 그런 말은 의미가 없는 말이다. 부모는 자식에게 청구권이
고 구상권이고 천국법전에서 그런 것 받아 행사할 권리도 없다.

그냥 다 퍼주고 먹이고 꼬부라져 늙어 한 달에 용돈 10만원 타 쓰

려면 간이 오그라든다. 남편 돈은 앉아서 받고 자식돈은 서서 받는다 하던가? 아니다. 남편 돈은 누어서 받고 자식돈은 쫓아가도 받기 어렵다.

몸은 늙어 힘은 없고 눈은 어두운데 안 아픈 데가 없어도 아들이 안 준다고 아들하고 싸우는 부모 봤는가? 봤다고? 그런 부모도 있으나 자식은 부모가 아니라 그러는 부모심정 백에 하나도 제대로 모른다.

그래서 한국형 부모자식 정신문화는 손을 봐야 할 게 좀 있을 모양이다. 무작정이고 무조건적인 일방적인 사랑, 이게 아가페 사랑이라 하고 그래서 부모는 하나님이 바빠 대신 보냈다는 둥 말은 번지르르한데 객관적 결과는 말과 본심은 다르고 행동도 말과 다르다.

선진국처럼 나라에서 고등학교까지는 대주고 대학은 자기가 벌어서 공부하고 결혼은 부모도움 보다 자기의 힘으로 한다면 얼마나 좋을까마는 정녕 그게 가장 좋은 것인지는 확답을 못하겠다. 있으면 부모가 줄 수 있다. 주는 것이 부모고 자식은 그래서 부모만 잘 만나면 평생이 순탄하기도 하다.

그런데 음양의 조화라 할지, 쌍방향 소통이라 할지…… 아이 본 공, 새 본 공 없다는 것처럼 자식 키운 공도 없다는 것은 생각해 볼 일이다. 공을 얻으려 자식을 낳고 기르지 않으나 언제까지나 부모는 오로지 자식 앞에 최후의 일각 피가 다 마르도록 희생하고 그런 희생이 부모의 길이며 앞서 말한 천국판결문이라 할지의 문제는 연구대상이다.

이런 발전적 연구가 정립되어 보편화되지 않으면 이것은 저자와 같은 초기 노년의 문제만이 아니라, 우리는 그랬다 쳐도 이어지는 내 자식도 그러하고 손자도 또 마찬가지라면 산다는 것이 무엇일까.

살아온 평생 자식걱정으로 허리가 휘나 당사자 자식도 늙지 않으면 알지도 못한다. 자식이 늙어 이미 부모는 세상에 없는 그때 부모와 불통이었던 소통을 재통할 방도는 없다.

그래서 30년은 양육 받고 30년은 후대를 양육하고 30년은 부모를 모시는 기본 틀이 현실인데 지금도 그나마 틀은 서지 못했다. 나이 40이나 50이 다 된 자식이 부도나게 생겼다고 상속받을 땅 미리 다 저당 잡혀주고 껍데기만 남은 것을 보고 떠나는 부모가 행복할까. 또 나이 70이 넘어 80, 90세까지 재산 꿰어 찰 이유도 없다. 미리 다 주면 그나마 발길도 뜸해진다는 현실은 묘수를 찾아야 한다.

아무튼 이제 신혼이다. 우여곡절 끝에 살림을 차려주었다. 밥은 제대로 끓여먹는지, 반찬은 할 줄 아는지……. 부모여, 이런 것 알려고 하지도 마라. 알아서 잘 해먹고 살겠거니 해도 될 일은 사랑하는 아내가 해주는 음식은 써도 달다는 것이 인간의 본능이다. 부모가 먹어 보면 아무 맛도 아닌 것을 먹고 살지만 자식은 그게 맛있다는데 웬 투정이란 말인가.

친정부모도 마찬가지다. 월급이냐고 쥐꼬리만 한 형편에 해오던 맞벌이 직장 그만두라 하지도 못한다. 그러니 살림하랴 청소하랴 배는 불러 몸은 무거운데 설거지에 빨러에…….

고생이라고는 해보지 않게 키웠는데 시집이라고 가더니 갑절로 일이 늘고 직장까지 다녀 같이 벌어야 먹고 살다니 남들은 찬란한데 자존심도 자존심이자만, 딸이 너무 힘들 게 뻔해 마음이 상하는가? 상하지 말아야 한다. 그래도 그게 좋고 행복하다는 데야 무얼 어쩌겠는가.

그러다 보니 이제는 가사분담이라는 말이 보편화 됐다. 남편이 빨래도 하고 설거지는 물론 반찬도 만드는 것이다.

사실 이건 맞벌이가 아니라도 온당한 일이다. 우리가 물려받지 말았어야 할 것은 저자 세대 누구나 남자가 부엌에 들어가면 뭣 떨어진다는 허탄한 풍습이다.

평생 물 한 컵을 내 손으로 떠 마셔 본 일이 없다는 데서 아내들에게 사죄함이 마땅하겠다. 부부는 서로 돕자는 것이지 누구는 받고 누구는 바치자는 것이 아니다.

20대 부부가 이런 걸 뜯어 고치는 중이라면 잘하는 일이다. 곱게 커서 시집이라고는 멋도 모르게 온 것이 여자요 며느리다. 집에서 가사수업을 받고 잘 가르쳐 보낸 친정 없다.

그러다 보니 친정 엄마아빠는 입만 열면 "아무것도 몰라요……." 무슨 죄인이라도 되는 듯 사돈네들 만나기만 하면 몸 둘 바를 모르는 게 현실인데 그렇게까지 할 일 아니다. 공부하느라 살림을 알 턱이 없다.

그런데 감히 어찌 시부모 공경 예의범절을 어떻게 가르치며 가르친다고 배우기나 했을까. 저자 같은 세대들이 그때를 돌아봐도 안다. 김치를 담을 줄 모르고 된장, 고추장도 시집와서 터득한 것이다. 20대 부부라면 다 그런 것이 당연할지도 모른다.

그러나 저러나 잘 살아야 하는데 걱정은 저러다 요즘은 세월이 나쁘다 보니 싸우고는 산다 안 산다 할까도 괜할망정 걱정이다.

방정맞은 생각인줄 알지만 백년해로라는 구닥다리 언어가 아니어도 자녀들 잘 낳고 험한 꼴 안 보고 살아야 할 것인데 청춘이 무한대의 시간이 아니기에 바라보면 뻔하다.

좋아서 어쩔 줄 몰라도 걱정된다. 이에 걱정하지 말라는 말을 하려는 것이다. 걱정해서 되는 일이 있고 걱정해도 안 되는 일이 있는데 대개의 경우 열에 아홉은 걱정하나 마나다.

될 일은 걱정하지 않아도 되고 안 될 일은 걱정해도 안 된다는 말 말고, 될 일은 걱정해도 되고 안 될 일은 걱정하지 않고 믿어도 안 된다는 것이다.

특히 팔자도둑질은 못한다는 말이 있는데 사람이 사는 것이나 부부로 짝을 이루는 것은 부모의 의지와 무관할 뿐더러 자신의 의지대로 되지도 않는다.

죽어도 싫다고 했던 배우자와 결혼하여 어찌어찌 하다 보니 살수록 정이든 부부가 있나 하면 처음부터 하지 말았어야 했을 결혼이라고 했더니 역시나 점점 나빠지는 부부도 있고 깜빡 죽게 좋아 죽고 못 살겠다더니 그만 죽어도 못살겠다는 부부도 있다. 그러면 이렇게 말할까? 다 팔자대로 사는 것이니 아예 스위치 끄고 코드 빼라고? 다 빼도 안 빠지는 코드가 자식코드다.

이상한 일은 처음에는 배꼽만 떨어져도 다 큰 것 같더니만 이번에는 첫돌 지나 걸어만 다녀도 나을 것 같더니 갈수록 태산이다. 시집 장가 보내면 끝나나? 끝난다면 좋기는 하다. 이제는 자식들이 부모를 보양해야 한다.

그러나 그러기는커녕 신혼살림을 차려줬어도 일은 더 많아진다. 중학교, 고등학교, 대학만 나오면 다 될 것 같지만 취직이 더 무거운 짐이고 결혼은 또 얼마나 큰 짐인가.

이제는 스위치 코드 다 빼고 너는 너, 나는 나, 그러고도 싶지만 대개는 그러하지 못하는데 짝을 만난 자식들의 입장에서도 마찬가지다.

금 딱 긋고 산다는 사람도 있을 것이나 진정 금을 그었다는 말은 가식이다. 부모자식은 죽어야 갈라진다. 부부는 금 긋고 갈라져도 부모자식은 영원히 가르고 싶어도 갈라지지 않는 사이다.

특히 아기를 낳는 일은 참 은근히 걱정이다. 며느리 엉덩이나 허리를 보면 개미허린데 어떻게 임신을 해서 순산할지 별게 다 걱정이다. 별것이다 하지 마라. 부모의 눈에는 무엇보다 빨리 자식을 낳아야지 임신 출산이 늦어지면 불안하다.

애를 안 낳는 이유가 무엇일까. 경제력이라면 곧 이해가 갈 것이나 그게 신체적으로 무슨 일인가 싶기도 한 것이 부모. 부부로 짝을 지운 이유를 한마디로 줄이면 그것은 애 낳고 살라는 것이 가장 크다. 우린 애 안 낳는다고 하는 말은 빈말이라도 억장이 무너지는 말이다.

경제력도 말이 안 되게 들린다. 다 제 먹을 건 타고난다는 옛말이 머리에 박혔거나, 무자식 상팔자라는 말 같은 게 중요한 것이 아니고 인간은 자식을 낳지 않으면 천리를 거역하는 것이다.

20대 부부는 이제 출산의 시작이다. 달랑 하나만 낳고 만다는 말이 유행어가 된 세월이라 간섭하기도 불편한 일이지만 자식은 많이 낳아야 충성이고 효도고 인륜을 바로 세우는 것이다.

그러기는커녕 1년도 못 살고 이혼한다는 험악한 말도 20대에서나 나오는 말이다. 30대가 되면 자녀가 둘 셋으로 늘어 자식에게 매달리다 보면 이혼은 생각도 못하나 20대 때 싸우게 되면 걱정 되는 일이다.

결혼이라는 것…… 하고 보면 꿀맛이라 하겠으나 너무 중차대한 인생사여서 하고 보면 잘한 건지 못한 건지도 생각하기 쉬운데 이런 생각 자체가 나지 않아야 사랑이다. 사랑은 헤어질 생각자체를 이긴다.

그러나 하고 보니 결정적으로 잘 못한 결혼이라면 문제는 다르다. 그 예는 부지기수이겠으나 잘못 사기결혼을 한 경우라면 빨리 헤어지는 것이 온당하다.

사기까지 당한 마당에 기왕 잘못된 건물이라면 터 파기 하다 속히 중단해야 옳지 계속 공사를 하면 할수록 언젠가는 헐어야 하므로 살면 살수록 상처가 커진다. 하여 애들 낳기 전에, 임신하기 전에 빨리 포기하고 돌아서야 할 나이도 20대다.

30대로 40대로 가면 건물의 층수가 점점 올라가 6·3빌딩만 하면 헐어내기도 힘들고 그만큼 상처가 깊어 인생전체가 부서지고 만다. 어쨌거나 20대 부부는 부모도 안 보이고 부부간 보이는 것이 보통이다. 보통이 아니라 이게 정상이라 할 정도다.

죽고 못 산다고 악착같이 졸라 결혼식을 마친 신혼에 "글쎄요…… 결혼 잘못한 것 같아요……" 이런다면 그건 보통 고장 난 게 아니다. 반대로 "신랑 맘에 드니?" 물으면 "아이고, 뭘 그런 걸 다 물어봐 당연하지……" 그러니까 결혼했고 그러니 물으나 마나라고 하는 시기가 20대다.

과거의 20대는 30대에 맞먹었다. 둘만 낳아 잘 기르자 하던 새마을 시대의 20대는 그새 둘을 낳고 정관수술을 정부가 권장하기도 했으나 오늘날의 20대는 벼랑 끝자락에나 가야 결혼하는 경우가 많다.

30이 넘은 신부에 40을 바라보는 만혼…… 이것은 온당치 못하다. 결혼은 20대 중반이나 늦어도 나이 30을 넘기 전에 하라는 것이 『부부학 콘체르토』이다.

인생전체를 놓고 보고 출산과 양육이라는 책무로 보나 때는 이때가 결혼적령기다.

허나 공부가 무엇인지, 직장이 무엇인지, 왜 그리 경기가 나빠 실업률이 내려가지 않고 취직이 별 따기라면 결혼이 늦어지게 마련인데 정부에서 그 어느 국책사업 수십조 원을 투자하려면 20대 부부에게 투자하는 게 어떠냐는 것이 정신문화의 말이다.

방법은 참 많다. 사회간접시설이나 복지 분야 및 안보나 건설 등등 많지만 20대 결혼부부에게는 허니문 타운(정책)을 만들어 공급하되 20대를 넘긴 부부는 대상에서 빼는 방법이다.

일찍 일어난 새가 먹을 것이 많다는 평범한 진리는 늦게 결혼한 부부는 남들이 다 먹고 남긴 이삭이나 주워 먹어야 하는 것과 같다.

남자는 실제 2년이라지만 허드레까지 3년이 군복무로 소모되니 28세 이하의 신랑, 여자는 군에 안 가니까 25세 이하라든가. 국회에서 이런 법 만들려면 얼마나 시끄러울지 모르겠으나 나라가 투자할 제1 용처는 젊어서 짝을 짓게 만드는 일이다.

법이 복잡하니만큼 정부가 우선 집을 무상이든 특혜공급을 해준 경우는 이혼하면 차후 특혜를 포기하게 만들 수도 있고 방법을 찾으면 적령기를 허송세월하는 일은 막을 것이다.

짝은 못 찾고 직장은 쉽지 않고 공부는 돈이 들고 20대가 지금 깨가 쏟아질 세월을 전부 낭비하는 현실을 바로잡아야 한다. 부모가 능력이라도 있어서 아예 결혼시켜 아들 며느리 둘 다 해외로 나가 몇 년 각자 전공과목 유학이라도 보낸다면 얼마나 좋을까만 꿈같으니 덮자.

아까워도 너무 아까운 20대의 그 뜨겁고 고귀한 젊음이 허무하게 녹아내려 버려지고 있다. 일찍 짝을 지어 한 살이라도 젊어 애를 낳아야 애도 튼튼하고 나라도 건강해진다. 젊어서 생산해야 한다. 건강할 때 생산해야지 술 먹고 피곤하고 혼미한 채 생산하면 아이가 시들하다는 것은 알지? 아내가 아프거든 그날은 피하라. 짬빵 임신이라도 하게 되면 아이가 시원찮은 법이다.

부부간에 싸우고 때리고 맞고 아이를 가지면 아이가 삐딱해져 못쓰고, 신경이 사납고 스트레스가 심할 때 아이를 잉태하면 애가 짜증이 심한 줄도 모르고 왜 아이를 야단단 치는지, 부부 탓일 뿐이다.

최고의 컨디션+최적의 환경(날씨 포함)+아내가 좋고 남편이 너무 좋아 죽을 만큼 정이 흐를 그때 아이를 임신해야 공부도 잘하고 마음씨도 예쁜 건데, 이처럼 잉태하고 출산하기에 알맞고 놀라운 시기가 바로 20대 부부라는 것을 모르면 가정도 손허요 나라도 손해다.

앞서 40대가 넘어선 나이든 여성의 난자막은 굳고 두꺼워져 정자가 뚫고 들어가기 힘들어 임신율이 낮다고 한 말을 여기에 쓰면 20대 부부는 하룻밤만 자도 단방에 임신이다.

그래서 청소년 탈선은 바로 임신·출산이고 미아사건이 되는 것인데 현실 금보다 귀한 정자와 난자, 이게 인간의 씨앗이고 가족의 보배요 나라의 재산인데 많은 20대가 혼기를 놓치거나 늦게 출발하고 있다. 정말 참 아까운 일이다.

조건은 차츰 따지고 어서 만난 대로 간소하면 어떤가. 어서 가정을 이루어야 한다. 20대여! 마음에 들거든 죽는다고 소리치고 통곡하라! 그리고 촛불 한 자루 켜고라도 빨리 식을 올려야 한다. 가장 아름다운 20대 부부는 인류의 소망이며 나라의 꽃이며 가정의 알찬 씨앗이다. 죽기 살기로 사랑에 빠지기를 빌어준다.

/제15장/

초능력 부부 30대

자녀의 인성 형성기

30대 부부란 30세부터 39세까지를 이른다. 결혼한 지 길면 15년 짧으면 5년, 보통은 10년 안팎이 된 부부다.

첫아이 낳고 보통은 둘째까지 남매를 둔 엄마아빠가 되었을 것이나 각자 달라 하나 낳고 만 부부나 세 명의 자녀를 둔 부부도 있을 줄 안다. 여기서는 대다수 보편적인 수준을 중심에 두고 글을 써 가는 것이니 감안하여 읽으면 된다.

임신, 출산, 백일, 첫돌 그리고 유치원에 들어가고 초등학교 1~3학년 또래 아이의 부모가 보편적이라 할지 모르겠는데 보다 중요한 것은 이젠 신혼도 지났고 학부모가 되었다는 사실이다. 이제는 학부모라는 사회적 책임이 따른다. 아이란 낳기만 하면 생부요 생모일 뿐이다. 기르기까지 해야 부모다.

또 기르기만 하면 양부 양모라고 하는 것이 正解(정해)지만 야박하게 의붓아버지, 의붓어머니(계모) 괜히 이런 식을 따지고 편을 가를 일은 아닐 것이다마는, 일단은 낳았으니 생부 생모는 완성되었으나 기르기까지 책임지는 허튼 관용사 걷어내고 하자 없는 부모가 완성되어 가기 시작한 것이다.

부모는 위대하다. 낳은 것만으로도 자녀 된 모든 인류에게 있어 부모는 최고의 영예다.

저자는 작가인 관계로 만에 하나 생각해 본 것이 있다. 우리 부모 두 분 가운데 한 분이 아니었다면 나는 태어났을지 아닐지…… 이에 대해 마치 내가 만일 대통령의 아들이라면 하는 식의 물리적이고 과학적인 답을 찾는다는 것은 찾아도 찾은 게 아니고 假定(가정)은 될지라도 신빙성과는 무관하여 헛소리로 시간낭비다.

익은 밥 먹고 생소리하는 짓이라 작가라도 다르지 않다는 결론을 얻었다. 혹여 전설 따라 삼천리나 꿈 이야기라면 몰라도 과학적으로 그런 증거를 낼 도리는 없다. 그러다가 미미한 두뇌의 한계에서 아무도 이르지 못할 영역임을 알고 얻는 결론은 절대 이 세상에 태어나지 못했다는 것이다.

형이상학이나 특정 종교라 해도 하고 버릴 추정이나마 내 부모 아니면 옆집 아저씨 내외의 아들로라도 태어는 났을 것이라는 말은 작가라도 할 말이 아니고 맞지도 않아 삼가야 한다는 것이 결론이다.

한 사람이 태어나려면 앞서 부부로 만날 확률에서 35억 분의 1 이라는 것에다 다시 35억을 곱해도 인간의 머리는 계산이 안 되어 오죽하면 인간의 생명체 되는 '아미노산 좌 돌기'는 우주에서 온 것이라 했겠는가.

이런 가정은 우주에 대한 모독이며 윤리적으로는 패륜에 속한다는 것도 알았다. 본 정신문화연구시리즈 정체학에서 보다 상기될 것이지만 역시나 인간은 긴말 줄이고 내 부모가 아니면 세상에 태어나지 못했다는 결론이다.

이 말은 자식도 그러하다는 것이다. 그 많은 부부 가운데 나의 자식으로 태어난 그 이치도 동일하다는 것이다. 그렇게 태어난 나의 자식은 나도 모르는 나의 성분을 이어받아 내 몸보다 더 할 정도로 극진 지극 정성으로 낳고 기르게 만들어졌다. 그러니까 자식은 부모가 존귀하고 부모는 자식이 귀하여 자식이라면 불속이나 물속이라도 뛰어들게 되는 것이 천부적 품성이 된 것이다.

30대는 지금 이렇게 완벽한 부모가 되어가고 있다. 때는 인간 일평생 가장 왕성한 인간의 기력이 치솟을 때다. 30대는 호랑이도 무섭지 않고 두려운 게 없다. 20대라면 부부성숙기여서 미성숙한 면이 좀 있을 것이나 30대는 다 익은 부부요 부도자격 충분한 젊을 때다. 아이를 안아도 팔 힘도 세고 인생 최대의 황금기 정력이 넘쳐날 때다.

천지신명께서 낳고 기르고, 낳으면서 또 기르고, 다시 또 낳고 기르기를 하나가 아니라 둘 셋, 심지어는 쌍둥이고 세쌍둥이가 나와 자녀가 일곱이든 열이든 지금은 낳는데 최적기이며 갓 태어난 아기, 이 얼마나 신경 써야 하는데 거뜬하게 감당할 시기여서 30대 부부는 인간의 한계를 훌훌 넘쳐 '초능력 부부 30대'라는 제명이 제격이다.

노인이 되면 팔기운도 없고 숨도 가빠 손자를 이겨먹지 못한다. 기운이 딸려 잠깐은 안고 업어도 좀 있으면 내려놓아야 한다. 애도 젊어야 기르지 나이 들면 애 키우기가 불가능이다.

다음 제14장은 40대 부부가 제목이 될 것인데 40대가 되면 다르다. 아이가 제 발로 잘 다닌다. 부모 힘이 걸 들어도 잘 걷고 오히려 동생들을 돌보기까지 한다. 하나하나 부모손이 가야 되는 나이는 30대다.

이때는 낳는 문제나 기르는 문제에서 프로급 부모가 돼 있다. 싸우지도 않는다. 30세 이전에는 아귀를 맞추느라 좀 다투기도 했으나 30대에 접어들면 하나는 망아지 뛰듯 천방지축 뛰고─하나는 겨우 걸음마하고 하나는 기지도 못하고 우유를 먹는다─이런 아이들에게는 강력한 힘이 필요한데 부부는 지치지도 않는다. 천하장사보다 더 강한 힘에 애정을 담아 아이들 키우는데 얼마나 안성맞춤인지 과연 신의 솜씨는 혀를 내두르게 한다.

40대가 되면 다시 좀 티격 거릴지도 모르는 게 부부인데 30대는 애들에게 혼이 빠져 싸울 틈도 없다. 하나는 울고 하나는 물을 쏟고 하나는 오줌 싸고 애들 셋 다 밥 한 끼 먹이려면 3층 건물 하나 올리기와 같다. 하지만 선수다. 이골이 났다.

그런데 이제 막 이성을 분간하며 자라나는 어린이들은 그러한 부모를 보면서 얼마나 소중한 것을 배우는지 아는가? 자칫하면 아이가 얼마나 삐뚤어지는지 아는가?

아래는 저자가 현재 주필로 있는 신문 '일간 충청시대'에서 5월 가정의 달을 맞아 쓴 사설인데 전문가 부모의 노고를 치하하며 유관할 것으로 보아 2편을 붙인다.

성장기 어린이와 부모의 관계에서 때가 늦지만 나중에 알고 보면 성장기의 자녀가 부모로부터 얼마나 직접적이고 인성발달에 얼마나 중요한 영향을 주고받는가에 관한 것이므로, 30대 부부에서 붙여 넣지 못하면 40대 부부에서 해도 되는데 40대는 이미 자녀들이 사춘기에 도달해 30대 중반에서 40대 초반이전, 즉 만 6세에서 13세의 어린이와 부모와의 인성발달 관련 문제를 주제로 한 내용이라 저자는 소중하다고 여겨 붙이는 것이다.

자식, 이유 없는 반항은 없다

어린이날을 맞아 모든 사람이 한마디씩 할 모양이다. 어린이는 나라의 보배라는 말부터 시작하여 사랑으로 키워야 한다고. 그런 말은 뺀다. 어른들, 특히 부모가 인생 최고의 자식농사를 실패하지 않기 위해 도식적인 말 말고 심각하게 생각해 보는 것이 어떻게 가정과 나라를 살찌게 할까를 고민하자는 것이다.

자식이 머리가 커지면 부모 말을 잘 듣지 않아 가슴앓이 하는 사람이 많은데 이 원인이 무엇인지 맥을 찾아 딱 제자리에 침을 꽂듯 정답을 찾아보자는 것이다. 어린이날에 어른들이 제대로 짚고 명심하면 횡재 할 것이다. 지금 혹여 자식이 반항하는가? 그럼 (말도 안 된다고 들릴지 모르나) 자식 앞에 무릎을 꿇어라. 세상에 이유 없는 반항이란 없다. 아비 잘못이고 어미가 잘못했기 때문이다.

먼저 인간의 본능부터 알자. 어떤 환경에도 견뎌내는 적자생존 본능 말이다. 다음은 인간의 심리를 짚어보자. 이번에는 생명보호 본능이다. 적자생존이란 어떻게든 살아낸다는 것이다. 상대가 강하면 맞붙지 않고 도망가거나 머리를 숙이고 대항하지 않고 위기를 넘긴다. 맞붙으면 죽이거나 얻어맞는다는 정도는 갓난아이부터 이미 타고난 본능이다. 성장기에 들어서면 민첩하게 주변을 살펴 무서우면 도와달라고 운다. 배가 고파도 먹여달라고 운다. 이것은 누가 가르친 게 아니라 환경에 맞게 살아날 적자생존・생명유지 보호본능이다.

성장기에 접어든 어린이는 생명유지를 위해 자신을 전적으로 부모에게 의탁한다. 부모의 눈치가 좀 이상하면 재롱도 피운다. 왜 피우는가? 답은 예뻐하라는 것이다. 아까워하지 말고 먹을 것을 잘 공급해 달라는 살기 위한 본능이다. 하라는 대로 고분고분 말도 잘 듣는다. 특히 아비나 어미가 무서울수록 아이가 말을 더 잘 듣는다. 말썽을 부리지도 않고 얌전하다? 아비가 줘 패면 아프다는 것을 알기 때문에 순하게 구는 것이다.

이런 아이들, 사실은 불쌍한 아이들이다. 반대로 얻어터지면서도 말을 안 듣고 부모를 무서워하지 않는 아이도 있는데 그만큼 자신도 있거니와 부모의 심리파악을 다 마친 경우다. 이 정도는 말썽을 부려도 넘어간다는 것을 안다.

장난감이나 놀이기구를 보면 막 떼를 쓰거나, 갖고 싶고 놀고 싶어 입에 군침을 질질 흘리면서도 그냥 참는 착한 아이도 있다. 아비가 시원시원 다 들어주고 돈도 막 쓰는 아비면 간단한데, 아비가 금을 딱 긋고 놀이기구는 하나만 태워준다고 추상같이 약속한 마당이라면 바이킹은 타고 싶어도 참고 만다.

고집을 부리고 울었다가는 집에 가서라도 재미가 없다는 것을 이미 본능적으로 다 파악하고 있다. 이런 아이가 자라났다. 대가리가 커지면서 변해가는 것이다. 애가 전엔 안 그랬는데 크니까 이상하다 하지 마라. 인간은 애나 어른이나 타고난 본능이 있다.

중학교까지만 해도 시키는 것만 하고 말라고 하면 않던 아이가 고등학생이 되자 갑자기 신경질적으로 딱 변한 것이다. 이를 '사춘기'라 하는데 사춘기 좋아하지 마라. 사춘기가 무엇인가? 아이가 예민해진 시기라 하나 실은 컸다는 것이다 대개 17~18세가 되면 사춘기를 맞는데 이때의 이유 없는 반항은 자연현상이 아닌 경우가 많다. 부모가 줄곧 만들어 온 결과인 것이다. 어려서는 겁을 낸다. 힘도 없고 돈도 없다. 그럴 때는 숨을 딱 죽이고 순종했으나 이젠 키가 크고 힘이 늘고 세상을 좀 안다. 사춘기란 아이 자신도 모르는 현상이 돌출한 것이다. 숨죽여 왔던 마땅치 않은 감정을 드러내는 것이다.

오랜 세월 잘 참아왔다. 따지거나 티도 내지 않았다. 부모가 젊고 강할 때 어리고 힘없는 자식이, 말주변도 없는 아이가 부모에게 대들고 반항하면 자신만 손해, 일단은 안 그런 척 하고 참아왔을 뿐이다. 무엇을 참았나. '분노'라고 하는 억울함이다.

맞았던 기억이다. 맞을 짓 아닌데 맞은 경우다. 때릴 줄 몰랐는데 때리고 크림 치킨 사주고 달래더니 또 때리고 사주고 반복하니 아이는 자신도 모르는 사이에 아비의 이상한 행동에 불만이 쌓였다. 그것은 비밀이다. 꽁꽁 숨겨졌지만 하나 둘이 아니다.

가장 큰 분노와 상처는 술 먹고 엄마를 때린 경우다. 적자생존 법칙에서 아비는 엄마와 비교되지 않는다. 몸에 달린 젖도 엄마의 젖을 빨았고 엄마는 모질지 않고 정다운데 아빠가 아이를 때리면 말리다 대신 엄마가 얻어맞았다.

부부싸움으로 며칠을 병원도 다니고 울었다. 바로 이 가정 폭력은 맞은 엄마보다 자식에게 치명적인 상처와 분노로 저장된다. 아빠는 적군이고 엄마는 아군이고, 아빠는 사탄이고 엄마는 천사다. 자기가 맞는 것보다 더 아프다.

은연중 복수심도 생겼다. 당시는 덤빌 일 아니다. 한두 번 본 게 아니다. 평생 엄마 아빠가 싸웠다. 원인은 상관없다. 잘잘못은 불문하고 드러난 폭력, 즉 아빠가 엄마를 때렸다는 것이며, 엄마가 아프면 나는 죽는다는 생존본능에 상처를 받아 날카로운 대침이 박힌 게 자식이다. 무슨 말을 하려는지 짐작이 갔을 것이다.

어린이는 부부의 화목이 최고의 양육이다. 옷이나 장난감도 아니고 먹어야 산다는 생존본능과 함께 나를 먹여주는 공급자 엄마를 때리면 아이는 치명적 분노요 상처다. 내 편이 매를 맞는 것이다. 아빠가 돈을 벌어오니까 우유를 사오는 거라고 백번을 말해도 때리는 순간 분노가 쌓이나 돈을 번다니까 아빠를 죽으라고는 못하고 증오심만 키우는 것이다.

이것은 아이가 머리가 좋거나 고의로 그러는 것이 아니다. 아이도 알지 못하는 이상한 이치다. 아빠 미우냐고 하면 아니라고 하면서 미운 것도 아니고 좋은 것도 아니고 그냥 표 안 나게 사는 것뿐이다. 아이는 이런 이치를 계산하고 아는 게 아니다. 아동심리학이나 인류학과 사회심리학은 이런 문제를 끝없이 연구해 논문을 발표하고 있다. 그래서 부부가 싸우지 말라하고 심지어는 학교체벌까지 없애자 한다. 이때 아이가 성장하여 중고생 정도면 좀 맞아도 분느의 강도는 다르다. 이젠 막을 수도 있고 서툴면 선생님도 내지를 때라면 정당한 잘못은 체벌도 인정이 되어 그건 상처가 아니라 살아가는 투쟁이 된다. 그러나 어린 어린아이들은 다르다.

이런 아이는 이제 부모가 이기지 못한다. 20년 독재하고 40년 죄의 대가(반항)를 받는 것이다. 다 큰 아들딸들, 말로도 못 이기고 기운으로도 안 된다. 턱을 괴고 생각해보자. 아들딸이 삐뚤어졌는가 영 마음에 들지 않는가? 깊이 생각하고 대화로 용서를 빌어라. 因果應報(인과응보)요, 종과득과(種瓜得瓜), 종두득두(種豆得豆), 만사는 순리대로 흐른다.

어려서 말만 잘 듣기를 바라지 말고 뇌편도체에 든 기억장치 해마에 분노를 심지 말아야 한다. 노태우 전 대통령 흉부 왼편에서 7cm짜리 침을 뺐다지? 자녀들의 심장에는 더 큰 침이 박혔다. 빨리 뽑고 더는 찌르지들 마라.

부모에게서 닮을 것과 말 것

어버이날이 내일 모랜데 어떻게 맞나. 부모님들께 하는 말 아니고 자녀들에게 묻는 말이다. 부모님들은 짐작이 좀 간다. 카네이션 가슴에 달고 자식들이 보내준 용돈으로 맛있는 것도 사먹고, 손자들 재롱도 보라고 찾아온 자식들도 있을 것이다. 축하하며 올해도 건강하기 바란다.

자녀들은 어떠한가. 해마다 이날이 되면 기십 만원 보내드리고 말거나, 여유가 있으면 시간 내어 찾아가 뵙기도 할 것이다. 그러나 올해 역시도 경기가 바닥이다. 반전세로 내려왔거나 추가로 대출을 더 받아 이자까지 늘었을 것이다. 물가는 올랐고 기름 값도 그러하니 직접 찾아뵙는다는 것은 어려울 모양이다. 혹은 모를 일이다. 좀 여유 돈이 있는 자녀 가정은 투자한 주식이 올라 코스피가 연달아 상종가를 쳐대니 최고의 호황을 맞은 사람도 있을 것이다. 평생 이렇게 좋은 경기 처음만나 주머니가 터지려 할지도 모르겠는데 상위 2%? 많아야 상위 10%일지도 모르니 그들의 형편은 빼도 될 것이다.

대다수 서민들은 정말 죽을 맛, 맞다. 최악일 것이다. 마음은 있고 찾아가 뵙고는 싶으나 어떻게 할 방법이 없을 것 같다. 기죽지 마라. 어버이의 자녀 된 진정한 자식의 도리는 이제 말한 이런 것보다 더 중요한 다른 게 있다. 어버이날 자식이 부모님께 드릴 최고의 효도는 돈이나 선물보다 더 크고 귀한 다른 것이 있다. 바로 부모님의 뜻을 잘 받들어 그 뜻을 이루어 드리는 것이다. 그러니까 부모님을 '닮는 것'과 '닮지 않는 것'이다. 부모가 바라고 원하는 것을 이루는 것이다.

부모님의 말을 들어야 자식 된 바른 도리다. 옆집 아저씨 말만 들으면 그의 자식이나 무엇이 다른가. 부모가 하라는 것은 않고 하지 말라는 짓만 하면 그보다 더 큰 불효가 없다. 부모가 하지 말라는 것이 무엇인지 알 것이다.

건강조심이며 운전 천천히 하고 다녀라. 술 너무 많이 먹지 마라. 술 먹고 운전하지 마라. 마누라 하고 싸우지 말고 오순도순 살아라. 무엇하나 중요하지 않은 말 없다.

선후가 있을까마는 굳이 가리라면 며느리 하고 잘 살라는 것이다. 싸우지 말라는 것이다. 서로 흉허물을 덮으면서 살아야지 헐뜯고 투정하고 다투지 말라는 것이다. 이게 최고의 효도라 할지는 모르겠으나 응당 그래야 하는 것은 부모라면 누구나 자식 내외가 싸울 때 골병이 든다. 그보다 더 살맛 안 나는 것도 드물다.

어버이날의 원리는 간단하다.

부모님의 뜻을 거스르지 말고 새겨 그 뜻을 이루어 드리는 것이다. 무엇을 하든 부모는 바람이 있다. 정치라든가 교육, 경제 어떤 분야에서나 좀 크게 성공하기를 바라는 것이다. 오나가나 꼬리가 되지 말고 머리가 되어 좀 내 아들이라고 말하기에 자부심을 느끼게 해달라는 것이다.

살다 보면 소도 보고 말도 보듯 자식이 잘된 사람도 보고 기가 폭죽은 부모도 본다. 입에 달고 자식자랑만 하는 부모도 본다. 우리 아들이 뭔데 이번에 대통령과 같이 유럽 갔다는 이런 말, 묻지도 않는데 덴마크로 프랑스로 네덜란드를 돌아서 갔다 온다고, 그냥 하는 이야기지만 실은 자랑이다.

하지만 엄밀히 따지고 보면 이게 자랑이 아니다. 자식으로 인하여 신바람이 났다는 뜻이다. 바람이 부는데 어찌 나뭇가지가 흔들리지 않겠는가. 자연스러운 현상이다.

그러나 듣고 아무 말도 못하는 부모가 많다. 듣고 무슨 말을 한다면 두 종류? 하나는 "참 아들 잘 두셨네……", 또 하나는 열통이 터져 "아 그 자식 자랑 좀 어지간히 하라고!" 시기 질투의 말이다. 1등이 신바람 난 부모라면 2등은 칭찬한 부모고 꼴찌는 배지를 앓는 부모다. 그대의 부모는 몇 등인가?

그러려면 첫째는 부모가 잘해야 자식이 잘된다는 것이 원리라 할 것인데, 어버이날을 맞아서까지 "부모 노릇 똑바로 해!" 이렇게 다그치는 것은 좀 아닐 것 같다. 그래서 하는 말인데 부모가 좀 부족해도 자식이 부족한 부모를 탓하지 않고 닮을 것과 닮지 말 것을 잘 가리라는 것이다.

부모가 컴맹이고 문맹이고 학벌이 낮아 무식하다면 자식은 그런 부모의 사무친 원한을 풀어줘야 한다는 말이다. 부모가 평생 부부싸움 했다면 자식은 반대로 평생 싸우지 말고 살라는 것이다.

부모와 자식의 원리는 간단하다.

'좋은 것은 닮고 나쁜 것은 닮지 않는 것'이다. 똑똑하고 현명한 자식은 부모를 잘 따르되 어떤 것은 따르지 않는 자식이다. 이게 부모보다 자식이 더 나아야 한다는 것이다. 못난 자식은 간단하다. 씨는 못 속인다는 말처럼 부모가 하던 대로 하는 것이다. 술주정꾼의 자식을 보면 애비를 닮아 자기도 술독에 빠져 산다. "즈 애비를 꼭 닮았어, 그 씨가 어디 가……." 이런 말을 들으면 그 자식은 못난 자식이다.

부모는 백정이고 상놈이었으나 자식 하나는 잘 키웠다는 말을 듣고 않고는 자식에게 달렸다. 부모의 본을 받아야 할 장점은 반드시 닮는 것이다. 반대로 부모의 단점은 절대로 닮지 않는 것이다.

무식했으면 유식해야 한다. 가난했으면 부자가 돼야 한다. 불화했으면 화목해야 한다. 이것이 하늘의 법칙이고 인륜이다. 하던 대로만 하는 자식은 까치 새끼다. 까치는 수천 년 대를 이어 살아도 대대손손 까치집은 부모가 짓던 대로다. 그러나 인간은 그렇지 않았다. 부모가 생각도 못한 집을 짓고 살고 듣도 보도 못한 인터넷 세월을 만들어 냈다.

우리의 선친들이 그리하였다. 일제에 빼앗긴 나라를 찾고 동족간의 전쟁에도 나라와 가족들을 지켜냈다. 보릿고개의 허기진 배를 채우는 새마을 운동에 허리띠를 졸라매고 후손들을 길러냈다. 새마을 사업 세대들이 영어를 알았겠는가?

자식이 부모로부터 물려받아야 할 것은 고난을 이겨낸 투지다. 가난함에도 자식들을 가르친 교육열이다. 나는 배우지 못했어도 자식은 가르치겠다는 그 열정이 세계 강대국에 오르게 했고, 세계화시대에 지구촌을 누비는 대한민국을 만들었다. 그게 바로 '꿈과 이상'이었다.

부모들은 이상이 뭔지도 잘 모른다. 그저 자식 잘되기만 바라는 정도였다. 그러나 자식들은 한국이라는 우물 안에서 나왔다. 미꾸라지같이 갇혀 살고 부화하지 못할 계란을 깨고 나온 것이다. 태생이 날지 못하는 병아리 같이 연약한 새끼들을 독수리같이 길러냈다. 길러냈는가, 아니면 자라났는가.

어버이날을 맞아 부모님께 해야 할 마땅한 도리는 찾아뵙고 맛있는 것 사드리고 용돈도 두둑하게 드리는 것 맞다. 그러나 그보다 더 좋은 효도는 부모님의 큰 소망을 살피는 것이다. "두고 보십시오. 아버지!" 담대하고 의젓한 기상을 펼치고 아버지로 하여금 모든 주변 사람들 앞에 내 아들 내 딸 이야기를 할 힘을 얻도록 해야 한다. 돈으로 다 되는 것이 아니다.

크고 넓은 세상을 향해 자녀들이여, 잠시도 한눈팔지 말고 열심히 건강하고 당당하고 높이 날아오르기 바란다.

/제16장/

40대, 위기의 부부

＃ 자녀걱정 · 부부관

40세에서 49세 사이가 되면 25세에서 35세에 결혼했다고 보아 부부로 만나 결혼을 한 지도 최고 20년이 넘었고 아무리 짧아도 10년은 지났을 것이다.

아이들은 어느새 대학을 다니거나 빠르면 군에 입대한 부모도 있을 것이고, 사춘기에 접어드는 시기도 부부가 40대에 들어선 때다. 신혼의 단꿈은 거의 잊어져가고 이제는 결혼기념일을 더 열심히 챙기며 산다.

이렇게 40대가 되면 특히 남성들은 생각지도 못한 과로사의 위험도 조심해야 한다. 과다한 업무로 인한 스트레스와 술, 그리고 중견이된 사회인이 받게 되는 정신적 육체적 피로가 겹쳐 쌓이는 중이다.

아내는 이제야 좀 짬이 났다. 남편이 돈만 잘 번다면 아이들은 모두 웬만큼 커서 어릴 때처럼 일일이 신경 쓰고 손이 많이 가지도 않아 신간이 좀 편해지기도 하여 그동안 잊고 살았던 어릴 때의 친구라든가 모처럼 동창회도 한번 가 볼 수 있고 시간이 좀 생긴 편이다.

아내들도 역시 이때는 건강문제를 느끼게 되는 시기다. 어느덧 늘 젊을 줄 알았던 30대의 그런 건강은 지난 이야기인 듯 아련해진다. 병원을 별로 다니지 않았는데 전과 같지 않아 여기저기 아픈 데가 있어 병원출입도 하게 되는데 또래의 친구들도 다 그렇다는 얘기다. 바쁘게 돌아가는 물레방아가 얼지 않는다더니 바쁘게 살아서 그렇다기보다 어느덧 세월이 갔다는 것이다.

인생의 봄이 가고 여름도 거의 지나가는 시기라 그런지도 모르지만 그래도 아직이야 심하지는 않지만 한 번 씩 꽤 힘들 때도 있다. 중년 40대가 된 것이다. 마냥 청춘이 아니라는 생각도 든다.

이렇게 맞은 40대 부부에게는 두 가지 중차대한 현실이 나타난다. 하나는 자식들의 장래를 가를 진로를 정해줘야 한다는 것, 다음은 부부 사이의 정이 약간 달라진다는 것이다.

짚어보라면 가짓수가 너무 많다. 그러나 한이 없으므로 두 가지만 뽑으라면 먼저 아이들 대학을 어디로 보낼지의 문제가 최대 관심이다. 녀석이 공부를 특출 나게 잘한다면 걱정이 없을까? 그런 일은 없다. 잘하고 또 잘해도 학교성적은 다니는 학교의 성적이고, 전국을 다 통틀면 잘하지만 앞선 학생들의 줄이 한참이나 서 있다.

잘하면 또 잘하는 만큼의 격이 있기 때문이다, 잘하니까 연·고대를 보내느냐 서울대를 보내느냐로부터, 연·고대든 서울대든 무슨 과를 가야 할지의 턱걸이도 무조건 힘겹게 돼 있다.

눈을 조금만 더 크게 떠보면 바로 미국도 보이고 영국도 보여서 유학을 가느냐 마느냐가 있고, 유학을 가더라도 또 미국대학에서도 역시 수준이 각각 다르다. 아직은 고등학생이라 생각하기는 이르다 할 일도 아니다. 대학이면 더 절실한 문제가 졸업 후 취업이나 향후 진로문제는 부모 된 그 누구도 아무런 생각이 없을 수가 없다.

그러므로 적성분석을 잘해야 할 시기다. 야구를 잘하고 무용을 가르쳤다거나 이럴 때는 진로는 결정 났으니까 한 가지는 줄었으나 줄었어도 앞길은 첩첩산중이다.

사실 어느 때가 더하고 덜 하고는 원래 없으나 40대 부부는 그 어느 때보다 자식의 장래에 중요한 시기다. 이때 조언을 잘못하거나, 힘으로 누르고 꺾는다거나, 자식보다 형편에만 때려 맞추면 천추의 한과 다름없는 인생의 한이 가슴을 찌르게 된다. 생각해 보자.

자녀가 어느 대학을 가느냐의 문제는 곧바로 어떤 이성을 만나느냐의 부부가 될 짝이 누구냐에 직결된다. 미국을 가면 미국에 (가)있는 이성을 만나 정이 들 것이고, 중국을 가면 중국, 이런 식으로 대학을 어떤 대학을 다니느냐는 문제는 부모와 자녀와 후대에 걸쳐 직접적인 갈림길을 만나게 되는 것이다.

이것은 직장도 마찬가지다. 공무원이 되면 공무원을 배우자로 만날 확률이 1위에 앉을 것이고, 연예계로 가면 그 주변에서 눈이 맞는 것은 환경영향이다.

보도 듣도 못한 상대를 만나 짝을 이룬다고 하는 것은 예외일 뿐이지 통상적인 경우는 짝을 지을 나이에 어디에 있느냐가 가장 직접적인 영향이 되게 마련이다.

그러고 보면 대학이라는 곳은 공부도 중요하지만 공부 이외의 환경작용이 더 지대한 곳이라고 보아 무리가 아니다. 이런 일에 부모 40대 부부는 아무리 무심하려 해도 정신이 몰입되어 자녀의 일거수일투족에 관심을 갖게 돼 있다. 그런데 이게 잘못 된 경우가 있다. 자녀들하고 채널이 맞지 않는 경우다.

소통이 안 되어 말만 하면 짜증이나 내고 솔직한 속내를 터놓지 않아서 "아 신경 꺼, 내가 다 알아서 한다니까~" 하는 날이면 중요한 때를 놓쳤다는 증거다. 갓난아기 시절, 유년시절, 학생시절, 부부가 신혼이다 30대다 했을 그때 환경이 자신도 모르는 사이에 상당히 굴절되었거나 결함이 있었다면 자녀가 부모와 대화를 기피한다.

기피가 아니어도 적극적이지가 않다. 말은 해도 속내는 따로 감추고 내놓지 않는다. 원인이 있다. 앞서 30대 부부를 말하면서 두 편의 칼럼 을 붙였는데 다시 읽어 보면 고장이 난 시기가 있다는 것을 알 것이다.

거기서는 부부가 싸우고 아빠가 엄마를 구타하는 아주 저질만을 말하였으나 그런 일 없다고 발을 빼면 안 된다. 난 해당이 없다 하지 말 것은 때리고 술주정하고 그런 저질은 아니라 해도 많다. 부부란 참 복잡한 사이지만 다 몰라도 자식은 느낌으로 다 알게 창조되었다.

부부의 몸에서 나온 자식이 누가 독선이며 누가 권력을 과도하게 휘두르며 누가 속이 좁아터지고 누가 성질이 까탈스럽고 누가 돈을 낭비하고 누가 저급한 오락에 빠지고 누가 착하고 누가 덜 착하고…… 자식은 모르는 게 없다.

한 번도 때리지 않았는데도 아이는 앙금이 쌓여 풀지 못한 것은 경우가 다르나 일단 사춘기를 맞아서 과하거나 사춘기를 지났어도 마음속을 터놓지 않으면 부부가 잘못 키웠다는 단순한 말보다 성장환경이 바르지 못했다는 것은 인정해야 한다.

아이가 왜 밝지 않은가? 아이가 어째서 부모에게 장래문제를 상담해오지 않는가? 고민이 있다면 그게 뭔지 왜 내놓고 대화를 할 의사가 나타나지 않는가? 이것이 부모자식지간의 벽이다.

알지 못할 벽이 있다면 우선 하루라도 빨리 벽부터 허물 생각을 해야 한다. 벽을 헐지도 않고 자녀적성 가이드나 카운셀링은 2차 문제다. 먼저 저 바다를 없애야 한다.

방법은 우선 대화를 많이 하는 것이 첫째인데 아이가 마음문 말문을 활짝 열지 않고 빼꼼 여는 듯 마는 듯 한다면 진로문제, 결혼문제, 취업문제 모든 게 다 순적하지도 않고 마찰만 일어난다.

앞서 제5장에서 부부는 말로 산다고 한 글을 읽었을 것이다. 부부만이 아니라 자녀와 부모관계는 정말 말로 산다. 돈 주고 밥 주고 중요하나 대화가 더 중요하다.

부부간 역시도 성생활을 하고 살아도 그보다 못잖게 중요한 것이 대화다. 그렇다면 대화의 문을 열 방법은 무엇인가?

장시간 터놓고 이야기를 좀 하고 싶으나 자식이 그러기를 싫어할 경우에는 칼럼에서 말한 대로 "오늘은 내가 네게 지난날 잘못한 것이 많아 사과를 좀 해야 하겠다"라는 말부터 하고, 필요하면 무릎이라도 꿇으라는 것이다. 어떻게든 자식의 마음문을 열려면 사과가 전제돼야 한다.

남북관계나 부부관계를 포함하여 대화가 안 되면 사과부터 시작하는 게 부모자식 간에도 같다. 그러면 어떻게 전개된다는 것은 각각 다를 것이나 자식은 지난날의 이런저런 서운했던 감정을 쏟아내게 될 것이다. 그러면 약효가 먹히는 것이다.

사람은 아무리 마음이 상했어도 할 말을 다 쏟아내면 앙금이 풀리게 마련이다. 우리는 보통 오해하여 막 퍼붓고 불만할 경우 상대가 아내든 남편이든 그러면 일이 더 잘못되는 것으로 아는데 그렇지 않다. 잘되는 과정이다.

문제는 퍼붓는 원망과 불평, 막 울고 그러면 일이 더 나빠질까 우려하고 다시 반박을 하기 쉬운데 이건 잘되는 일을 망치는 격이다. 이 과정이 없이는 관계회복이 될 수가 없다. 그러니까 인내해야 한다. 중요할 때 참지 못하면 설건드려 더 나빠지는 것이다. 듣자니까 말도 안 되는 소리를 하는데 어찌 들어주며, 그러면 버릇이 나빠진다고 오해하기 쉬우나 그렇지 않다. 생각해 보자.

상대가 그간 쌓인 불만을 터뜨리는 게 참고 듣기 힘들다면 사과가 아니다. 사과는 들어준다는 것이 목적이다. 사과했는데 무슨 말이 많으냐는 주장은 잘못된 것이다. 사과했으니까 비로소 안 하려 하던 이야기를 꺼낸 것이므로 이제부터 싸우자는 것이 아니다. 이때 더 싸우려 한다는 생각은 아직 나 자신이 덜 성숙했다는 증표다.

이 고비를 잘 넘겨야 성숙이며 막힌 대화의 문이 열리 게 되어 불통이 소통 되는 것이다. 그러면서 차차 장래문제, 이성문제, 결혼문제, 취업문제 등등 총체적인 적성 찾아가는 과정에 접근하게 된다.

여기까지 왔으면 이제부터는 말이 잘 통하기 시작했다. 열흘 만에 될지 열 달 만에 될지는 각각 다르므로 단언하지 못하나 하여간 대화 창구가 열렸다면 원칙이 있다. 부모는 자식이 진정 원하는 것을 이루도록 도와주겠다는 자세가 기본이다.

자식 맘대로 하게 두느냐고 볼 게 아니라 곰곰 생각해 보면 자식의 인생목적은 자식이 부여받은 하늘의 명이다. 사람은 누구에게나 부여받은 사명(천명=달란트)이 있다.

그것은 그를 만족하고 행복하고 즐겁게 할 것이다. 부여된 사명이 아무것도 없는 사람은 한 명도 없다. 찾지 못했거나 잘못 찾아 만족이 없는 것이다. 선로를 탈선한 기차는 나가지 못하고 힘들게 하는 것처럼 인생에게 부여한 사명이 아닌 것은 짜증만 나고 고생만 하고 기쁨이 없게 돼 있다.

이때 돈도 못 버는 헛된 짓이라는 생각은 무식이다. 글쟁이는 가난하게 산다고 못하게 하거나, 연극해서는 밥도 못 먹는다고 뜯어 말려 적성에 맞지도 않는 레스토랑 물려 줄 테니 딴 생각 말고 돈만 잘 벌면 된다는 식의 주장은 내 인생을 왜 아버지가 사는 거냐는 항의를 받게 되어 강제로 꺾으면 평생 후회하게 된다.

눈에 영 안 차는 것을 한다고 우기거나 감히 올려다보지도 못할 아이돌가수같이 인기인이 되겠다고 하는 허영에 빠진 경우라도 되거나 말거나 강제로 막고 꺾지 말아야 한다.

노래도 못하는 녀석이 가수된다 하진 않는다. 춤도 못 추는 녀석이 아이돌이 된다 하지는 않는다. 자기의 적성은 이미 학교에서나 친구들 사이에 소문이 났어야 그런다 하는 것이고, 중국이니 미국으로 유학을 가겠다하면 미국과 중국에 대해 부족하나마 좀 아니까 간다는 말이라고 하는 상대(자녀)의 인격을 존중해야 한다.

그리고 부모는 협조해야 한다. 꼭 아니다 싶은 경우라도 조심스럽게 이해를 시켜야 하고 쇠뿔 빼듯 단칸에 꺾을 생각은 금물이다.

이쯤으로 40 부부가 부모로서 자식의 장래 진로에 중대한 시기라는 말은 마치고 이제는 부부 당사자에 관한 문제를 생각해 보기로 하자.

때가 참 중요한 시기인데 앞서 말한 건강 말할 것 없고 부부 사이가 중요한 시기라는 점이다.

부부로 만나 살아온 세월은 크게 신혼시절과 30대를 거쳤다. 신혼시절에는 눈에 붙은 콩깍지로 인해 한눈파는 일은 없다. 30대를 지나는 부부 역시도 한눈을 팔 여가가 없다.

낳고 배부르고 또 배부르고 낳고 낳아놓으나 걷지도 못하고 오줌싸고 넘어지고 자빠지고 밥도 혼자 먹지 못하여 부부는 낳아놓은 아이들에게서 잠시도 눈을 떼지 못한다.

툭하면 빨빨거려 어디가면 애를 잃어버릴 위험도 있고 안전문제가 잠시도 게을리 할 수가 없다. 그러나 40대가 되면 이제는 한숨을 좀 쉬어도 된다. 비로소 시간이 좀 났다는 말을 한 것처럼 그래서 드디어 이제는 자신을 돌아보게도 한다.

남편은 직장에서 차장 부장으로 올라갔고 영역도 확장되었으며 전문직으로서 승승장구하여 40대는 이미 국내재벌에 오른 사람도 있고 국제재벌이 된 사람도 있는데 첨단정보산업이나 유통업이나 제조업이나 한참 잘나가는 시기가 이때다.

돈은 상당히 큰돈도 따라다닌다. 영향력이 대단하고 부하직원도 많다. 자연히 술자리도 늘고 인간관계의 폭도 커졌다. 별별 사람을 다 만나게 되는 과정에서 말만 들은 2차라는 곳을 가보게 되는 시기도 이때다.

2차 가 본 일 있는가? 있다면 아내는 모른다고? 잘했다. 아내가 알면 문제는 커진다.

그러니까 40대가 되면 부부간에 어쩔 수 없이 살살 거짓말을 하게 될 요인이 발생하게 된다. 그러니 2차 다니지 말고 술자리 가거든 조금만 마시고 빨리 들어오라 하게 되는데, 더 좋으려면 아예 술자리에 안가고 2차는 딱 잘라 안 가는 것이 최선이라 하겠지만 이게 그렇지 못하다.

의지력과 착하고 않고의 문제도 있는지 모르겠으나 40대는 보폭이 넓다. 돈도 있다.

사업상, 교제상 출장도 잦고 이 나이되면 꼬리치는 여성도 만난다. 세상 공기가 그러하다 보면 세상 밖으로 나가면 모를까 그런 사람 저런 사람 만나다 보면 2차도 가게 된다. 그리고 양심에 가책을 느끼기도 한다. 혼전 연애는 모르겠으나 40대에 부는 이런 바람을 완전히 피하려면 성직자가 되거나 산사(절간)로 들어가면 모를까 여성들에게는 미안한 말이지만 남자들 2차 안 가고 이 나이를 넘긴 남자 흔치 않다.

두 가지 경우는 있다. 젊어서 바람깨나 피웠던가. 아니면 이때 안 그러면 늙어서 주책이 될 우려도 있다. 머스마라는 인간은 이게 태생인지 젊으면 철이 없다. 그래서 남자 40대는 술과 여자를 조심해야 한다.

하기야 노름에 빠지고 도박에 신세를 조지는 사람도 있고 그래서 징역을 가기도 하는 등 40대는 세상 모든 불결한 잡동사니가 더럭더럭 달라붙기 쉬운 시절이다. 이를 어쩌면 좋은가? 여기서 그러지 말라는 말은 공염불일까 싶다. 그리고 싶어서 그러는 게 아니라 자기는 안 그러려 해도 그게 되지를 않는 것이다. 그렇다면 두 가지만 우선 말한다.

먼저 그런 바람에 깊이 빠져 가정과 아내를 발로 차지는 말라는 것이다. 나가서 눈에 든 여자가 있어도 판단을 바르게 할 것은 그는 순간 찰나이며 죄다.

또 가정에게 깊은 양심을 가책을 버리지 말라는 것이다. 자기가 저지른 일을 굳이 탓한다면 모자란 짓이다 할 것이나 그렇더라도 이건 아니라는 본분을 지키라는 것이다. 어서 이런 생활을 끝내야 한다는 의지는 가지라는 것이다. 왜냐하면 그런 젊음은 50대만 접어들면 줄어든다.

40대가 위험한데 길지도 않다. 그리고 아내가 상처받지 않도록 속이라는 말 하면 안 되는 줄 알지만 달리 할 말이 없다. 몸은 젊고 환경은 더럽고 다 버리라 하자니 길은 찾기 어렵고, 그러니까 빨리 그런 날들을 떠내려 보낸다는 의지를 가지라는 수밖에 없다.

이때 아내들에게 한마디 하라면 느낌으로는 이미 안다는 점 인정하면서 따질 건 따지되 실제로 꼬투리까지 잡지는 말라는 충고다. 하룻밤 풋사랑은 사랑이 아니다. 말이 영 안 되는 말 같지만 남편 편을 드는 것이 아니라 가정 편과 부부 편을 들자니까 하는 말이다. 이미 쏟아진 물인데 어쩌겠는가.

사실 40대에 아내들에게 할 말이 많다. 여성 40대는 다가올 50대의 폐경기를 감지하게 된다. 청춘이 이렇게 짧은 것인가? 애를 둘, 셋 낳다보니 몸이 달라졌다. 그렇지만 아직은 괜찮다고 했지? 부적절한 비유겠지만 물이 오를 대로 오른 것이다.

독사라면 독이 잔뜩 오른 것이다. 여성 독(성)이다. 독이란 가장 여자다운 것이다. 엄마로서 프로(전문가)가 됐고 아내도 마찬가지다. 며느리 선수가 됐고 모르는 게 없다. 나이는 어—하다 보니 중년이다. 요즘말로 전업주부이며 베테랑 아내다.

더불어 성욕까지 잔뜩 올랐다. 물이 오른 것이다. 속된말로 남자

(성) 맛을 알고 테크닉도 선수가 됐다. 여성상위 체위로 이제는 남편의 배에 올라타 자기가 성생활을 리드하고도 남는다. 오르가즘에도 도사가 됐다. 시시하면 직접 나서는 것이다. 이것은 나이가 들면 여성성이 남성성보다 늘어난 현상이라고도 한다.

그래서 아내도 40대에 접어든 남편은 아내에게 세심하게 신경 쓸 이유가 많다. 둘 다 살피고 자제하고 감시하고 40대는 한두 가지가 아니라 수많은 가정의 위협요소가 중첩되는 시기다. 최선은 『부부학 콘체르토』 제3장에서 말한 부부의 정절을 참고하여 남편이 먼저 죄와 먼 생활을 해야 한다.

앞서 아내는 남편이 아무리 거짓말을 해도 느낌으로 안다는 말을 했는데 이것은 여성의 본능이다. 증거를 잡고 현장에서 간통으로 집어넣지 못하였어도 말로 설명이 어려운 민감한 감이 아내에게 상처를 받게 한다.

증거는 못 잡고 느낌은 확실할 때 아내는 엄청난 배신감에 드러나든 않든 괴로워하게 된다. 그렇다고 요즘 왜 사람이 달라졌느냐고 시비하지도 못한다. 내 느낌에 당신 바람났다 하기도 쉽지 않아 속병이 들어버린다.

반대로 40대는 또 아내에게도 아내의 생활이 있다. 만나는 친구가 있고 듣는 얘기가 있으며 영화와 드라마를 통해 감지한 남편의 외도에 대한 지식이 쌓여 있다. 또 마찬가지로 아내의 보폭도 상당히 넓어졌다.

만나는 계층이 다양하되 특히나 잘사는 친구들을 만나게 된다. 만나는 여성들의 대화주제는 주로 남편이야기와 아이들이지만 남편의 외도에 관한 것도 오가는 대화다. 모범 남편을 둔 친구도 만나고 불량남편의 아내도 만난다. 부잣집 사모나 속 많이 썩는 친구, 그리고 가난에 찌든 친구들도 만나게 된다.

세상이 변한 거야 당연하지만 아내들도 소주를 마시고 와인을 마신다. 관광지에도 가고 계모임에서 등산도 간다. 못 가게 말린다는 것은 쉽지 않다. 집에만 있으라 하면 열불이 나 죽겠다는데 아내가 고려시대의 여인도 아닌 밝게 열린 세상에서 자유롭게 나다녀도 잘못될 일이 없어야 하는데 아내의 탈선 문제 역시도 40부부에게 나타나는 요주의 현상이다.

여기서 남편과 아내의 외도에 대해 정의하라면 남편의 외도가 100톤의 무게라면 아내의 외도가 가정과 부부에게 주는 치명적 데미지는 1,000톤과 다름없다는 것이다. 왜 남자의 외도는 가볍고 여자의 외도는 무섭다고 하느냐 할지 모르겠는데 아내의 외도는 가정의 뿌리에 들어오기 때문이다.

사실 가정을 단순 정의하면 곧 아내다. 집으로 말하면 터다. 남편은 건물이지만 아내는 터다. 건물은 부서지면 다시 지을 수 있고 철거가 가능하나 터가 무너지면 복구가 100배 이상 힘이 들거나 아예 뿌리까지 죽어버린다.

남편의 외도는 최악의 경우 첩년의 집을 사고 두 집 살림을 하게 되지만 아내의 외도는 최악의 경우가 아예 집을 버리고 나가버린다. 아내는 드나들고 출퇴근 하는 역할이 아니다. 맞벌이라도 아내는 반드시 돌아와 아이들과 가정을 지키게 되지만 남편은 드나들며 두 집 살림을 하기가 용이한데 비해 아내는 두 집 살림이 어려운 게 2세가 또 태어날 경우 그쪽에 정착해야 하여야 새로 낳은 아이를 기를 수 있기 때문에 가정이 완전 파괴되고 만다. 이는 가정의 진정한 주인은 아내라는 것이 천국에서 내린 판결문이라는 의미다.

앞서 인류학의 여러 경우를 예로 들었듯이 집을 지키는 가정의 원주인은 아내다. 이것은 천지개벽으로 새 세상이 열리지 않기까지는 불변이다. 한마디로 남자가 바람난 것은 절반쯤 가정이 무너진 경우에 속하나 아내가 바람이 났다 하면 그 가정은 100%는 아니어도 90%가 무너진 가정이다.

그러나 세월이 너무 열리고 정신문화가 변질되어 요즘은 애인 없는 주부가 없다는 말까지 나오고 있다. 이런 서상은 특히 한국사회의 경우가 더 극심한데 아내의 정조가 제대로 지켜진다는 것이 불가능이라 할 정도로 세상이 타락해 버렸다.

보이느니 패션이고 화장품이고 노래방이고 레스토랑이고 춤이다. 바람 못 피우는 게 병신이라는 세월이다. 그렇지 않은 주부들에게 큰 실언을 한다 하지 말 것은, 보편적인 일반론을 말한 것임을 양해하기 바란다. 당연히 그렇지 않은 부부 많다. 고상, 조숙, 똑똑하고 정숙한 아내들이 더 많이 있다.

다만 보통사람들 중 개중에는 현실 그렇기도 하다는 것이며 『부부학 콘체르토』는 막장을 막고 가정을 지키며 행복을 추구한다는 취지에서 극단적인 예를 많이 든다는 점도 밝힌다.

하여간 40대 부부는 크게 3가지 위기를 맞는 시기다. 첫째는 자녀의 사춘기와 장래를 앞둔 진로문제, 들째는 부부간에 정절이 무너지는 탈선의 위험문제, 셋째는 건강관리 비상시기라는 하는 것이다.

과연 40대 건강이 위기를 맞고 있다. 뇌졸중 뇌출혈 각종 암과 스트레스로 인한 질환, 40대는 미칠 지경이다. 인생 80년으로 볼 경우 절반이며 가장 왕성한 모든 조건이 들어맞는 대신 돈도 있고 연륜도 있어 다 좋은데 병과 탈선의 위기 또한 40대가 집중공격을 받는다는 사실이다. 그렇다면 이미 쏟아진 물이라면 『부부학 콘체르토』는 어떻게 말할까. 빨리 돌아서라는 것이다. 이미 남편도 아내도 볼 장 다 봤다 할 정도로 잘못 되었다면 이제는 멈추라는 것이다.

삶을 재정비 하라는 말이다. 남편은 바람 줄을 끊고 아내는 이제 다 정리하고 다시 신혼의 마음으로 돌아오라는 것이다. 이때도 문제는 있다. 하나는 더러워졌고 하나는 깨끗한 경우, 둘 다 더러워진 경우와 둘 다 더러운데 하나는 발각이 안 되고 한쪽만 발각된 경우도 있다. 어쨌거나 돌아서야 한다.

대가리가 깨져도 그만하길 다행이라는 말처럼 그래도 그만하면 40대 잘 넘겼다 할 수도 있으니 다 청산하고 아내와 남편에게로 돌아오라는 것이다. 이때 받아야 할 쪽은 덮어주고 더 이상 문제 삼지 말고 아예 깔끔하게 용서해 주라는 것이다. 다 용서해도 그건 용서가 안 된다는 말은 부부다운 사고가 아니다.

듣기 싫은 말일 모양이지만 자녀들을 봐서라도 서로가 깊이 묻고 들추지 말아야 한다. 부디 이로서 열배 백배 더 신령해지고 성결해져야 한다. 너무 기를 죽이지도 말고 네가 그랬는데 내가 병신도 아니고 그냥 둘 줄 아느냐는 투로 복수심을 갖기라도 한다면 이제는 가래는커녕 포크레인으로도 막지 못할 최악의 상황이 온다.

물론 남편은 멀쩡한데 만약 아내가 나가 탈선을 했더라도 가서 애를 낳지만 않았다면 용서하고 파묻어 주어야 한다. 이때 문제는 용서를 했어도 찌꺼기가 있다는 문제, 또는 눈치가 다르다는 문제, 등등 역시나 복잡한데 그래서 지혜가 필요하고 『부부학 콘체르토』는 이래서도 필요하다. 그로서 아내가 면이 깎여 이제는 같이 못 산다고 할 우려가 있을 수 있으나 아내는 그러지 말아야 하고 남편도 편하게 해 주어야 만이 그것이 부부로 만난 배필만이 할 수 있는 사랑이다.

/제17장/

피치 못할 집,
50대 부부

＃ 자녀 결혼 적령기 · 갱년기를 맞다

세월이 빠르기도 하여 어느새 50대 부부가 되었다. 신혼은 가마득히 멀고 이제는 자녀들이 곧 결혼하게 되다니 나(부부)는 사라지고 자녀들이 그 자리에 앉아버렸다.

사회적 지위는 격이 달라졌다. 부장을 지나 국장이 되었고 이사님으로 독방 회전의자에 앉기도 했다. 해외에도 여러 번 나갔고 부(돈)도 쌓였다. 신입사원 면접시험이라도 치르노라면 엊그제 같은데 자신이 면접을 보여야 했던 때는 흘러간 노래다. 부부는 틀이 잡혔다.

한때는 위기도 있었으나 자식들이 이젠 짝을 만나게 된(되었)다니 체면을 잘 차려야 한다. 술은 많이 줄었고 음주운전은 아예 손을 끊은 지 오래다. 사업을 하다 보니 사장이라는 명함은 유행을 따라 회장으로 바뀌고 운전하는 직원도 거느려 총체적 지도층에 접어든 50세에서 59세 시기를 사는 것이다. 이들이 보통사람들이라 하겠다.

그러나 한번 밟혀 쭈그러진 깡통처럼 찌부러진 인생도 있다. 후회한다면 왜 학창시절 공부를 열심히 하지 않았나 하는 것인데 그랬다면 배우자부터 격이 달랐을지도 모를 일이나 다 지난 일이라 후회해도 소용없어 드러내지도 못한다. 만족하든 후회하든 이제는 빠를 경우 첫 딸은 시집도 보냈거나 곧 손주도 보게 된다.

장인이 되고 장모가 되는(된) 것이다. 문제는 세계적인 불황이다 보니 한국사회는 시집보내기가 여간 어려운 게 아니다. 청년 실업자 100만 시대라 많은 결혼적령기 청년들이 장가 갈 형편이 안 되어 사윗감이 만만치 않은 것이다.

허나 딸 시집보내는 것은 아들보다 짐이 가볍다. 혼숫감이라 해야 주로 전자제품이다 보니 다 해봤자 2~3천만 원으로도 모양은 낸다. 패물을 과거처럼 크게 집착하지 않는 이유는 남자 쪽에서 요구할 면이 약한 탓이다. 패물이란 것 해 가봐야 별것도 아니다. 금반지고 다이아 몇 캐럿이라는 것이 중요시 되는 세월도 아닌 것이다.

핵심은 맞벌이 할 직장에 다니느냐 아니냐에 관심이 더 많다. 살기가 어려운 이유는 소비 패턴이 달라진 탓도 있지만 맞벌이는 이제 한국사회의 보편적 현상이다.

시집와도 돈 벌지 않고 살림만 한다는 딸은 드물다. 하지만 짝짓기에서 딸은 부담이 적은데 아들은 만만한 게 아니다. 첫째가 직장이다.

정규직이냐 비정규직이냐. 회사가 어떤 곳이냐, 연봉은 얼마나 되나, 이런 것을 따진 다음에야 인물이 어떻고 학벌은 어디고 심성은 어떠냐는 것은 아예 맨 꼴찌다. 눈에 보이는 당면 현실을 헤쳐 나갈 능력위주라고 볼 때 직장이 좋아야 장가를 가기 쉬운데 직장이 부실하면 잘 사귀던 이성관계도 막상 결혼 직전 갈라질 우려가 많다.

다음은 어디서 살 것이냐고 하는 주택마련 여부다. 사글세로 산다면 만만하게 시집오라 하기도 어렵고 올지 말지도 자신이 없다. 그러니까 전세는 최하고 소형 아파트라도 한 채 있다고 해야 장가도 든다.

아주 오래 전 과거 남자가 장가를 들려면 소금 100가마니나 양과 소를 수십 마리씩 신부네 집에 보내줘야 했던 망령이 되살아난 것은 아니지만 지금은 장가가서 살 집 마련 부담이 힘겨운 세월이다.

그러고도 좋은 자동차가 필수고 직장 좋아야 하고 학벌이니 기타 조건이 다 맞아야 성사되는 까닭에 이 모든 부담은 하여간 양쪽 공히 50대 부부의 몫이다. 초혼부터가 이렇게 어렵다. 그 무거운 짐을 모두 50대 부부가 질 수밖에 없는 것이 현실이다.

이런 이유로 지금은 혼인연령이 높아져 버렸다. 열다섯 여섯에 결혼하던 과거(조선시대)에 비하면 갑절이 늘었고 저자 세대의 20대에 하던 결혼에 비하면 10년 가까이 늦는 셈이다. 그러다 보니 자식도 잘 낳지 않는다.

하나나 둘이 전부라 출산율은 세계 최하위에 머물고 있어서 가정문제를 넘어 심각한 사회문제를 지나 국가정책의 문제로까지 발전했다. 바로 이것이 곧 정신문화발전에 무관심한 결과다.

일찍 결혼하고 일찍 낳아 기르면 이상적인 줄 다 알지만 그런 바람이 힘을 못 쓰고 있다. 사회구조나 국가 정책 체계가 지금은 일찍 결혼할 수 없게 돼 있다. 고용노동정책이 이대로 가서는 우리의 후손들 더 하면 더했지 자연치유는 어렵겠다고 보여 『부부학 콘체르토』라고 벌려놓고 이젠 정치학으로 가야 할 판이다.

물론 세상에 그 어느 분야보다 어렵고 복잡다단하여 정치를 왜 이렇게 하느냐 해봤자 투정이지 수를 내주지 못하기 일쑤여서 정치평론은 누가 해도 정답은 어려운 일 맞다.

그러나 정치에도 정신문화가 있다. 정치의 정신자세가 있다는 것이다. 우선 세금을 늘리면 간단한데 이게 정말 어려운 문제인데다가 아무리 늘려도 또 쓰기를 허투루 쓰면 늘리나 마나다. 그러므로 국가예산을 적재적소에 효과적으로 써야 한다는 것이 원론이지만 말이 쉽지 이보다 어려운 것도 드물다.

대통령 마음대로 걷고 쓰는 것도 아니고 국회의원이 힘쓴다고 되는 것도 아니어서 정치란 오케스트라 합주와 같다. 한 명의 연주자가 실수하면 연주는 망가지는 이치다. 하여 정치문화 발전과 정치의식 선진화 어쩌고들 하는데 정치인의 정신문화창달이란 『부부학 콘체르토』에도 적용되는 말이다.

당파와 계파는 이념이 달라 부딪쳐 백날을 싸워도 결론은 청년들 시집장가를 못 간다고 한다면 만사를 제치고 이것부터 신경 써야 한다. 나라에서 장가를 들여 주고 결혼을 시켜달라는 말이 아니라 그런 삶의 시스템을 구축하고 적정 예산배정에 우선순위를 두고 정치를 해야 한다.

나이 50대에 이른 부부라면 유치원부터 온갖 과외공부 있는 돈 없는 돈 다 들여 허리가 휘게 가르친 것마저 후회다. 영어는 뭐 하라고 가르쳤나. 미국 가서 살거나 영어하는 회사에 취업하는 것도 아닌데 애는 애대로 고생하고 돈은 돈대로 들였으나 토익 토플 1점에 울고 운 이유가 의아한 일이다. 아무짝에도 쓸 일이 없다.

그렇다고 영어 잘하니까 시집 잘 가고 영어 선생 하는 것도 아니고 영어가 밥 먹고 사는 데 직접적인 힘을 내는 것도 아니다. 특히 시집장가 가는 데 있어 영어는 별 상관도 없다. 차라리 그 돈 적금을 들어

20년 30년 만에 지금 탄다면 아파트 한 채 사는데 별로 모자라지도 않다. 헌데 욕심이 어디 그런가.

옆집 애들 다 시키는데 안 시키면 내 자식은 도태되고 낙오자 될까 불안했으나 막상 때가 되어 추수를 해보니까 영어라는 씨를 뿌리고 가꾼 결과는 빈 쭉정이나 다를 게 없다. 이게 어디 영어뿐인가.

피아노다, 태권도다, 미술이다 하며 일주일에 7가지, 적어도 5가지를 돌려가며 과외공부 시킨다고 허리가 휘었는데 가을이 되어 추수하려고 열어 보니 아이만 들들 볶였고 돈만 왕창 날아가 버렸다.

겨우 이러려고 영어를 시켰는지 후회하는 사람이 더 많을 모양이다. 아마도 만족한 결실을 거둔 사람보다 빈껍데기라는 사람이 90%는 족히 될 것이다.

이것은 교육정책의 버블심리가 작용한 탓이다. 안 시켜도 된다는 사회심리가 사라지고 안 시키면 사람노릇 못한다는 엉뚱한 사회심리가 허튼 교육열을 키운 탓이다. 지금 필요한 것은 오로지 직장이다. 영어는 직장 잡는데 필요는 해도 그 정도로 투자할 일이 아니었다.

해외로 보내 미국에서 취업해 살 계획이라면 여기에 총 집중 투자함이 마땅하나 과외 않고 학업만 충실히 해도 국내취업에는 지장이 없다. 그러나 문제는 경쟁률이다. 어디 응시해봤자 이건 100대 1은 양호하고 200대 1, 아니면 300대 1도 있다. 눈높이를 아무리 낮추려 해도 가보나 마나 합격이 10명이라면 불합격은 수백 명이다. 그러다 보니 내 자식 남의 자식 전부 패배감의 상처로 인하여 가슴에 멍이 들어 버렸다. 그럼 감수성이 예민한 청년기에 이런 멍이 든 것은 얼마나 심각한지 생각해보자.

의욕이 없어져 버렸다. 절망감으로 만사에 자신을 잃어버렸다. 어떤 여자 아이가 마음에 들어도 남자다운 패기가 약해 자신이 없다, 마음속에 병이 들어 속된 말로 발기도 안 된다. 더 큰 문제는 패기 고장이다. 정력이 약해지고 건강한 후손이 태어나기 힘들어진다. 이 모든 부담의 총 책임을 지고 벌을 받아 마땅한 세대가 50대 부부라 하겠는데 50대는 정말 억울하다.

얼마나 열심히 한다고 했는데 이제 와서 낙을 누려도 시원찮을 판에 손가락질 받고 책임을 묻다니 50대 부부가 무슨 죄가 있는가. 게다가 자녀들을 보면 개성이 또 너무 강하다. 나쁘게 말하면 악만 남은 것이다. 되는 일이 없다 보니 자기도 괴로우니까 인터넷 게임으로 마음을 달래는데 지청구만 한다면 자식을 목매 죽으라는 건가?

세상이 이럴 줄 몰랐고 혼신을 다해 뒷바라지만 잘하면 나중에 저절로 다 잘 풀릴 줄 알았는데 영판 아니다.

그 험난한 가시밭길 헤치며 국장이다 이사의 자리에 올랐으나 애들만 생각하면 장래가 어둡다 보니 어디 나가 애들 얘기 꺼내지도 못하고 끙끙 앓아야 한다면 인생 잘못 산 것이다. 그 험한 길을 헤치고 나오면 다 몰라도 내 자식 만큼은 잘될 줄 알았는데 도달한 곳은 이제 절벽이다. 저 높고 가파른 절벽을 넘긴 넘어야 하겠는데 내가 넘는 것이 아니라 자식을 넘도록 해줘야 한다는 것이 내 문제보다 더 어렵다.

그렇게 악을 쓰고 고민하다 보니 낼 모래면 60을 넘기는데 어찌어찌 둘은 짝을 지었으나 하나 남은 막내가 또 문제다. 하여간 고생 수고 많았고 장하다.

60고개 넘기 전에 하나나 둘을 시집장가 보냈다면 그 노고 알 만하고 그 고민 족히 짐작하고 치하한다. 헌데 어찌 그 사연을 말로 다 하겠는가. 퇴직금을 가불해서 쓰기도 하고, 그러고도 모자라 여기저기 손을 벌려 빚까지 지고…….

취직은 또 어떻게 어디다 시켰는가? 애가 공부를 잘해 덜커덕 첫 시험에 붙었으면 뽐내지 말아야 한다. 열에 몇 명인지 아는가? 열에 한두 명, 많아야 세 명이고 나머지는 아직도 백수 그대로다.

이렇다 보니 50대를 향해 더 이상 나무랄 스가 없다. 칭찬도 모자랄 일인데 돌아오는 것은 지청구라는 현실에서 혹자 왈 나는 아니라고 자랑할 일도 아니다. 자랑 끝에는 뭐라고 했지? 직장이란 들어갔어도 문제는 가서 잘해야지 아니면 해고당하거나, 아니면 자기가 견디지 못하고 그 어렵게 들어간 직장생활 집어치우고 나오는 경우는 50대 부부가 만날지도 모르는 지진이다. 아무튼 잘 넘겨 인생고개 승리하기 바라면서 결코 만만한 게 아니라는 말을 하고 싶다.

곁들여 나라를 다스리는 정치인들에게 앞에서 말한 것처럼 신혼부부 보금자리 주택 인지 하는 그 문제. 수도권만이 아니라 전국으로 확대하여 다른 것은 줄이고 국가의 터전이 되는 청년 결혼사업에 1순위로 투자할 방도를 찾으라 부탁한다.

두 가지가 필수적이다. 실업난을 해소시킬 방법, 다음은 신혼부부 무상 주택 공급방법, 하나만 더 추가한다면 유치원 의무교육정책 나왔던데 새 발의 피다. 교육정책의 실용성을 강구하라는 것이다.

이거야 어디 허리가 부러진들 교육비부담 아무짝에도 쓸데도 없게까지 보이는 과외열풍 따위……. 이런 것은 대한민국 학생 1천만 명 모두 다 미국 가서 살 게 아니라면 답지 못한 영어교육열풍은 정책적으로 순화시켜 효율성을 높여야 한다.

다음은 이제 50대에 이른 당사자 부부는 어떠한가? 아내는 폐경기에 도달하였다. 세월이 이렇게도 빠를 수 있나 싶게 어느새 인생 젊음의 종이 울리는 것이다. 소위 말하는 갱년기가 다가 온 것이다.

갱년기는 남편에게도 있는 현상이다. 과로로 인한 업무 스트레스와 부부간 사이 평안을 위한 보이지 않는 정력소비, 그리고 자녀의 아버지 된 부담감, 모든 것이 다 건강을 무너뜨린다고 덤비고 정신적으로 갱년기를 느끼는 허무감이다.

50대의 허무감이란 60대보다 더 할 수도 있다. 정년퇴직 후의 허무감이 제일 크다 할 것이나 50대에 이미 이런 허무감을 이기게 되면 은퇴·정년 허무감은 면역력이 있어 좀 나을 수도 있기는 하여 50대에서 허무증상이 오면 감당하기 힘들다.

그러나 이게 약과다. 아내가 더 강하게 갱년기 허탈감에 빠지는 바람에 남편은 쪽을 못 쓴다. 손가락에 가시가 박혀도 아픈데 아내는 심장에 바늘이 박혔다고 나뒹굴면 남편은 말도 꺼내기 힘들어진다. 여기서 아내의 갱년기와 폐경이 올 즈음의 대비한 지혜를 어느 정도는 예비지식을 얻으면 좀 나을 것이다.

우선 여성은 남성보다 복잡하다는 것부터 인정해야 한다. 단순 성기 구조만 복잡한 것이 아니라 젖을 먹이는 유방기능 하나가 더 있는데 이것도 별것 아닐 정도로 두뇌 구조부터가 다르다.

여성의 뇌는 편도체와 변연계가 남성보다 주도적 역할 하여 감성적이라는 것이 다르다. 남성은 이성적으로 판단하고 여성은 감성적으로 판단한다는 흔한 말은 근거가 있는 말이다.

그러다 보니 여성은 다정다감함에 있어서 남성보다 월등하다. 반대로 남성보다 세심한 감성이 발달해 있어서 남성은 이런 여성의 복잡한 두뇌활동에 혀를 내둘러도 이해하기 힘들다.

그러니까 여자는 꽃 한 송이에도 삐치고 눈물을 흘리기도 하고 결혼기념일을 잊으면 큰 상처를 받기도 한다. 그러나 남성은 그런 것 잊고 넘어가도 별 상처받지 않는다.

이렇게 다른 부부가 50대에 접어들어 똑같은 상황을 맞이했다면 당연히 돈을 책임질 남성이 더 힘들다그 본다면 틀렸다. 여성이 훨씬 더 힘들어 한다.

마찬가지로 둘 다 갱년기가 왔다면 남성은 득심이 있어 지구력으로 이겨내기 큰 무리가 없는데 여성은 혼자 버티기가 힘들다. 이때 도와줄 사람은 오직 남편밖에 아무도 없다. 이를 어떻게 해야 하는가?

단순 무지하여 싸운다. 서로가 공과를 따지고 내가 더 힘들다고 버틴다. 그러다 때리기까지 하면 돌이킬 수 없는 지경에 이른다. 결론은 남자가 참고 적극적으로 도와줘야 한다는 것이 『부부학 콘체르토』이다.

우선 원하는 것이 무엇인지 들어봐야 한다. 답은 대개 엉뚱하게 나온다. 훨훨 날아다니게 간섭하지 말고 내버려두라는 것이 첫째다. 이제는 나도 내 맘대로 살 테니 제재·간섭·참견하지 말라는 것이다. 밥도 좀 해먹으라는 식이다. 청소는 꼭 내가 해야 되느냐는 식이다.

남들처럼 놀러도 다니고 술도 한잔 할 수 있는 거지 여자라고 평생을 숨도 크게 못 쉬고 사느냐는 상상도 못하는 말이 튀어나온다. 이건 반란이다.

30년 가까이 살아온 지난날 전체를 다 무너뜨리겠다는 엄청난 도전이다. 이게 무슨 증상? 바로 여성의 갱년기 증상이다. 어떻게 할까.

무조건 그러라고 하면 역효과가 크다. 막으면 부딪치고 싸우고 진짜 밥도 안 준다. 집안이 똥구덩이에 빠져도 손도 안 댄다. 무슨 이유로 이렇게 달라진 것인지 당최 30여 년을 저런 여자하고 어떻게 살았는지 몽땅 후회스럽고 정나미가 똑 떨어져 보기도 싫어진다. 도대체 몇 가지가 배배 꼬였는가.

자식들 문제에 돈 문제에 빚은 잔뜩 졌고 마누라까지 엇나가다니 남자도 억장이 무너진다. 마주보고 달리는 기차가 아니라 따로 보고 천리만리 반대로 달아나는 열차다. 어디서 무엇이 잘못됐는지 갑작스럽게 이게 웬일인지 감당이 안 되거든 『부부학 콘체르토』가 하는 말을 새겨들어보기 권한다.

맘대로 살라고 하지 마라. 그러지 좀 말라고 막지도 마라. 방법은 딱 하나, 그 심정을 어떻게든지 헤아려 '공감하라'는 것이다. 공감하지 않은 결과다. 결론은 이런다고 누가 알아주느냐는 것임을 알아야 한다.

고생해 봤자 남편이 알아주나 자식이 알아주나 몸은 아프고 감성은 상처투성이가 되었다는 증거다. 우선 공감이 안 되거든 대꾸를 하지 말고 듣기만 해야 한다. 아무런 반응이 없이 듣기만 하면 50점은 된다.

아내가 저렇게 말하는 이유는 심리적으로 알아주지 않더라고 하는 허무함이 근원이다. 내가 미쳤다고 알아주지도 않는 세월을 30년이나 살았느냐는 절망감이다. 인생 채워지지 않은 불만족이요 패배에서 오는 낙심이다.

물론 애들 취직 잘되고 데려오는 사윗감이나 며느릿감이 줄을 서면 생리적으로 오는 갱년기 현상자체는 강도가 낮다. 극심한 갱년기 히스테리는 만사가 불여의 할 때 두뇌가 감당치 못한 결과에서 나타난 증상이 더 파괴력이 큰데 자꾸 꼬이고 막히건 엉뚱한 아내가 병이 드는 것이다. 그러나 이렇게 말하면 남자는 또 무슨 죄냐고? 알아두어야 할 게 있는데 세상의 주인이 여자라는 이치 때문이다.

여자가 더 장수한다지만 차차 말할 것이나 이 또한 감성적인 두뇌효과에서 비롯된 것이기는 하나 남자는 여자에게 늘 굽히고 사는 것이 하늘의 법칙이다.

여자가 남자에게 굽힌다고 보는가? 판대다. 남자는 제아무리 이조시대 세도가라도 일단은 여자가 마음에 들면 조건 없이 꼬드긴다. 힘으로 안 되고 강제로는 아내가 되지도 않고 첩도 강간으로 붙어사는 것이 아니다.

하물며 이조시대도 아닌 현대의 남녀는 두괄할 것도 없이 여자가 남자에게 아부하고 아양 떨지 않는다. 여자가 꼬리를 친다는 말도 있고 실제로 그런 경우도 있을 것이나 여자는 본능적으로 마음에 드는 남자가 나타나면 티를 감춘다. 버티는 이유는 간단하다.

나도 네가 마음에 드니까 더 가까이 찰싹 달라붙으라는 신호다. 설불리 하룻밤 풋사랑으로 오다가다 만나는 화루계 사랑은 못하겠으니 네 속 창자까지 다 꺼내 내놓으라는 청원의 메시지다. 대충해서는 안 넘어간다고 적극적인 사랑으로 무장하고 다가오라는 고단수 전략이다. 이 세상 어느 남자나 공통적인 것은 여자 하나를 내 여자로 만들려면 온갖 수단을 다 동원하지 않은 남자는 없다.

술집 여자나 몸 파는 여자는 돈이면 되지만 돈으로 거래되는 그런 사랑 말고 진실한 사랑이 필요하다는 뜻이 버티기요 절대로 쉽게는 잘 넘어가지 않는 것이다. 공작새가 그 화려한 날개를 펼치고 암컷 앞에서 트위스트 춤을 추는 이유는 나는 너를 사랑한다는 표시이며 나는 이렇게 멋진 수컷이라는 증표를 보이는 행위다. 인간은 어떤가? 인간은 더 하다.

하늘에 별도 따다 준다하고 갖은 수단을 다 동원하는데 요즘 보면 결혼식 이벤트라는 것이 딱 이런 증거다. 여자 앞에서 별별 깨춤을 다 추어보이는 이벤트는 이미 볼 장 다 본 것으로서 처음 여자의 환심을 사기위해 다 써 먹은 것 중 한 조각이다.

갱년기 여성이란 바로 이와 같은 초심확인을 곁들이게 한다. 여전히 나를 사랑하느냐고 묻는 현상이다. 그런데, 30년을 묻지 않고 잘 살다 말고 지금 왜 이럴까. 여자란 이렇게 복잡하고 어려운 감성을 가진 고등동물인데 그 이유는 간단하다. 여자로서의 막강한 무기이며 기능인 월경이 끝나는 것 때문에 여자의 생명이 사형선고를 받게 되자 머리가 복잡해진 것이다.

애들은 부쩍 커서 짝을 지어야 하는데 이 무슨 뚱딴지냐고 어처구니없는 표정은 금물이다. 애들이 술술 풀리면 이제는 애들이 나를 떠난다고 하는 작별의 허탈감과 갱년기를 만나 똑같은 병은 역시 그대로 나타난다. 나는 왜 살았는가? 여자로서의 나의 삶이란 것이 겨우 애들 떠나보내자고 하는 이거란 말인가? 떠나보내도 허탈하고 보내지 못해도 허탈하고 이것은 이러나저러나 어쨌거나 맞지 않을 수 없는 증상인데 한 술 더 떠서 남편까지 뭐가 어쩌고 어째? 부부라는 게 잘살 이유보다 이처럼 박살날 이유가 훨씬 더 많아 살얼음장보다도 더 연약한 것이다.

일단 무응답이 오래가면 안 된다. 너무 늦지도 빠르지도 않게 지혜를 취득해야 한다. "힘들었고말고……". "난 남잔데도 이렇게 허탈한데 연약한 여자인 당신이야 얼마나 힘들었겠느냐……."

다시 공작새처럼 날개를 또 펼쳐야 한다. 그리고 되나 마나 엉덩이춤이고 막춤이고 추어대야 한다. 나는 당신의 심정을 안다는 의사표시를 인정받아야 한다. 어려운 일이다. 말대로 될 수는 없다. 단 원론은 그러하다는 말이다.

이때 남편들이여! 저자에게 화내고 덤비지 마라. 『부부학 콘체르토』가 허투루 되지도 않는 말을 한다고 반항도 하지 마라. 『부부학 콘체르토』는 여성편도 아니고 남성의 편도 아닌 절대 중립이다. 아니, 중립이 아니라 절대적 순리를 따르되 하늘의 법칙과 원리를 따른다는 점 분명히 말한다. 여기에는 이런 논리가 있다.

창조주가 남녀를 만들 때 똑같이 만들지 않았다. 남자는 뼈가 강하고 굵고, 여자는 약하고 가늘게 만들고 여자는 (유방이라든가) 살이 많게 만들었다. 남자는 살이 적되 근육질로 만들었다.

남자는 이성제일주의고 여자는 감성제일주의로 만들어야 후손을 낳고 기르는 조화를 이룬다. 그러므로 결론은 여자는 약하다는 것이다. 남자는 강하다는 것이다. 이때의 강함은 여자를 보살펴 후손을 낳고 기르는데 각자의 역할을 따로 맡겼다는 뜻이지 우월하고 못났다는 차원이 아니다.

그러면 이렇게 항의할까 싶은데 바로 그럼 남자는 평생 여자의 종이냐? 아니다. 여자의 종이 아니라 여자와 더불어 창조주의 뜻을 이루는 배필이다.

문제는 평생 그렇게 깨춤만 출 운명이냐고 할지 모르겠으나 그렇지 않다. 꼭 깨춤이 필요할 때가 세 번 있다. 꼬드겨 내 아이를 낳게 할 때 한 번, 갱년기(길어야 5년) 때 한 번, 늙어서 세상을 떠날 지경에 올 때 한 번, 이렇게 세 번은 남자의 숙명이다.

그럼 왜 그래야 하느냐 할 텐가? 답은 간단하다. 나머지 장구한 세월 수십 년간 여자는 그런 남자에게 (어쩌면 속아서) 사랑을 확인하여 그 사랑을 믿고 그 힘으로 남편대접을 하면서 살아온다.

그러기 때문에 평생 3번만 이런 남자 주사를 딱 맞으면 그 약발이 80년간 유효한 것이다. 함에도 만약 그렇게 하지 못할 경우에는 어떨 것인가? 부부는 거죽은 멀쩡해도 속은 다 썩은 부부가 되어 이제부터 불행의 문이 열린다.

하여 결론은 나왔다. 이렇게 삶으로서 행복하다는 것이다. 행복은 사는 맛(味)이며 기쁨이다.

/제18장/

인생결산, 철난 부부 60대

무엇을 위해 산 것이며 남길 것은 무엇인가

늦었으나마 60대부부에 접어들기 전에 행복·무탈·다복한 부부는 『부부학 콘체르토』에 해당사항이 없다는 점 밝힌다. 행복한 부부는 이 책 안 봐도 된다. 완빵이라는 부부는 이 책과 상관이 없다. 그런 부부를 위한 책이기도 하지만 부족한 부부얘기가 중심이다.

또 잘살아 아무 걱정 없이 행복한 부부에게는 긴 말이 필요치도 않다. 교육은 그들 부부가 책임질 일이고 저자는 배울 입장이다. 그러나 완벽한 부부가 없으니 저자가 나선건데 특히 알아둘 것이 저작동기에서 이 책은 '절망파괴, 희망의 줄 부여잡기'다.

하여 여기서는 치료대상자, 즉 어딘가 불편한 부부문제만 논한다는 것을 알리면서 그러면 그런대로, 아니면 아닌 대로 새겨가며 읽기 바란다.

인생이 사는 날은 무한정도 아니다. 어느새 60대(60세~69세)라니 얼마나 더 살지를 생각해 보게 하는 세월을 맞았다. 벌써 세상을 뜬 친구들도 있다. 일찍 장가도 못가고 죽은 친구가 두세 명이고, 그 보다 더 이른 초등학교 적에 이미 홍역으로 뇌염으로 세상을 뜬 친구도 있다.

잘 크더니만 시집 장가들 나이에 왜 그랬는지 자살한 친구도 있다. 부인을 청춘과부로 만들고 30대에 요절한 벗도 있는가 하면 창창한 나이 40대에 이르자 웬 교통사고로 세상을 떠난 친구도 있다.

암으로 죽고 애 낳다 죽고, 죽고 또 죽어 열 손가락이 모자란다. 그러고 보니 60대를 맞았다는 것은 참 운도 좋았다고 봐야 한다. 주변을 둘러보면 골골 하는 친구들도 또 여러 명이다.

당뇨는 흔하고 고혈압이 위험하고 병원 다니는 것이 하루의 일과인 친구도 있다. 그러고 보면 부부가 이때까지 안 죽고 같이 살아온 것 참 천운이다. 죽을 사람이 아니라고 보였는데 죽는가 하면, 죽을 것 같던 친구가 잘 버텨내는 사람도 있고.

어느덧 60대여라…… 아내를 바라보면 늙기는 늙었다. 분명 얼굴도 몸도 다 늙었는데 이상하게 늙은 면도 있다. 사나운 호랑이로 변한 것이다.

아예 남편이라는 사람을 이제는 완전 쪽을 못 쓰게 볶아댄다. 내가 누구 때문에 요 모양 요 꼴이 됐느냐는 말, 이런 말 남자는 패 죽어도 나오지 않는 말인데 여자들은 너무 쉽게 한다. 그렇다고 같이 "나는 누구 때문에 이렇게 됐느냐"고 따지고 든다는 것은 스스로가 생각해도 말이 안 된다. 다 네(놈의) 새끼지 내 새끼냐고 대드는 데야 어째 네(아내의) 새끼지 내 새끼냐고 떼밀자니 성이 내 성(씨)이므로 할 말이 아니다.

시집와서 애 낳아 주고 밥해 먹이고 애 거두고 살림하고 전부 남편에게 다 바친 거라는 아내의 주장에 대해 아니다 내 새끼 아니라고 할 남자 나와 봐라. 대장부라면 다 해도 그 말은 나오지 않는다.

허긴 졸장부도 그런 소리 못한다. 그저 오지게 당하고 혼자 담배연기나 뿜어대노라면, "평생 술 가지고 내 속을 긁더니 몸에 해롭다는 그놈의 담배는 왜 못 끊느냐?"면서 "나가서 피익!" 하고 소리를 팍 질러버린다. 그러나 이놈의 신세, 달리 할 말은 없다.

어디 한번 해외여행을 시켜 줘 봤나, 그 흔한 메이커 옷 한 벌 사 입혀 봤나, 지지리 궁상떨고 악착같이 자식이다 남편이다 거둬 먹이느라 꼬부랑 할머니가 됐다는데 뭐라 할 건가. 그놈의 돈이라는 원수가 사람을 쥐구멍에 기어들어가고 싶게 만든다.

허허~ 이런 제길헐 놈의 노릇……, 살갑잖다고 지랄하지 생일을 알았느냐고 따지지 먹는지 굶는지나 신경 썼느냐고 몰아치지, 이렇게 아픈데도 제 몸 챙긴다고 시비 걸고 아꿎은 술담배는 왜 처먹느냐고 족치지…….

잠깐!

이게 행복한 줄이나 알라는 말부터 하고 간다. 아내가 버리고 나간 남편은 듣지 못할 천사의 노랫소리다. 일찍 죽은 아내라면 꿈도 못 꿀 노래요 투정이다. 아내가 더 망가진 집도 있다. 아내가 그럴 만한 자격을 갖췄다는 뜻이고 그게 그대의 행복한 세월이었다는 증거다.

아내가 기를 못쓰는 집은 고장 난 집이다. 병상에 누운 아내라면 하래도 못한다. 아내가 그렇게 떳떳하게 큰 소리를 친다는 것은 내가 받은 게 그렇게 많다는 증거다. 고맙게 받아라.

그럼에도 불구하고 이럴 때 할 말 있는 60대(61세~69세)는 참 행복한 부부다. 해외여행 한두 번 시켜줬느냐고 받아 치면 될 것이고, 옷장 한 번 열어보라 소리치고 국산보다 외제 옷이 더 많은데 무슨 소리냐고 맞받아치면 얼마나 씩씩하고 멋진가.

신발장에 내 구두는 한 켤렌데 당신 구두는 몇 켤렌가 한번 열어보란다거나, 철철이 핸드백에 보약에 영양제에 아파트가 아니라 초호화 빌라가 마당만 한데 이 무슨 강짜냐고 호통을 칠 수 있다면 그런 60대는 하늘의 복이 넘쳤다고 봐야 한다.

그러나 꼭 그렇지 만도 않다는 것은 도대체 이 무슨 영문인가. 그놈의 아파트 넓어 봤자 청소하기만 힘들다고 한다. 청소아줌마 매일 오고 가사도우미 평생 출근시켰지 않느냐 해도 소용없다. 사람이 오면 내 손으로 하는 것보다 엄청 편한 줄 아느냐고 대든다면 당신은 어쩌겠는가.

그저 주먹을 한방 날려버려? 말도 안 되는 소리다. 부자는 돈에 행복을 느끼지 못한다. 집이 크면 큰 만큼 아내가 신경 쓸 일도 그에 정비례하게 마련이다. 한마디로 내게 돈만 대 주고 평생 당신은 어떻게 살았느냐고 물어야 자신을 돌아다본다.

나다니며 골프채 들고 캐디들 하고 바이어다 사업이다 하면서 어떤 년들하고 돌아다녔느냐고 묻는 것까지면 좋은데 내 모를 줄 아느냐면서 생사람까지 때려잡는 말을 퍼부어대면 버선목도 아니고 골이 딱딱해진다. 이래저래 60대가 되면 환경과 몸만 늙고 병드는 것이 아니라 생각마저 늙고 병이 든다.

가장 무서운 병이 생각병이다(생각학 참조). 사고가 굴절되어 뭐든 정상으로 안 보고 새치름하게 눈을 뜨고 보고 송곳같이 예리한 말로 쑤셔대는 날에는 젊은이 들이 알지 못하는 60대의 고뇌가 있다. 어째서 이런 현상이 온단 말인가.

사람은 가족과 어울려 북적거리고 살아야 생각병이 덤비지 못하는 법인데 막내까지 다 짝을 지어 보내고 두 내외가 달랑 남았기 때문이다.

든 사람은 몰라도 난 사람은 안다는 말은 가족이 핵 분열하듯 쪼개지고 난 다음 부부 자신도 모르는 허심증이다. 허심증이란 허로증과 달리 외로움과 회한이 뭉쳐 가슴에 든 폐와 심장에 구멍이라도 난 듯 바람이 휙휙 지나가는 것 같은 노화증상이다.

병도 아닌데 병이다. 누가 앓고 누가 치료해야 될까. 세상에 단 한 사람 부부밖에 낫게 해줄 사람이 없다. 그런데 낫게 해주기는커녕 점점 더 도지게 만든다. 언제 어디서부터 꼬이고 병이 든 것일까. 나도 모르게 평생 병을 키워온 것인데 증상은 60대는 돼야 초기병증이 감지되는 병이다.

저자가 이런 어려운 병에 대해 왈가왈부함은 무리다. 다만 이것은 정신문화 퇴화 결과라는 사실, 생각이 유하고 넓지 못하다는 점, 특히 가장 큰 원인은 욕심이라는 요물이 병원균이다.

마음을 비우라 할 무소유라는 말은 말로는 쉽다. 법정스님의 명언들 글과 말로는 잘 알아 들리는 말이다. 그러나 생각에까지 들어가지 못하고 겉돌기 때문에 무욕이라는 말은 차라리 안 하는 것이 낫다. 잘못하면 병을 더 성나게 하고 부부 사이를 험악하게 만들기 때문이다.

약도 없는 얘기지만 역시나 말이 약인데 말이 무슨 놈의 약이라는 건지 약을 올리자는 의도는 아니다. 엄앵란 여사가 말하는 측은지심이라는 말도 기가 막히는 소린데 이게 뼛속에 들어오고 피가 측은지심피로 바뀌지 않으니 말로 설명도 안 되는 무형이지만 분명 있기는 있다. 정신문화『부부학 콘체르토』에서 내릴 처방은 무엇인가. "말을 줄이고 생각을 깊이하라"는 것이다.

60대가 된 부부는 인생 9단이라 무엇이든 아는 게 많아 말할 게 남산보다 더 많다. 이 모든 말을 다 줄이고 피차 많이 생각하라는 뜻인데 이러면 선문답 같아 어쩌나 싶지만 진정 60대 부부는 말을 하면 할수록 피차 말로는 못 이긴다고 또 싸운다.

싸워? 60대 부부의 싸움은 젊은 부부의 싸움과는 판이한데 말이 길어질까 싶어 줄이고, 이래도 못 알아들으면 종교를 추천한다.

불교도 좋고 기독교도 좋다. 기왕에 가진 종교라면 종교에서 내주는 답대로 치료하면 완치도 가능하다.

기독교라면 성령으로 변화되라는 것인데 성령이 무엇인지 파고들면 낫는다. 불교라면 자비라 하거나 성불·불심이라 한다. 말은 쉽지만 건성이었던 탓이다. 스님 만나 특별지도를 받아라. 산사에서 내려오지 말고 지갑은 두둑하게 채워들고 불전에 병원비 대신 시주도 듬뿍하고 진리를 만나야 한다.

정신문화연구시리즈, 저자가 쓴 이 책도 조용히 읽으면 절반의 약효는 있다고 믿으면서…… 특별히 가치를 찾으라는 것이 정신문화다.

쭉정이 인생이 될까 싶어 영혼이 불안한 증상이니 이제라도 빨리 보따리 잘 쌀 궁리, 즉 인생의 결산·결실·유산·부부가 같이 남길 것을 찾으라는 것이다.

가을이 되면 가장 먼저 가을을 감지하고 대비하는 것이 바로 식물이다. 식물은 계절을 인간보다 더 잘 안다. 봄이면 잎을 피우고 꽃을 피우고 여름이면 무한대한 양분을 끌어들여 새끼들을 퍼먹여 살을 찌운다.

그러다 가을이 되면 빨리 익혀 씨앗을 영글게 한다. 겨울이 되어도 얼어 죽지 않을 단단한 씨앗을 떨어뜨리면 그 씨앗은 한 번 들어보니 이집트에서 2천 년 전 미이라와 같이 매장한 씨앗이 2천년이 지난 21세기에 싹이 돋았다는 말 그대로 가을이 되면 땡땡하게 익히는 것이 식물이다.

사람도 봄여름 가을 겨울 너무 잘 안다. 그런데 이상하게도 철을 모른다. 저자는 별종이라 국내 처음 "철이 없다"는 말의 철은 계절이라 정의한다. '철'이란 원래는 '슬기롭다' 할 때의 '哲'인데 저자는 바로 이와 같은 계절 즉, '때를 알거나 모른다'는 말로 해석한다.

사람이 철을 가장 잘 제대로 알 때가 바로 60대다. 30대, 40대, 50대 부부들……. 솔직히 철을 알 틈도 없다. 그러다 60대가 되면 귀신같이, 식물보다도 더 예리하게 철이 나버린다.

나는 뭔가를 생각하는 것이다. 왜 살았는가를 생각한다. 얼마나 살까를 생각해 본다. 그렇다면 어떻게 살다 무엇을 남기고 죽을까를 생각한다. 비로소 철이 난 것이다.

결론은 추수동장이라는 말처럼 인생의 짐을 싸야 한다. 어떻게 쌀 것인가. 일본말로 하면 미스꾸리를 할 땐데 가방이 무엇이며 가방 안에 무엇을 넣고 쌀 것인가?

자식? 다 끝났고 가만두면 잘산다. 참견하지 말고 저희들 멋대로 살게 놔두는 게 최고로 도와주는 것이다. 건드릴수록 점점 허무는 짓이니 신경 꺼라. 철났잖아? 그럼 이쯤하고 이제 다시 현실로 돌아와 보자.

치아는 건강한가? 오복 중에 하나라는데 치과 다니는 일도 작은 일이 아니다. 당뇨는 치아를 공격한다. 먹는 문제가 전 같지 않으면 음식이 별로 달갑지 않고 가리게 된다만 형편이 넉넉해도 가려먹기 쉽지 않은데 주머니까지 얄팍하면 별 생각이 없다.

하기야 이제는 새로운 음식도 없다. "나 이거 처음 먹어 본다" 이때가 좋을 때다.

뭐든 다 먹어봤고 비싸다는 음식도 별것 아니다. 그러니까 안 먹어본 게 별로 없다면 이것저것 모두 당기지도 않고 먹어봐도 그게 그건데 이빨까지 시원찮다면 먹는 데는 별 취미가 없어진다.

사는 맛이 결국 입맛이라 해도 될 일인데 먹는 데 별 재미가 없으면 볼 장 다 본 게 아닌가 싶기도 한 것이 삶에 의욕도 따라서 감퇴됐다고 보아야 한다. 결론은 간단하다.

다 먹어봤으면 이젠 그만 먹어도 되니까 이빨 약해져도 되지 않느냐는 논리다. 먹을 게 창창하고 살날이 많으면 이빨이 절딴 나지 않는다. 이제 살날도 많지 않고 안 먹어본 음식도 별로 없으니 이빨을 흔들어 버리는 것이다. 빠지라고. 그만 먹으라고.

이것도 하나님이 하시는 일이다. 무진장 이빨이 좋으면 자꾸 먹으려 들 것이고, 무진장 이빨이 튼튼해 잔뜩 먹으면 숨이 절로 끊어지지 않을 수도 있다.

차츰 생명을 되찾아가려니까 서서히 이빨을 상하게 하고 뽑게 만들고 안 뽑으면 뽑으라고 마구 통증을 돋우어 천하장사라도 안 뽑고는 배겨나지 못한다.

뽑다 뽑다 더 뽑을 것도 없는데 몇 개 남지도 않은 이빨까지 쑤시고 붓고 아프면 결국 다 뽑고 통째로 틀니를 만들어 끼거나 아니면 부분 틀니로 바꾸지 않을 수 없게 만든다. 이것도 고마운 일이다.

내가 늙지 않으면 어찌 손주들이 클 것인가. 내가 싫다고 세월을 막고 늙기를 거부하면 손자들은 위에서 눌러 자랄 수도 없게 된다. 이게 세대가 교체되는 이치다.

늙는 것 서러워 말고 억울하고 분하다 싫다 못한다 하면 안 된다. 손주 들이 살도록 나는 자리를 비켜줘야 한다 땅도 새 임자들이 살도록 떠날 준비를 해야 하는 이제는 빼도 박도 못할 60대부부에 도착한 것이다.

아픈 곳이 어디 한두 군데며, 사람마다 다 다를 것이니 여기다 늘어놓는 것은 불가능이다.

어디가 아프고 고장 나면 더하고 덜하고도 없다. 위가 나빠도 문제고 뇌가 쇠해도 문제고 허리에 병이 와도 문제고 문제가 아닌 병은 없다.

엄밀히 따지면 병이 아니라 늙는 것이다. 세월이 가면 늙게 돼 있고 늙으면 아프게 돼 있다. 그래서 "덕국이 독약"이라는 말이 있다. 한 60그릇 이상 먹으면 독약보다 더 무섭게 몸이 늙어간다.

다리가 아픈가? 허리가 아픈가? 어깨가 아픈가? 위장이 문젠가? 하여간 병 종류가 하도 많으니 어찌 다 쓰랴.

한마디로 말하면 늙는 것이다. 늙지 않을 수가 없다면 반드시 어디든 아프고 부실하게 돼 있다. 이것은 천리여서 거역하지 못한다.

저자는 당뇨가 있는데 10년이 넘었다. 당뇨가 무서운 게 아니라 합병증이 더 무섭다는데 합병증도 가지가지 증상이라 열거할 필요는 없다.

저자의 경우는 이가 좋지 않고 눈이 안 좋다. 시력이 급작스레 나빠지더니 0.4에 이르러 보니 시신경이 터진 것이다. 아니라도 머리가 복잡한데 아픈 이야기 미안하지만 눈이 나쁘니 글이 바쁘고 마음이 바쁘다.

시력을 완전히 잃을 수도 있다는 말은 듣지 않았으나 느낌에 글쓰기가 불가능인 날이 올까 불안하다. 그러다 보니 써야 할 글은 많고 시력은 걱정되어 주야장천 글만 쓰고 사는데 그러면 더 나빠진다고도 하나 글이 첫째고 눈은 둘째다.

서서히 갈수록 더 나빠질 것이니 글도 쉬엄쉬엄 쓰면 어떨까 싶다가도 한 번 급격하게 추락한 시력 0.4를 지금 안경 쓰고 1.0과 0.8로 올려놓고 나니 언제 어떨지 몰라 이나마 할 수 있을 때 열심히 쓴다는 생각으로 써 가는데 향후 15년만 이 정도가 유지된다면 목표로 정한 정신문화연구시리즈를 마칠 수는 있다는 계산이 나온다.

한 달에 300여 쪽 분량의 정신문화 이념 개설만을 논설형식에 평서체를 가미하여 써가는 이 책은 7~8년간 착오 없이 두 달에 1권을 써대야 목표로 정한 책을 마치게 되면 교정이 필요하여 15년을 계획하는 것이다. 물론 20년에도 쉬운 건 아니다.

나이는 지금 우리 나이로 65세(2012년)이니까 많지도 않은데 말도 마라. 눈이 보통 좋았던 사람이 아니다. 나빠지려니까 하루에도 추락하더라.

그래서 젊음이라는 것은 자랑하고 영원할 줄 알면 큰 착각이다. 저자는 영원하지 않다는 것을 미리 알고는 살아왔다. 하찮지만 정신문화에 관심을 가졌다는 저자이므로 건강 장담하지 말고 건강할 때 잘 챙기고 늙기 전에 공부하고 열심히 일 하라는 정도는 30대 이전에 이미 남 달리 깨우쳤던 터라 늙어가는 것은 대해 아무렇지도 않기는 하다. 집필도 마찬가지다.

올해로 장편역사다큐멘터리소설『민족의 스승 월남 이상재』전 5권을 내고 이번에 4권을 내면 작년(2011년)에 출간한『기독교 찬양학』까지 10권이다. 이렇게 할 수 있는 날까지 30권이든 50권이든, 더 살고 더 하게 생겼으면 목표한 84권에서 플러스알파로 100권인들 쓸 재료가 부족하지는 않다.

허접하고 허드레라고 여겼던 평생의 관심이 일생 동안 공부에 매달리게 한 덕에 이제 가을을 지나 초겨울이 다가오니 풍년이든 흉년이든 추수라고 할 수밖에 없는 것이다.

하여간 이렇게 나이가 늘어가고 시력이 나쁘다 보니 "몸이 1,000냥이면 눈이 900냥"이란 말이 실감난다. 그러나 어찌 눈 뿐 이겠는가. 눈만 가지고는 글을 쓰지 못한다. 열 개의 손가락이 따라 움직여야 하고 머리가 풀어내 주어야 한다. 허리도 버텨줘야 하고 몸 전체가 감당할 수 있어야 글을 쓰지 눈 암만 좋아서도 되는 게 아니다.

그런데 (몸이)전국적으로 다 시원찮아지고 있다. 그러니까 무리를 하게 되고 집필에 과욕을 부리게도 되는데 생각하면 웃기는 짓도 같다. 그냥 편히 살다 죽지 뭣 하러 글을 쓰느냐 할 것도 같아서다. 그 말도 맞다. 그러나 편한 것이 더 편찮을 수도 있다고 안다면 그 말도 맞을 것이다.

60대 중반의 저자가 저자 자신의 지금 현재 이야기를 하다 보니 건강한 사람 부럽다는 생각이 많다. 더불어 왜 좀 더 젊어서부터 일찍 시작하지 이렇게 늦게 시작하느냐는 생각도 할 모양이다. 말은 되나 집필할 생각 자체가 없이 그냥 공부만 즐겨왔다.

글을 써서 쓴들 무엇 하느냐에 부딪치다 보면 책을 낼 것도 아니라는 것과, 책도 돈이 있어야 낸다는 현실에 부닥치자 집필은 하지만 하나마나 필요가 없다는 생각에 안 한 것이다,

초고를 쓸 당시에는 누가 돈들여 책을 만들 출판사도 없었다. 유명작가도 아닌데 싸들고 출판사 기웃거리며 아쉬운 소리는 태생이 못한다. 그랬다가 출판사가 손해라도 보면 저자는 견디지 못할 상처를 받을 것이 뻔하고 무리하게 광고하고 책 보게 하려 미사여구 꼬드기는 마케팅전략 이런 것은 체질도 성향도 아니다.

그러다 언젠가는 전자책 세상이 오면 그때는 내 손으로 편집하고 책을 펴내는 것이 자유롭고 경제적 부담도 거의 없다고 고누고 있던 차에 구글에서 전자책을 낸 것이 저작권 분쟁 법정소송으로 번지면서 마침내 구글이 이기자 드디어 40,000권의 전자책 제작에 착수하였다는 소식을 접하자 구글 한국어판 전자책에 관심을 갖던 가운데 고맙고 감사하게도 우리 한국학술정보를 만난 것이다.

세상에 책은 많다. 현재 지구상에 나온 책은 지구 인구 1인당 1권이라면 70억 권이고 10권이라면 700억 권이나 될 것이니 누가 몇 권

인지를 알겠는가. 그러나 책은 크게 두 가지다. 악서와 양서다.

크게는 두 가지지만 책은 100가지 이상으로도 분류된다. 그 가운데 저자는 정신문화연구에만 몰입한 일생의 지식들을 모아 84권의 책을 기획하게 하였다.

문학가도 아니고 작가도 아니며 정신분야 전문가도 아니므로 당체 포지션이 어디라고 할지도 쉽지 않다. 단 세상에 흔한 책이 아니라는 것만은 확신하고 있다.

이게 다 60대 부부이야기로서 남들이 써낸 책이거나 비슷한 내용도 아니고 전부 창작 어문저작물이다. 문학적이거나 정신분석학이나 전문학자의 시각으로 보면 이 책은 딱히 정체성도 없고 뿌리도 없는 별종인 줄 안다. 그러나 희소성이 가치라는 측면에서 쓸 이유가 있다는 것이다.

책을 심심풀이로 보는가? 재미로 보는가? 공부하기 위한 수단으로 보는가? 아무튼 보면 된다만 이 책은 정신문화에 대한 이념을 나오는 말 그대로 일정한 학문의 틀에 맞춘 것이 아니라 만나서 대화하듯 편하게 접근하는 책이다. 자~ 또 이쯤하고 그럼 다시 60대 부부로 연결한다.

60대는 왜 살았는가를 스스로 자기 자신에게 묻는 때다. 당신은 무엇을 위해 살아왔는가? 쉽게 답하면 자식을 위해 살아왔다. 그러면 이제 잘 산 것이냐는 물음이 이어진다 자식…… 참 귀하기 하늘같고 지구 전체하고도 바꾸지 못한다.

그러나 그건 60대가 된 저자와 당신의 착각이 아니라면 짝사랑이다. 부질없다 하면 못 쓰겠지? 허무하다고도 하면 안 될 말이겠지? 예를 하나 들어보겠다.

하루는 하상 공원에서 비둘기에게 과자부스러기를 뿌려주는 사람을 보았다. 비둘기가 새카맣게 모여들어 쪼아 먹는 게 재미가 있다고 보여 저자도 비닐봉지에 재미삼아 쌀을 한 홉을 넣고 가 뿌려줘 보았다. 역시나 어디서 모이는 건지 새카맣게 모여 들자 순식간에 쌀 톨 없이 다 없어졌다.

한 됫박은 가져가야 좀 구경이라 할까 하여 이번에는 반 됫박은 되게 가져가 뿌려보았다. 좀 더 긴 시간 비둘기가 모였으나 숫자가 많다 보니 다들 배나 잘 채웠는지 생각하다 보니 이건 한 가마니라도 뿌리려면 무한대라는 생각에 웃고 말았다.

순간 그 많던 비둘기가 다 날아가 덩그마니 혼자 앉아 있어보니 단한 녀석도 잘 먹었다느니 고맙다는 인사도 없다.

먹이가 떨어지자 내 옆에는 한 놈도 다가오지 않아 순간 이렇게 헛된 짓 왜 했는가 하고 번뜩 정신이 들었다. 겨울 눈 덮인 산야의 야생동물에게 먹이를 나누어 준 것도 아니고 도시공원의 비둘기에게 선심도 아니다 싶은 것이 재미를 무너뜨렸다.

한편은 자식도 비둘기와 같아서 바라 볼 용도지 보상받을 대상이 아닌 이유는 자식은 또 자식을 길러야 하기에 기른 부모를 돌 볼 정신이 없게 마련이다. 그럼 그것으로 잘됐는가? 이처럼, 60대를 사는 부부란 텅 빈 가슴일 때가 많다. 자식들 하나 둘 떠나더니 막내까지 짝을 짓고 나면 한국의 경우 80~90%는 남은 것이 빚이다.

직장 퇴사하고 다달이 연금이 잘 나오는 부부는 공무원으로 산 소수, 대한민국 공무원이 대략 총 100만 명이라 하니 5,000만 명 중에 2%뿐 아닌가? 더 되고 않고를 따질 일은 아니겠고. 부부니까 두 배로 쳐주면 4%, 아주 후하게 쳐도 90% 국딘은 연금이 없다.

국민연금을 30년 잘 낸 사람은 또 몇%나 될까마는 국민연금은 공무원 퇴직연금의 절반의 절반밖에 안 될 정도로 미미하여 그 돈으로는 빚까지 갚을 수도 없다.

빚은 하나도 없다는 사람은 또 얼마나 될까? 통계청이나 보건복지부에서 이런 조사를 했다는 것은 보지 못해 정확히 알기는 어렵지만 빚 무일푼인 60대는 많아야 절반을 넘지 못하그 절반이나 그 이상은 사는 집도 주택담보 대출이 돼 있다.

마치 공원비둘기 같다는 생각이 드는 것은 자식들은 저희들 살기에 정신이 없어 뿌려 준 쌀 톨 찍어 먹고 날아간 비둘기와 별반 다르지 않다.

그러나 그래도 지금 내(부부)가 살아있다. 부부가 같이 라면 갑절로 복이고 혼자라도 살아 있다는 것은 천지신명께서 아직 살게 한 이유가 있다. 돈이 있으면 부부가 상의를 하라. 첫째 가장 하고 싶은 게 뭔지 1주일간 생각해보자고 하되 꼭 착한 것을 찾아보자 해보라. 돈이 없어? 그러면 몸으로 때울 방도도 있다. 그런 부부에게 무슨 병이 도지겠는가. 인생은 적선만이 남는 결실이다. 저자 같은 글쟁이거든 글을 써 남기면 된다.

/제19장/

헐고 비울 부부 70대

인생 스승님으로 모십니다

70세부터 79세 사이의 부
부…… 먹는 음식 양이 많이 줄었다. 새벽에 일찍 잠에서 깨어나더니
잠도 줄었다. 오래 깊은 잠을 자지 않고 항상 토끼잠을 잔다. 초저녁
에도 누우면 곧 잠이 들지만 깊은 밤에 또 깨어나고 어렵게 다시 잠
이 들어도 역시 새벽에 일찍 일어나는 때다.

이때야말로 가장 아름다운 노년을 누려야 하는 인생절정의 결실기
라 하겠는데 보면 대개 3종류로 나누어진다. 고집불통, 그저 그런, 모
범부부…… 여기서 하나만 짚는다면 고집불통 못 말리는 짜증쟁이
70대다. 저자가 곧 만나게 될 70대들을 보면 극과 극인 경우가 많은
데 가장 저질 하급 부부를 보면 누군가가 미워가지고 죽겠다는 짜증
으로 사는, 드물다 하겠지만 이런 부부를 본다. 우선 이를 물고 결심
하여 이렇게 못난 노년이나 부부가 되지 말아야 한다.
도대체 원인이 뭔지 분석도 못 할 신경질이 극도에 올라 아예 합방
은 꿈도 못 꾸고 죽어라고 아내를 미워하고 남편이라면 이를 득득 갈

아 철천의 무슨 원수가 진 것같이 살기도 하는데 이로서 결국 자기 인생 전체를 두드려 깨는 것이다.

자기도 그러고 싶지 않단다. 그러나 하는 짓이 그렇게 밉다고 시비다. 어떻게 자식 낳고 50여 년을 살았느냐고 물으면 그게 후회된다는 왕싸가지성 말을 거침없이 토해 낸다. 한번 삐걱하여 틀어진 톱니바퀴처럼 매사에 부딪쳐 굉음을 낸다. 자식들이 이게 얼마나 불편한지 알기나 하는가?

잠깐 자식들에게 한마디 할 터이니 각오를 단단히 하고 반대로 배워라. 부모가 잘 못 살거든 보고 거꾸로 살 다짐을 하는 것이 자식답다. 부모 내외가 원수처럼 피차 꼴 보기 싫어하고 앉으면 흉이나 보고 불평하거들랑 자식들이여 절대로 자기는 늙어도 저렇게 않겠다는 결심을 해야 하고 실제로 꼭 그래야 한다. 그런 부모를 본받으면 미래가 없거나 미래가 다가와 봤자 집안이 망가진다.

도대체 왜 마누라가 밉고 왜 꼴도 보기 싫다는 것이냐? 말을 들어 보면 100%가 자기 탓인데 서로가 네 탓이라고 떠밀면서도 깨닫지를 못한다. 그러니까 70대가 되면 비우고 털고 모든 것을 내려놓아야 한다. 내 욕심 내 생각 내 욕구대로 되기에는 이제는 다 틀린 시기를 맞았다. 내가 맞추고 내가 지고 살아야지 이기려 하니까 여기서부터 고장이 난다. 이기면 무엇하고 지면 어떠냐.

문제는 내가 양보하고 이해하려고 해도 그게 옳지가 않다는 주장인데 들다 보면 다르다는 것을 알게 된다. 어떤 남편이 아내 들볶기를 좋아하며 어떤 아내가 늙은 남편에게 밥도 해주기 싫다 할 사람은 없는 데도 내 남편 내 마누라는 그러니까 문제라면서 다르다고 말한다. 저렇게 나쁜 여자 없고 저 정도로 지독한 남편은 이 세상에 둘도 없고 오직 내 마누라 내 남편만 저렇다면서 자기도 기가 막힌다고 하던데 참 불쌍한 인생이다. 누구 탓이냐 정답을 찾자면 더 강한 고집쟁이 탓이다.

자식들이 얼마나 불편한지 그러니까 자주 오기를 꺼린다. 나는 늙어서 저러지 말아야지 하는 말이 나온다면 이건 자식문제가 아니라 부부가 고장이다. 이 세상에 내 자식보다 더 싸가지 없는 애들은 없다는 말은 이미 그 말부터가 자기가 문제라고 인정하는 소리다.

나이 들어 70대에 왔으면 자식들이 요강에 국을 퍼 먹어도 웃고 깔깔거려야 하는데 그걸 때려 고친다고 하다니 그래서 된다면 지구가 거꾸로 돌 일이다. 자식 나이가 40이 넘어서면 그가 설령 정신병자라 해도 보고 인정하며 부모가 순종함이 옳다.

그러니까 이 나이가 되면 나도 없고 내 생각도 없어야 한다. 내 주장 내 지식 내 입맛 내 경험 이런 것 다 걷어내 아예 시궁창에 버리는 것이 부모의 도리다. 몸은 늙고 병들고 눈은 어둡고 이빨은 다 빠져가지고 이제 와서 무엇을 내 생각대로 강요하는가. 이건 천역이다. 하늘을 거스르고 인륜을 거부하는 짓이다.

우리네 60대나 70대가 된 부부가 알아야 할 게 하나 있다. 우리네 부모는 평균수명이 낮아 좀처럼 부부 내외가 70년 80년 양주분이 사는 집을 찾기 어려워서 보고 배운 교육이 텅 비었다는 사실이다.

집에 늙은 부부가 있어 70대 80대가 되어서도 싸우던지, 의좋고 정이 좋은 것을 봤더라면 보고 느낀 것이 있을 일인데 보고 배우고 느낀 것이 없이 초대 처음 맞는 노년 부부여서 경험이 없다. 많이 싸우고 서로 미워하고 각방을 쓰는 것을 봤다면 나는 저러지 않겠다는 것을 배웠을 것이고, 반대라면 응당 더 아름답게 살겠다는 기반을 닦았을 일인데 조실부모하고 세상에서 내가 제일 큰 어른으로 평생을 살다 보니 몸은 늙고 세상은 변하고 적응이 안 되니까 모든 투정·원망·불편이 몽땅 남편이나 마누라에게 쏟아지는 것이다. 그러니까 늙으면 죽어야 한다는 말밖에 달리 할 말이 없는 것이다.

왜 자식이고 부부간에 그런 패륜적인 생각이 들게 만드는가? 몽땅 욕심 탓이다. 잘 먹고 싶고 안 아프고 싶고 자기라면 만사 다 제치고 절절매면서 '병원가자, 식당가자, 이 옷 입어 보라, 드셔 보셔라, 누우라, 주무른다' 하면서 황제 대접을 해 주면 그칠까? 이렇게 말하면 나는 절대 그런 욕심 없다고 역정을 낼 줄 아는데 그러면 뭔가. 똥친 막대기 취급을 하지만 말아 달라는 것이냐? 저자가 답한다. 똥친 막대기 취급도 과분한 줄 알아야 한다. 져주지 않고 인정해 주지 않고 무시하고 욕만 하고 불평만 한 줄도 모르니까 악만 남은 자신이 된 걸 몰라서 그렇다.

당장 바꾸고 고쳐야 한다. 그러면 또 자기가 사정사정 무릎을 꿇고 잘 못 했다고 빌기까지도 했다고 할 텐데 그로서 독약을 뿌린 짓이 된 것이다. 어떤 부모가 자식에게 빌고 무릎을 꿇는가? 이건 성질이 그렇게 날카롭다는 반증이다.

물론 그렇게 된 깊은 내막은 알지 못한다. 다만 극단적인 비유지만 이런 경우라면 이해하겠다. 아내가 남편과 자식을 버리고 가출해서 어떤 놈을 만나 그놈하고 자식을 낳아 놓고 돌아온 경우다. 그놈은 죽고 돌아는 왔는데 그놈의 자식까지 데리고 들어와 주야장천 그놈의 새끼만 감싸고 돈은 있는 대로 그놈 자식에게만 퍼 쓴다고 할 경우다. 그렇다면 짜증내고 성질부릴 만하다.

하지만 처방전을 끝까지 읽어 보라. 설령 그렇더라도 지고 인정하고 미워하지 말아야 한다. 아예 돌아오지 않았더라도 이를 갈고 저주하지 말아야 한다. 기왕에 그때 판단을 잘못해서 그런 여자를 받아들인 것이 후회가 되더라도 그래도 미워하지 말라는 것이다. 내 탓 네 탓이 중요한 것보다 더 중요한 것은 그런 마누라지만 내 자식도 낳지 않았는가, 누구 말대로 팔자가 나빠서 그런 마누라를 만났는데 지금 늙어가지고 과거를 헤치고 악을 쓰면 유익이 뭔가.

하늘과 땅과 조상, 그리고 후손들의 입장에서 생각해 보라. 이 나이에 들어와 매일 원한 서린 말이나 해대고 철천의 원수도 아닌 아내를 짓이겨서 남는 장사라 하겠는가? 조상님이 통곡하고 신령님이 격노하실 대표적인 짓거리가 바로 미워하는 말이며 이기려는 생각이다.

그럼 이제 최종 처방전을 내 준다. 웃어라. 하루에 열 번 아니라 백 번 이상 웃어라. 특히 마음에 안 들어도 웃어라. 웃고 인정하고 속을 비운다고 생각하라. 도무지 웃을 일이 없고 웃을 일도 아닌데 어떻게 웃느냐고 한다면 요 대목이 고장 났다는 것이다.

웃을 일이 하루는 몰라도 열흘, 한 달, 일 년이 가도 한 번도 없다면 당장 목이 부러지지 않고 다리가 잘리지 않은 것도 고마운 줄 모른단 말과 같다. 왜 웃을 일이 없겠나. 마누라한테 짜증을 낸 것도 잠깐만 지나고 보면 내가 그래서는 안 되는 건데 그랬으니까 웃음이 나올 일이다.

감사를 찾아라. 억지로라도 생각하기를 대가리가 깨져도 그만하길

다행이라는 생각으로 채워라. TV에서 병들어 입원하고 치매로 똥을 싸도 웃으며 간호하는 70대를 보면서도 깨닫지를 못한다면 역시 죽으라는 말밖에 없다. 자손을 위해서라거나 조상님과 천지신명을 위하여 웃고 감사하라는 말이 아니고 본인 자신을 위하여 이게 옳기에 내주는 처방이다. 감사와 웃기가 약이다.

자, 이제 다음 이야기로 넘어가자. 70대를 맞은 한국의 노부부를 보면 자식하고 같이 산다면야 얼마나 좋을까마는 미국한테서 다 잘 배웠으나 핵가족화 된 것도 절반은 잘못 배웠다. 자식과 같이 사는가? 아닌 부부가 많다는 문제도 짚어볼 일인데 일단 같이 산다면 노인네가 새벽 일찍 잠이 깨면 자식들과 같이 살 경우 자식들이 불편해 한다.

잠을 방해하여 오가게 되면 일어나면서부터 조심하게 되고 개운하지 않아 잠이 부족한 경우의 자녀들은 부모도 다 귀찮은데 짜증도 못 내고 얼굴색이 좋지 않다. 까치발을 뜨고 다닐 수도 없는 일이다 보니 아예 따로 사는 핵가족화 잘된 일일 수도 있다.

이젠 한집에 부모님 모시고 산다면 시집온다 할 여자도 보낼 부모도 없을 것이다. 당연히 살림을 내 주는 세월이 온 것인데 이상하지도 않다. 노인들이 소외감을 느끼지 않을 수 없는 세월…… 그러나 그래도 부부만은 같이 산다면 다행이다.

부부 중 하나가 먼저 떠나고 혼자 사는 집은 휑하여 찬바람이 부는데 집은 왜 줄이지 않고 큰 집에 혼자 사는가. 1년에 한두 번 모이는 명절이라도 되면 손자들 와서 잘 데가 없을까 하여 줄이지 못한다 하는데 이해는 하겠다만, 365일에서 360일 외로운 텅 빈 집은 청소하기도 여간한 일이 아니라 먼지만 쌓이고, 몸이 굳어 청소도 힘들어 제대로 못 하게 되면 그제야 집을 줄이거나. 아예 장기입원이라도 하게 되면 알아서 자식들이 처분한다.

처분한 다음에 병이 더 심하면 답은 간단하다. 요양병원으로 모시는 것이다. 한 달에 얼마 정도 주면 알아서 침대고 청소고 빨래 걱정할 일 도 없고, 여유가 더 있으면 시설 좋은 요양병원에 간병인까지 따로 붙이면 대단한 효자다.

요양병원도 살 만은 하다. 거기는 또 다른 그곳의 문화가 있고 얼마 안 가 적응하기 어렵지도 않은 또 다른 환경이 있다. 이럴 때 효·불효를 따질 일은 없다.

그렇게 살다 세상을 떠나면 장례예식장으로 모셔 가면 병원에 올 그때 떠나 살던 집은 알아서 처분하고 손때 묻은 살림살이는 대개가 쓰레기통으로 들어가게 마련이다.

그런데 무엇 때문에, 왜, 어째서, 어느 날 떠나면 하루 이틀 후 다시 돌아올 줄 알았단 말인가. 병원행이 영영 마지막이 될 것을 왜 그토록 애착을 두었더란 말인가.

옷이며 그릇이며 소지품이고 살림살이들이 전부 필요한 것들도 아니다. 아들딸네 집에는 더 좋은 것들이 즐비한데 구닥다리 아날로그 TV는 고물장사 줘봐야 단 돈 만 원도 안 준다. 다 쓸데없는 것들이다. 쓸데 있는 것이라면 통장뿐이다. 내 이름으로 사둔 부동산까지 있으면 남는 건 이것뿐이다. 모두, 전부 다, 하여간 살다가 떠나면 쓸 것보다 버릴 게 몽땅이다.

사둔 채권이나 증권에 넣어둔 돈이나 쓸 데 있을까 입장을 백 번 바꿔 봐도 더는 쓸 이유가 없는 것들이다. 인생 70평생 악을 쓰고 모으고 쌓을 일이 아니었다. 그러나 어디 그게 그렇게 되나. 이유가 있다.

인간은 내일을 모르기 때문이다. 단 10분 1분 후의 일도 미리 알지 못하기 때문이다. 달려가다 순간 교통사고로 세상을 뜰지도 모른다 하면 공연한 겁을 준다 할지 모르니 취소해 버리고, 누구나 공감하되 70대 부부라면 필연과도 같은 미지의 순간에 대해 아니라하지 못할 것이 있으니 병이다. 병이란 무엇인가.

병은 내 실수로 오는 경우가 많다, 무리한 운동이나 과식으로도 병이 오고 다리도 부러지고 인대도 늘어난다. 이런 것은 조심하면 피할 수가 있다. 문제는 피치 못할 병이 무서운 병이다. 아무런 영문도 없이 아픈 것이다. 자고 일어났더니 갑자기 사지가 말을 듣지 않는 것이다.

중풍예방 주사도 맞고 피돌기에 좋다는 약도 상복했는데 풍이 왔다는 말은 하나만 예를 든 경우다.

단도리 예방 아무리 철저하게 해도 말마따나 골키퍼가 악을 쓰고 막아도 볼은 들어가는 이치와 같다. 알고 보면 가장 큰 병의 원인은 숨을 쉬기 때문이다.

공기에는 무한대의 양분이 들어 있다. 인간이 잠시 잠깐도 숨을 쉬지 못 하면 가장 빨리 죽는 것이 숨통이다. 콧구멍 하나만 탁 막히면 그대로 끝, 병균이 가장 많이 침범해 들어오는 곳은 공기흡입 숨 쉴 때의 콧구멍이다.

자면서도 병이 든 이유는 숨 쉰 공기가운데 병균이 들어왔기 때문이다. 산자는 누구나 숨을 쉬기 때문에 느닷없이 병들 수 있는 일인데 보이지 않는다고 병들 이유가 없다 하면 틀렸다.

허나 지금 병의 원인과 예방법은 상당히 발달되어 이제는 90을 넘어 100세를 사는 사람이 점점 늘고 있다. 옛날 같으면, 옛날이랄 것도 없이 60~70년 전만 해도 나이 50세면 호호 할아버지 몰골이었다. 양볼은 쏙 들어가고 광대뼈는 툭 튀어 나오고 얼굴색은 햇볕에 타 새카맣고 피골이 상접해 뼈만 앙상했던 어른들의 모습은 지금도 여러 명이 떠오른다.

그래서 환갑을 맞으면 동네가 아니라 원근 각처의 잔치요 경사였다. 환갑, 진갑 넘기고 죽으면 좋은 죽음이라는 뜻으로 호상(好喪)이라고까지 했다.

그땐 그랬지만 요즘 청년들에게 그런 말 하지 말고 우리네 끼리나해야 한다. 정말 쓸데없다. 자식 입장에서 장수하는 부모가 대단한 축복이라고 진정 반기는 자식 얼마나 될지 모르니 되도록 일찍 죽어 주는 것도 자식을 위한 부모의 선물일지도 모른다.

악담 같지만 이게 현실이다. 종로거리 명동인파를 다 잡고 물어 봐도 부모가 100수를 누리면 좋다는 사람은 말은 그렇게 해도 속내에는 드물 것이다. 왜들 그러느냐 하지 말아야 한다 살기가 그렇게 팍팍하고 힘든 탓이다. 자식이 3천근이라면 마누라는 2천 9백 근인데(바꿔도 되고……) 부모 무게는 100근도 안 나간다.

이게 자식이 싹수가 없어 그렇다는 생각은 마라. 부모가 재산이라도 많으면 모시기 신바람 난다는 것도 착각이고 재산이 없으니까 모시고 싶겠느냐는 말도 말이 안 되는 헛소리다.

재산이 많으면 많으니까 더 빨리 세상을 떠나야 상속을 받을 것 아니겠는가. 자식 입장에서 곰곰 생각해 보면 부모는 있으나 없으나 큰 상관도 없고 꼭 계셔서 효도해야 만족할 이유도 별로 없다. 이게 왜 이런가를 정말 모르는가? 그렇다면 정신문화연구시리즈가 가르쳐 주겠다.

인간은 자식을 위해 살도록 창조된 까닭이다. 인간치고 자식보다 부모가 더 소중한 가치로 여기는 인간은 없다. 있다면 그는 이상한 사람이다.

옛말에는 자식 팔아 부모 산다고도 했다. 처와 자식은 인생길 골골마다 있으나 부모는 한번 떠나면 골골 아니라 천지를 다 돌아도 없다는 말이 그럴듯하나 지금 그런 소리 하면 이 책 누가 보겠나. 자식이 최고다. 부모는 뒷전이다. 아예 없는 것이 도와주는 존재다. 천부적으로 태어날 때부터 그러한 본능을 가지고 태어난 것이 인간이다.

엄마 젖을 빨아야 자라날 어릴 때는 부모가 절대적이고, 부모가 입히고 재우고 밥을 먹여야 살 수 있는 성장기에는 부모가 제일이지만 그때는 저한테 자식이 없으니까 그나마 부모지, 저 클 것 다 크고 돈도 자기가 벌고 오로지 부모는 효도나 받을 존재라면 본능에서 달갑고 살가울까? 그런 기대는 버려야 한다.

부모는 썩는 밀알이다. 밀알이 썩지 않으면 싹도 열매도 맺지 못한다. 자식이 태어났다는 것은 부모가 썩었다는 뜻이다. 밀싹 뿌리를 캐보면 부모라고 볼 그 밀알은 이미 갈라지고 썩어서 쓸모가 없다.

쌀알만 한 그 밀알이 싹을 틔우기까지 필요한 정도로서 만져지지도 않는 양분을 다 소비해 버리고 나면 밀뿌리는 더 이상 밀알에서 빼 먹고는 못 살고 땅을 파고 뿌리를 내려야 산다.

그로부터는 땅에만 관심이 많아지고 썩은 밀알에는 관심이 없어진다. 억울하다 하지 말아야 한다. 하늘이 이렇게 정해준 것을 거부하고 화낼 일도 아니다.

그렇다면 약이라도 먹고 죽으라는 말이냐 하면 안 된다. 이렇게 말하는 뜻은 부모가 자식에게 거추장스러운 존재가 되면 안 된다는 얘기다. 긴병에 효자 없다는 말처럼 오래 살면 자식들에게 피해를 준다. 허무주의도 아니고 비관주의에 빠진 저자도 아니다. 냉철한 현실을 꿰뚫어 똑바로 볼 뿐이다. 그러면 무엇을 어쩌라는 것일까.

이를 악물고 장수하려고 운동하고 등산하고 보약 먹고 아등바등 살려고 몸부림까지는 치지 말라는 말이다. 그건 흉한 짓이다. 죽음 앞에 겸손하라는 것이다. 그렇다고 병원에도 가지 말란 말도 아니다. 말이라도 자식들을 의식하고 행동도 자식들을 의식해 하라는 말인데 바로 떠날 자는 떠나야 한다는 천리를 인정하라는 것이다.

천리를 인정함은 반항이 아니라 순종이며 수용이다. 하늘을 의식하고 자식을 의식하되 장수하면 장수를 누리면서 보다 안정되라는 말이다. 말이 어렵게 들릴 모양인데 이를 저자가 믿는 기독교에 비유하면 기도의 성곽·태산을 쌓으라는 허망하게 들릴 수도 있는 말이다. 사람은 죽을 이유가 있고 살 이유가 있다. 왜 장수하는가도 생각해 보아야 한다.

장수는 절로 되는 것이지 악착같이 움켜쥐고 억지로 되는 것은 아니다. 허나 의술이 발달한 것에는 하늘의 뜻이 있다. 일찍 죽지 말고 더 살도록 허락했다는 증표다. 그럼 왜 오래 살라 한 것일까. 답은 하나님의 영광을 위해서라고 하는 것이 기독교의 근본인데 영광이란 무엇인가는 간단한 말은 아니나 무언가 노인답게 장수하라는 말이다.

노인답다는 말 역시도 어려운 말이다. 무엇이 노인다운 것일까. 자식들이 편하게 느끼도록 사는 것이다. 우리 아버님 어머님은 이게 문제고 저게 이상하다는 것을 콕 짚어 내지는 않아도 그런 게 있다면 그것은 고쳐야 한다.

아버님 되는 등 부모로 인해 나를 스트레스 받게 하는 것이 없다는 말을 듣는다면 이것이 바로 하나님의 영광이다.

아버님만 생각하고 어머님을 생각하면 골이 딱딱 아프다? 말은 이렇게 안 해도 무언가 불편하게 느끼는 속내가 있나 없나를 신경 많이 써야 한다.

이 드넓은 지구상에 나 한 사람 더 산다고 지구가 닳는 것도 아니라 하면 안 된다. 지구는 더 많은 우리의 후대가 대를 이어 새 주인으로 살아야 온당하다. 그럼에도 100년을 산다면 하늘과 세상은 물론 자식들에게 환영 받도록 살아야 한다.

허나 저자인들 말은 이렇게 하지만 과연 그러하겠는가. 그렇지 못하다보니 이렇게 깊은 생각에 잠기고 자다가도 왜 장수하는가를 생각하게 된다는 뜻이다.

70대가 되면 과대하다 할 정도로 생각이 많다. 말은 줄고 생각은 늘고……. 그러나 반대의 경우도 있다. 생각은 줄고 말은 늘어나고……. 피해야 할 경우가 후자다. 생각은 많이 하되 말을 줄이는 것은 마음처럼 잘 안 된다.

이미 평생 경험했고 아는 것이 두뇌보다 큰 탓에 더 생각해 볼 것도 없이 자동 뻥으로 말부터 튀어나온다. 이걸 조심해야 한다.

이미 폐기처분 될 평균수명을 초과해 산다면 덤으로 사는 인생이니 이를 개평 장수라 해도 된다. 주인공도 아닌 객꾼 인생이라 한다면 지나친 비하로 들릴 수도 있으나 결론은 겸손이다.

자식이 나보다 낫다는 것을 인정해야 겸손이다. 골백 살을 먹어도 자식은 자식이라는 묵은 사상은 버려야 한다. 자식 나이 40대에 이르면 부모나이 40대에 비해 만 배의 지식과 분별력을 가지고 있다.

늙어가는 주제에 이런 근본을 무시하고 자식에게 이래라 저래라 한다면 이건 무식이다. 무식은 용서되나 무례함은 용서받지 못하고 게다가 지혜도 없이 공자 왈 맹자 왈 한다면 죽이지도 못 하고 살리지도 못하여 돌아오는 것은 반목이며 효도를 할 수도 없게 만드는 절벽을 치는 일이다.

하지 말래도 많이 하는 생각이 있다. 지난 과거지사를 되돌려 보는 생각들이 그것이다. 그땐 이랬고 저랬다는 70년이 넘는 인생길 굽이굽이 사연이 얼마나 많은가. 이것 별무소용이다. 지금은 세계를 한눈에 내려다보는 세월이다. 70대는 엄두도 못 내고 느끼지도 못하는 세상이 지금이다.

살아온 70년은 강 건너 산 너머를 몰랐다. 손바닥으로 눈만 가리면 세상은 손바닥 안에 갇혀버렸고 산이 막으면 산 너머는 보이지 않았다. 강 건너는 꼭 다리를 놓고 건너가 보지 않으면 보이지도 않던 세상을 살아왔다. 그러나 지금은 인터넷이 세상 전체를 내 손바닥 보듯하게 하는 세월이다.

이젠 편지를 쓰는 사람이 없다. 집주소보다 전자 이메일 주소가 더 많이 쓰인다. 미국이 이웃이고 아프리카도 옆집이다. 중국의 알지도 못하는 농부가 지은 곡식을 먹고 일본어부가 잡은 고등어 반찬을 먹는 이 희한한 세상의 이치를 70대는 몰라도 자식들은 환하게 안다.

어디라고 감히 어른입네 부모네 하면서 콩이다 팥이나 훈장질을 하려 드느냐. 이 말은 자식에게 배우라는 뜻이다. 뭐든 자식에게 묻고 자식이 동이라면 동으로 알고 서쪽이라면 그런 줄 알아야 한다.

귀찮아할지도 모른다. 제 일도 바쁜데 뭘 자꾸 묻는다는 것은 짜증나고도 남는 일이다. 어쩔 것인가. 절간에 온 색시가 절간 부엌에 들어가 내가 해 먹겠다고 주방을 내놓아라 하지 못하지 않겠어? 굿이나 보고 떡이나 먹되 이제는 자식이 나의 보호자다. 보호자로 살아 봤으므로 보호자의 어깨가 얼마나 무겁고 힘든지는 알 것이다.

생각은 자유다. 무슨 생각을 하든 내 맘이지만 생각을 골라 좋게 잘해야 한다. 답게 하되 어른답고 노인답고 시부모답고 할아비답게 할 때가 70대다. 그러나 골백 살을 먹어도 철이 안 난 70대를 어쩔 것인가.

철이 안 난 70대란 아직도 청춘인줄 아는 것이다. 자식이 이거라 하면 빨리 받아들여 내가 바꿔야 마땅하다. 내 고집대로 살면 간격이 벌어져 낭패한 70대를 넘어 낭패한 인생이 될 수도 있다. 자식 말이 옳으니 자식의 말을 들으란 소리다.

먹는 것에서부터 내 식성을 버려야 한다. 아들들이 서양식으로 먹으면 며느리에게 내 입맛을 맞춰야 옳다. 나는 그런 음식은 싫다거나 먹지 않는다 하면 시대에 맞지 않는다. 로마에 가면 로마법을 따를 것이고 미국에 가면 미국식대로 먹고 자야 한다.

며느리가 신세대면 신세대가 입으라는 대로 입고 먹자는 대로 먹어야 며느리가 신바람 나지 않겠어? 우리 아버님 어머님은 옛날 습관이 있어서 이런 것은 드시지 않는다는 말은 흘려듣기 쉬우나 말속에 뼈가 있다. 누가 지고 누가 이길 것인가. 노인이 신세대를 이겨먹으면 세상은 볼 장 다 본다. 며느리가 노인 방식으로 먹고 입으면 자식 손자들의 앞날은 퇴보다.

생각의 끈을 쉽게 바꿔 잡고 바꿔 잡은 끈이 자식 보기에도 그렇고 늙은 아내가 보기에도 마음에 들어야 한다. 내 마음에 들지 않으면 자식이야 무시하면 그게 자식 낳아 기른 보람이라 할 테냐. 끊임없이 삐치고 서운해 오고 불효자식이라는 생각만 하면 빨리 죽는 것이 낫다.

그래서 늙으면 죽어야 한다는 말이 생긴 것이다. 늙었어도 죽지 않기를 바라고 않고는 자신에게 달렸다. 내 핏줄인데 어찌 내 뜻을 받아 주지 않느냐고 할 게 아니라 내 핏줄이라면 나보다 나아야 한다는 생각을 해야 어른다운 것이다. 내 하던 방식대로 따라오라는 것은 세상이치를 거스르는 짓이다. 도대체 핏줄이 뭔가.

핏줄은 복종하라는 것이 아니라 발전하라는 것이다. 환경에 맞게 나를 맞추며 어떤 세상이 와도 그 세상에 적응해 나가라는 것이지 세상을 거스르고 문화를 거부하고 전통이다 정신문화다 해 가며 나를 따라 꺾으라고 한다면 내가 내 핏줄을 더럽히는 짓이다.

물론 핏줄은 소중하다. 내 피가 자식에게 흐른다는 것은 얼마나 귀하다 할 수도 없는 일 맞다. 그래서 곰곰 생각해 보게 되는 이 핏줄이라는 진정한 의미를 늙어 죽을 때가 가까울수록 서운하기 쉬운데 사고가 굳고 늙어 탄력성이 없는 탓이다. 과연 내피가 자식에게 흐르는 것일까.

본 정신문화연구시리즈에는 사랑학이 있어 사랑학에서 심층 분석할 것이나 생리학적으로나 물리적으로 내 피(헤모그린)가 내 자식에게 흐르는 것은 아니다.

우리 선조들은 내 피가 흐른다고 내 핏줄이라 하며 피는 물보다 진하고 피는 못 속인다 하는데 피도 아니고 핏줄도 아니다. 너무 쉽게 알 수 있는 것은 피가 아니라 정자다. 나의 정자가 내 자식을 만든 재료가 된 것 뿐이다. 정자는 피와 다르다. 피가 한사발이라면 정자는 반 스푼도 안 되는 분량이다.

피는 가시에 찔려도 흐르지만 정자는 그렇게 쉽게 흘러내리지도 않는다. 아내라는 그릇이 있어야 흐르고 아내의 난자와 만난다는 보장이 있어야 흐른다.

눈물이나 피가 흐르는 이치와 정액에 묻혀 정자가 흐르는 이치는 생판 다르다. 한마디로 축약하면 정자는 사랑이 통해야 흐르는 것이요 칼로 찌르고 벤다고 흐르는 것이 아니다.

정자가 흐르는 이치는 육체가 총동원되어 정자가 흐를 환경이 조성돼야 움직인다. 몸 안에 든 한 수저의 정자를 전달하기 위해 몸 전체가 총출동 궐기해야 하는 현상을 육체적 현상이라 부르자. 그런데 엄밀히 분석하면 이것은 육체만의 단독행위가 아니라 보이지 않는 정신과의 합작현상이다.

육체가 육체만의 성욕을 느껴 정자를 내쏟는 것을 '악의 씨'라 부른다. 사랑과는 무관하게 정욕에 끌려 정자를 방사하면 그 씨는 메마른 씨여서 질이 좋은 씨가 아니다.

사랑과 합작품이 아닌 정자를 방출하는 사정은 기형아를 낳거나 정신적 하자가 있는 아이를 잉태하게 할 여지가 있으므로 술에 취해 이성이 흐린 상태에서 아이를 낳으면 자식이 둔하여 공부도 잘 못하고 태어나면서부터 이미 비정상 삐뚤어진 성격을 타고 나기도 한다.

그러므로 내 핏줄이란 말은 내 사랑과 육체가 깨끗한 정신에서 진실한 사랑에 근거한 질 좋은 임신이어야 할 이유가 여기에 있다. 이를 무시하나?

70대가 저물어 이제 곧 80대를 향하는 노년을 맞아 과거를 회상해 보면 무엇이 굽고 거칠고 문제가 무엇이었고 잘한 것 잘못한 것을 가려 나름의 정답을 알 수가 있다. 그러니까 자식의 모든 문제는 모두 내가 뿌린 씨앗의 문제지 내 자식의 문제만도 아니다. 자식은 부모에게 어떤 책임도 지지 않는다. 그러나 부모는 자식 앞에 모든 책임을 져야 할 존재다.

정체학이나 부모학을 통해 정신문화연구시리즈는 각도를 달리하여 이런 문제의 총론을 제시할 것이나 한마디로 요약하면 불효의 책임도 부모에게 있다는 것이다.

효도하기 어렵다. 그러나 효도하게 만들기는 백배가 어렵다. 저자도 자식을 둔 입장에서 아직도 잘못한 부모느릇 아비노릇을 느끼는 것이 많다.

교통사고를 내면 대인 사고의 경우 무한책임을 져야 하는 그보다 더 무한대의 책임을 져야 하는 것이 부모다.

이렇게 깊은 생각에 빠지는 세대가 70대의 부부다. 아내와의 50년 넘는 세월 마디마디에, 자식과의 40여년 세월의 매듭 매듭마다 얽히고 꼬인 모든 원인과 오늘의 결과는 예외 없이 지나고 보면 자식 탓이 아니라 부모(내) 탓이라는 것은 어렵지 않게 알 수가 있다.

　이렇게 흘러간 세월을 덧없다 하지 말아야 한다. 좋았다고 억지로라도 나의 생각을 모두 바꿔야 할 때가 70대다. 감사함뿐이라고 긍정적 사고를 가져야 어른다운 대접을 받고 죽는 날까지 자식의 마음이 떠나지 않는다.

　제 새끼(손자)라면 끔뻑 죽으면서 부모라면 척도 안 한다는 말은 좁은 소견이다. 그게 지극히 정상이고 그래야 내가 세상에 와 살고 자식을 낳은 보람이 영그는 것이다. 그것이 내 자식 또한 부모가 된 증거다. 부모라면 내 자식도 또한 나의 손자 자기 자식을 위해 썩는 밀알이 되는 것이다. 썩지 못하겠다고 버티는 순간 부모는 더욱 무가치해지고 초라해진다.

　얼마나 고마운지 생각해 보라. 나를 믿고 평생을 같이 살아준 아내가 얼마나 고마운지 생각을 바꿔보면 바로 안다. 아내도 마찬가지다. 나를 아내로 맞아 평생을 같이 살아오며 갓길로 나가지 않고 늙어주는 남편이 얼마나 고마우며 자식을 같이 낳아 준 것이 또 얼마나 고마운 일인가.

　자식도 마찬가지다. 그 많은 사람 중에 하늘이 명하여 내 자식으로 태어나 성장하고 또 부모가 되어 후대를 이어가는 부모가 된 것 얼마나 고마운 일인가. 70대는 짜증내지 말아야 할 세대다. 모두 다 부풀려서 라도 감사하고 고맙게 여겨야 할 세대다. 그러므로 모든 것이

고맙고 감사다면 그대는 어른답다. 자식이 부족해도 내 탓이라 할 수 있다면 모범 노년이다.

앞서 병은 육체관리를 잘 못한 경우하고, 공기를 통해 들어오는 병, 두 가지의 경우를 말했으나 이 두 가지보다 더 무서운 병은 화병이다. 화병은 모든 것이 마땅치 않아 불만이 많을 때 들어오는 병이다. 이 병 저병 다 해도 스트레스보다 더 큰 병의 원인도 없다. 왜 스트레스를 받는가. 답은 욕심이다.

나한테 잘해주지 않으니 불평, 날씨가 너무 더우니 짜증, 애들만 챙기고 사랑하니 투정, 자식이냐고 상냥하지 않으니 불만, 어찌 보면 70대는 무엇하나도 입맛에 맞지 않는다.

그러므로 『부부학 콘체르토』의 70대 부부가 말한 방향으로 모든 것을 다 받아들이고 그게 정상이고 바르다고 인정해야 한다. 그리하면 70대가 되어서야 이제는 인생의 스승이 된다.

부모는 자식에게 스승이다. 자식도 늙어 70대가 될 것인즉, 한다는 말이 고작 "너도 내 나이 돼 봐라"라는 식으로 증오심을 갖는다면 스승은커녕 제자의 자격도 없다. 마음을 다 털고 비워야 스승이다. 아내에게도 자식에게도 늘 미안하고 부족한 부모요 스승답지 못한 나를 죄스럽게 여겨야 한다.

그런데 영판 딴 말을 한 것은 없나? 있다. 70대에 이미 독거노인이 된 짝 잃은 사람이다. 아내가 없다는 것은 한쪽다리가 없이 걷는 것에 비유된다. 외발로 걷는다면 얼마나 쉽게 넘어질 것이며 그 걸음이 정상적이라 하겠는가? 게다가 자식까지 없다면 또 어떻겠는가? 70대는 외롭다면 어차피 외로운 시절이고 아니라면 또 한없이 만족한 세월이다.

여유를 가지고 마음을 비우고 늘 웃어라. 웃지 않으면 화난 사람으로 보여 모두 가까이 다가오려 하지 않고 멀리 피해 버린다. 짜증나도 웃고 추우나 더우나 밤이나 낮이나 이래도 흥, 저래도 껄껄 웃는다면 70대는 정말 더없이 아름다울 것이다.

/제20장/

도로 아기가 된
80대 부부

임종에도 멋이 있다

옛날 주(周)나라 임금 선왕(宣王)
은 닭싸움(투계, 鬪鷄) 구경을 좋아했다. 왕에게 괜찮은 투계 한마리가
생기자 '기성자'라는 당대 제일가는 투계 조련사를 찾아가 최고의 투
계를 만들어 달라고 부탁했다.

닭을 부탁한 왕은 자신의 닭이 얼마나 많이 발전했는지 궁금해 닭
을 맡긴지 10일 후에 물었다. "닭이 싸우기 충분한가?" "아닙니다. 닭
이 강하나 교만하여 아직 자신이 최고인줄 알고 있습니다. 교만을 떨
치지 않는다면 투계용으로는 적합하지 않습니다."

기성자의 대답을 듣고 돌아간 왕은 다시 10일 후에 찾아와 물었다.
"닭이 싸우기 충분한가?" "아닙니다. 상대방의 소리와 그림자에 너무
쉽게 반응합니다."

다음 10일 후 왕이 다시 물었다. "닭이 싸우기 충분한가?" "아닙니
다. 상대방을 노려보는 눈초리가 너무 공격적입니다." 다음 10일 후
왕은 다시 물었다. "이제 닭이 싸우기 충분한가?" 그제야 기성자는 다
음과 같이 대답하였다.

"예. 닭은 상대방이 소리를 질러도 아무 반응을 하지 않습니다. 완전히 마음의 평정을 찾아 마치 목계(木鷄)같이 보입니다. 닭이 덕을 완전히 갖추어 가고 있습니다. 어느 닭이라도 그 모습만 보고도 도망칠 것입니다."

장자(莊子)의 달생(達生)편에 나오는 목계(木鷄)의 가르침에 대한 이야기를 옮겨 본 글이다. 왜 이 이야기를 장황하게 했느냐하면 80대 부부는 목계와 같다는 뜻이다.

80세부터 89세에 이르는 80대가 되면 둘 중 하나인 경우가 많다. 첫째는 초초연연(超超然然)하여 닭은 닭인데 나무로 만든 목계와도 같다는 것이며, 다음은 아예 도로 애(아기)가 돼 버리는 경우다. 굳이 하나를 더 말하라면 이도 저도 아닌 "버럭쟁이 80대 또 화났다"라고 요약한다.

물론 이 말과 다른 경우 참 많을 것이다. 어찌 80대 부부를 일러 쉽게 이렇다 저렇다 단정하겠는가. 다만 참고로나 듣자는 것이다. 말은 세 가지로 나눠 글로 써도 무시하고 비교하여 모두 같이 연구해 보자는 말이다. 정답을 맞혀 내어 그러니 이렇다고 하는 것보다 정답을 찾아가도록 생각할 동기를 부여함이 이 책의 목적이니까.

이 정도로만 주제를 정하고 결론은 마지막으로 미루면서, 80대 부부라면 앞서 말한 대로 81세~90세까지에 해당하니 이제는 세상을 떠날 때가 가까이 왔다는 말부터 할 생각인데 섭섭히 듣지 말기 바란다. 죽는다는 말 기분 나쁜 줄 알지만 영영 안 죽고 살 방법은 없는 것이니 죽는데 대한 문제는 마냥 덮기만 할 게 아니라는 이유에서다. 더불어 느닷없이 들릴지도 모르나…… 죽는 것도 잘 죽는 죽음이 있고 잘 못 죽는 죽음도 있다는 점부터 짚는다.

흔히 말하기를 "그 인간 잘 뒈졌다"는 말이 있는가 하면, 참 좋은 분이 가셨다 해서 "돌아가셨다"는 말이 있다. 돌아 가셔야지 뒈지면 안 된다는 뜻이다. 잘 죽어서 죽고 난 후에도 칭송까지는 몰라도 욕은 먹지 말아야 하고 죽은 후에 무슨 소리를 들은들 그건 별거 아니라면 그렇지만 모두가 추모하는 죽음을 맞아야 한다. 이렇듯 죽는 것에도 바로 임종에도 멋이 있다는 말이다.

멋진 죽음도 있나? 있다. 더럽게 죽는 죽음도 있다. 다만 더럽게 죽는 죽음이 무엇인지는 길게 말하고 싶지 않다. 꼭 말하지 않아도 다들 이미 알 것이기 때문이다. 하여 멋지게 죽는 것이란 어떤 죽음인가의 문제를 생각해 볼 참이다.

우선 스스로가 안다. 내 자신부터 죽음에 대해 마음을 활짝 기분 좋게 아주 기쁘게, 확 열어야 한다는 것이다. "죽을 때도 됐지 뭐……" 이 정도로는 부족하다. 그런 사람들은 꼭 1절만 하고 마는 게 아니라 2절이 나온다. "어차피 한번 낳고 살다 죽는 게 아니겠어?" 담담하게 받아들이는 말은 하는데 거의 절망 성 포기하는 속내가 보이는 말이다. 이 정도로는 부족하다는 뜻이다.

결론부터 말하면 죽는 것이 진정 감사하며 즐겁고 기쁘게 맞이할 정도에 이르러야 한다는 것이다. 죽음이 반가울 수야 없다지만 저자는 죽음이 반갑고 기다려진다고 하면 바보 같다 하겠으나 그렇지 않다. 죽는 것은 낳는 것과 똑같다는 이유에서다.

낳고 생일날이 오면 축하받고, 장가들고 아이 낳고 환갑·칠순 잔치하는 것이나 죽는 것이나 의미는 동일하다는 것이다. 죽음이 앞에 놓였기 때문에 출생도 생일도 있는 것이지 죽음이 없다면 낳는 것도 없고 환갑도 칠순도 없다.

죽음은 하늘의 법칙이라 이를 천상운행법칙이라 부르고 죽음은 또한 땅의 법칙이라 지상자연운행법칙이라 부른다. 하늘에 태양이 뜨고 지는 것이나 땅에 비가 오는 이치는 죽음의 이치와 다르지 않은 자연법칙에 속한 것이다. 죽음도 감사할 수 있다면 그는 스스로부터가 멋진 임종을 맞는 것이다.

더불어 누가 봐도 멋져야 한다. 아등바등 더 못살아 분하고 원통하게 죽으면 남이 먼저 안다. 인생 90년을 살았으면서 뭘 그렇게 원통해 하느냐는 말을 들으면 더럽게는 아니지만 멋지게 죽는 죽음은 아니다. 말하면 잔소리라 할까.

인생 90여 년을 살았으면 누구나 죽음도 기꺼이 받아드린 다면서 저자를 향해 잔소리다 할까? 잔소리 아니다. 내일 죽어도 좋다는 오기 서린 말이 아닌 진실로 내일이고 오늘밤이고 하나님이 부르시면 일생 65년이나 고맙고 감사하게 잘 살았다고 찬송 부르며 주님께 가겠다는 저자는 환갑이 지났으니 하는 말이 아니라 사람이 낳고 죽는 것은 하나님의 마음대로라는 믿음에서 진심이다.

그러므로 죽음의 이치는 생명의 법칙이다. 누군들 내가 나를 만든 사람은 아무도 없다. 놀라운 사실은 부모가 나를 만든 원주인도 아니라 했다. 부모를 통해서 태어났다 해야 맞지 부모가 부모의 뜻대로 나를 남자로 낳고 얼굴을 내 모습으로 만들지는 않은 것이라는 말도 했다.

부모는 다만 불교적으로 말하면 자연의 윤회법칙에 따라 우주에 흩어져 있던 나를 만든 구성요소가 완성되어 쾌어난 구름처럼 나타났다 구름처럼 사라지지만 다시 또 윤회하여 인도환생 할 수도 있고 개돼지로 태어날 수도 있다는 것이다.

기독교도 같은 말인데 이렇게 허공에 흩어저 널린 나를 조직한 구성 물질을 하나님이 하나하나 모아 아버지의 정자와 어머니의 난자를 통해 내 몸을 세상에 태어나게 했다는 것이그로 매우 다르다면 다르지만 비슷하다면 비슷하다.

완전 똑같다고 한들 누가 아니라고 끝까지 증거를 들이대겠는가. 인간은 내 맘대로 태어난 게 아니다. 그러므로 살고 죽는 것이 모두 하늘의 뜻에 달렸다. 아무리 낳고 싶어도 애를 낳지 못하는 경우도 있고 아무리 죽고 싶어도 죽어지지 않는 이치도 같은 말이다. 살고 죽는 것은 하늘의 소관이다. 부모가 낳고 싶어 낳고 낳기 싫다고 생기는 애를 족족 유산할 수는 없다. 유산을 합법화시키자는 말도 있으나 하늘의 뜻에 반하는지 아닌지의 문제도 어렵다.

하늘이 산모에게 유산할 마음을 주고 결심대로 의사를 통해 유산을 시켰다는 것도 인위적인 요소도 있지만 인의적 요소 이외에 안 보이는 큰 손이 이를 막지 않았다면 이것도 그의 뜻인가를 가린다는 문제까지 가면 정말 어려워진다.

다만 유산은 안 되는 이유는 인위적인 요소가 자연적이거나 안 보이는 능력의 손의 범주를 상당부분 침해한 것이라고 보기에 유산은 하늘의 뜻이 아닌 거역이라는 말이 옳다는 것이다. 태어나는 것이 내 뜻을 넘어 부모의 뜻보다 더 큰 다른 뜻이 있다면 죽는 것 역시도 내 의지보다 타력의 의지라 하는 신의 의지가 거의 전부다.

인간이 내 의지에 따라 자살하면서 하나님이 내게 목을 맬 끈을 주고 마실 독약을 주었다고 하는 것은 이제 말한 대로 신의 의지의 경계선을 인간의 의지가 침범한 결과다. 그래서 자살은 이미 더러운 죽음이라는 판정이 난 것이다. 어떤 이유도 자살이 정당하고 옳지는 않다. 돌아가는 지구를 멈추게 하면 안 되는 것처럼 살아 있는 나를 내가 죽이는 것은 천리거역이다. 그러니까 자연사로 죽는 게 천리를 따르는 것이다.

천리가 내 의지와 무관하게 나를 불러들여 다시금 몸은 한줌의 재가 되거나 흙이 된다는 것은 돌아가는 것이다. 물이 인체의 70%라 한다면 내게 주었던 70%의 물을 회수해 가도록 도로 내어주고 찾아가는 현상이 죽음이다.

아무튼 죽는다. 죽으면 제일 먼저 악취가 나기 때문에 입, 귀, 코 , 눈, 하여간 구멍이 난 곳부터 빨리 막지 않으면 냄새가 나는 이치는 몸에 저장되었던 물이 증발하는 현상이다.

썩는 것도 역시 물이 빠지는 현상이다. 썩지 않으면 인체에 든 그 많은 물을 뺄 수가 없어 몸이 썩는 것은 물 빼기 작업이며 그렇게 빠진 물은 낮은 데로 흘러내려 땅속에 스며드는데 이것이 잘 받아 잘 산 나를 반납하는 현상이다.

얼마나 고마운지 아는가? 피도 빠지고 살도 썩고 뼛속에 든 골수도

다 빠지고 대뇌 소뇌에 가득 찬 뇌하수체도 다 빠져 내리는 것이다. 되돌려주고 되돌려 받는 현상이 죽음이다.

두려워하고 겁내지 마라. 이런 죽음은 공포의 대상이 아니다. 그러나 죽음 앞에 이르면 대개 무서워들 하는데 이유는 단 하나다. 죽으면 모든 게 끝나 이로서 다 버려야 한다는 삶의 애착이 강하기 때문이다.

또 죽음을 생각해 볼 이유 첫째는 가족과 헤어지는 것이다. 집을 떠나고 가지고 있던 지식과 재산을 다 버려야 한다.

손가락만 하나 잘려도 고통이고 노트북이나 휴대폰만 잃어버려도 서운한데 모든 것을 다 잃게 된다는 것은 팔다리가 잘리는 것과도 비교되지 않는다. 그러니 흔한 말로 삶의 모든 끈을 다 놓아야 한다는 마음을 비우는 일이 쉽지 않으니 문제다.

어떻게 모은 재산이며 얼마나 사랑했던 자식인데 버리고 나만 혼자 떠나 어디로 가는지도 모른다는 사실은 받아들이기 힘든 정도를 넘어 엄청난 고통이다. 아프다 아프다 해도 이보다 더 아픈 것은 없는 일이 맞다.

또 그냥 자다가 편안히 꿈꾸듯 나도 모르게 세상을 뜬다면 또 이해하고 받아들일 만할 것이다. 문제는 정신적인 고통보다 더 크게 느끼게 되는 것이 병들어 죽는 마지막의 육체적 고통이다. 아픈 것을 잘 참고 즐기는 육체는 없다. 아프니까 좋다는 말은 말도 아니다.

특히 세상을 떠나 데려가는 방법 중에는 교통사고, 중풍, 또는 암, 등등 많은데 어떤 것을 골라잡으라면 하나도 고를 게 없어 모두가 아프다는 것이 또 문제다.

그래서 소원이라고 자주 듣는 말이 앓지 말고 자다가 하룻밤에 아무런 고통 없이 죽기를 바라는 건데 백에 하나 천에 하나지 모두 다 죽음 직전 병마로 고통을 받다가 세상을 떠남으로 죽는 것은 무섭지 않은데 죽기까지의 과정이 더 무섭고 괴롭다는 말을 한다. 이것 참 옳은 말이다.

앓지 않고 어느 날 켁! 하고 죽으면 얼마나 좋을까만 그렇게 죽지 않고 흔한 말로 병마와 싸우는 투병기간이 길다는 것이 불만이다. 죽는 건 좋다. 죽기 전에가 문제라는 얘기다.

생각해 보면 태어날 때는 고통을 몰랐다. 어머니는 고통스러웠으나 태어나는 나는 아무런 고통을 느끼지 않고 태어났다. 학자들은 아기도 고통이 많다고는 한다. 그 좁은 문을 열고 나오려 아기도 몸부림을 친다는 말이며 그러니까 태어나자마자 고통의 울음을 터뜨린다는 말도 들린다, 그럴까?

그러나 세상 어느 누구도 태어날 때의 고통을 호소한 사람은 없다. 그때는 고통을 모르는 전신마취가 된 상태에서 태어난 건지 실제로 고통이 있었는데 기억이 남지 않았는지도 알지 못한다. 그렇다면 죽을 때도 태어날 때처럼 아예 자동마취가 되어 죽으면 얼마나 좋을까.

저자는 모른다. 세상 그 누구도 유식하다 하지 못할 것이다. 죽어 본 사람이 없는 이상 죽는 그 순간 어떻게 어디가 아픈지 어떤지를 말해줄 세상이 온다면 모를까 지금은 그런 세상이 아니니 죽은 자는 말이 없기 때문이다.

단, 저자는 미확인이고 주제넘지만 맞든 틀리든 이렇게는 말할 생각이다. 죽는 순간은 짧다는 것이다. 숨이 끊어지려 하기 시작하고 완전히 끊기는 데까지 걸리는 시간은 특별한 의료시설에 의지하지 않을 경우 길어야 10분이고 짧으면 2~3분밖에 걸리지 않는다는 것이 임종을 지켜 본 한 경험이다.

직접 숨이 끊기는 임종 현장은 잘해야 부모님 정도만 보게 되는데 평생 임종은 한 번도 경험하지 않은 사람도 있으므로 저자는 임종만 여섯 분을 지켜 많이 본 편에 든다고 볼 것이다. 그 결과 임종은 잠시다.

더불어 임종 자체에는 우리가 잘 아는 병에 걸려 당하는 고통보다는 매우 약하다는 것이다. 어찌 들릴지 모르겠으나 임종은 아프지 않게 보였다. 다시 말해서 임종에는 자연마취와도 같은 현상이 수반되게 보이더라고 본 것이다.

두 가지 경우였다. 눈을 내려뜨고 소리를 지르며 죽는 경우, 조용하게 잠을 자듯 숨이 멎는 경우였다. 그러나 시간은 짧아 거의 찰나에 지나지 않다. 그러므로 죽는 그 순간은 사실 무서움과는 상관없고 고통과도 크게 상관이 없다. 요컨대 1년을 앓다 죽거나 심하면 10여 년을 병상에서 병과 죽음과 내가 싸우다 죽는 경우가 문제다.

단 5분이면 숨이 넘어갈 일인데 그 5분이 빨리 오지 않고 더디게 오면서 1년, 5년을 엄청난 고통을 당하야 하는 문제가 풀 수 없고 손을 쓸 방법이 없다는 것이 문제다.

돈이 아무리 많아도 무통분만처럼 무통병자의 상태로 만들어 놓고 몇 년을 아프지 않게 하지는 못한다. 향후 그런 의술이 발달되어 실용화되기 전에는 돈도 돈이지만 사람을 마취상태처럼 무고통 상태에서 투병세월을 보내게 도와준다면 그로 인한 부작용의 문제까지 보완한다는 기대는 세대가 두세 번 바뀌면 모를까 아직은 생로병사에 대한 비밀의 열쇠는 우리 손에 잡히지 않았다.

TV에 '생로병사의 비밀'이라는 프로가 있으나 비밀 자체를 얼마나 파헤쳐 아는지는 모르겠으되 그 비밀을 풀어냈다 해도 무고통 병자의 무고통 비밀까지는 아직 넘어다 볼 정도에는 이르지 못했다고 보인다.

돈이 많든 적든 피치 못하는 것이 바로 고통이다. 육체의 고통만 풀 수 있다면 정신의 고통도 치료의 희망을 걸 텐데 아픈 걸 아프지 않게 하지 않는 진통제는 많아도 건강한 사람이 치통, 두통이나 생리통에 사용하는 주사약이나 진통제는 죽음을 향해 가야 하는 사람들과는 역시나 거리가 한참 멀다.

암으로 죽음을 맞은 이들에 대한 고통이야기를 자주 듣는다. 그러나 말만 들어서는 아마 절반도 느끼지 못할 것이다. 사는 것이 힘들다면 죽는 것도 힘이 든다는 얘긴데 삶이 힘든 것을 견뎌냈다면 피치 못하니 어쩔 것인가.

80대가 되면 자나 깨나 죽음을 생각하게 마련이다. 그렇다고 생각을 지우라고는 못 할 일이고 각오는 해야 한다는 말은 하고 싶다. 하지만 임종을 맞는 이들을 보았더니 모두 담담하더라는 것이다. 포기다.

아무것도 가져가지 못한다는 것을 안 이들의 포기는 절망과는 달랐다. 웃으며 맞지는 못하여도 화를 내고 죽음을 거부하지는 않더라는 것이다. 그래서 하는 말이다. 편안히 맞으라는 것이다.

사람이 죽을 때 추하기 쉽지만 추하지 않으려면 웃으면 좋겠다. 그렇게 될지를 장담하지는 못하나 그러겠다는 정도는 미리 생각해 둘 수 있을 것이다. 이처럼 둘 중 하나라고 했던 주제의 첫째가 바로 목계였다.

목계는 세상 풍광을 다 거친 담담함이다. 흥분하지 않고 민감하지 않은 것이다. 민감함의 언덕 넘어 에 목계가 있다. 예민함이나 민감함은 산자의 본능 반응이라 할 것이나 그 경지를 넘으면 목계의 경지에 이른다. 초연한 것이다. 애착을 버리는 것이다.

이기고 지는 것에도 무심하게 보이는 경지다. 모두 팔팔한 젊을 때의 기가 쇠한 현상이라 할지 모르겠으나 다르다. 기가 왕성한 지경을 넘어 유행어를 빌리면 나대지 않는 것이다. 돌부처럼 든든해지는 것이다.

그러다 보면 모자란 사람처럼 보여 대개는 무시하기 쉬우나 싸움닭의 투쟁심이 목계를 이기지 못한다.

인생 80년을 산 경륜과 지식이 최고 경지에 도달할 때 목계라는 영광의 면류관을 쓴다고 보면 맞을 것이다. 아니면 도로 애(아기)처럼 바뀌는 것이다. 저자의 모친이 86세로 세상을 떠나신 것이 벌써 25년이 지났건만 아직도 생생히 기억되는 것이 바로 천진난만함 그대로 도로 아기가 된 기억이다.

웃을 일도 아닌데 웃으셨다. 손자가 넘어져도 웃고 옷에 흙을 묻혀 들어와도 웃으셨다. 쫄쫄 비를 맞고 들어온 손자를 보고 왜 까르르르 숨이 넘어가게 웃으셨는지 하도 이상해서 치매가 온 줄 알았으나 치매도 아니었다. 오만사가 모두 즐겁다는 뜻일까.

이상한 일은 여간 예민한 모친이 아니셨는데 그 예민함이 모두 무디어지면서 부드러워진 것이다. 부부가 싸우는 것을 보고도 웃으시다니 처음엔 영문을 알지 못했다. 그러나 건건마다 재미있다 하셨다. "원래 그런 것이다" 그러면서 웃으시는데 같이 웃을 수밖에 더 있겠는가. 큰 아들 며느리가 어떻다든 등등의 투정은 전부 어디가고 없다. 작은 아들이 왜 그러는지 모르겠다고 툭툭 던지시던 불만도 다 없어졌다.

80세가 넘어 6년을 그렇게 사시다 돌아가시는 날까지도 웃음이 멎지 않으셨던 모친을 그때는 혹시나 잘못됐는가 걱정도 됐지만 그저 좋기만 할 뿐이고, 익숙해지자 같이 웃고 또 웃었는데 이제와 돌이켜보니 목계가 아니라 "도로아기"이셨던 것이다.

목계처럼 담담하거나 아기처럼 웃거나 바람직한데 현대 80대에서 또 하나 겁나는 것이 치매를 앓다 죽는 경우다. 치매가 얼마나 무서운 것인가는 상당히 알려졌다. 그렇게 무서운 치매를 예방하는 방법도 널리 알려졌다. 그러나 안 되는 사람은 그게 안 돼서 여지없이 치매에 빠진다.

때가 늦어 이제와 운동을 하라거나 손가락 발가락을 많이 사용하고 유산소운동과 뇌 운동을 하라는 것도 거의 불가능이다. 그래서 80대 부부에게는 정신문화연구시리즈마저도 딱히 선뜻 권할 것이 없다. 이제는 새로 시작하고 병을 막을 길을 찾아 인도하기도 어려운 일이다.

그럼에도 자식들이 하라는 대로 하지 않는다고 불만인데 그래서는 안 된다고 보이고 하시는 그대로 모실 뿐이고 아니면 요양병원에 모실 뿐이다.

그러나 후손들은 알아야 한다. 요양병원이라는 곳은 현대판 고려장의 기능도 있다는 점 알 것이다. 서로가 편한 것은 안다. 그러나 더 편하려면 돌아가셔야 한다.

말은 치료목적이라 해도 문제는 돌아기시지도 않으니 죽으라고 할 수도 없어 요양병원을 선택하는 것인데 퇴근길에 들려 뵙고 온다 한들 그 이상 어떤 묘수는 없는 것이 현실이다.

그러므로 80대 부부이야기는 부모보다 후손들이 들어 알아야 할 말이라 하고 싶다. 사람은 세 살 버릇 여든까지 간다는데 과장된 말이고, 적어도 3번의 주기가 있다. 30세까지에 한 번, 60세까지에 또 한 번, 그리고 90세에 이르기까지에 다시 한 번이다. 세 살 버릇은 30세까지 가고, 30살 적의 버릇은 60세까지 가는 것이고, 60세의 버릇이 바로 90세까지 간다는 것이 정신문화연구의 주장이다.

청년이 할 바가 있고 노년이 할 바가 있다. 여름이 지나자마자 늦여름에 이어 초가을이 온다면 봄에 할 일이 있고 여름에 할 일이 있는 것과 같다. 가을은 가을에 할 일이 있단 뜻이다. 가을은 추수의 계절이다. 추수란 무엇인가. 자녀들의 짝을 지어 주는 것이다. 60대에 짝짓기를 마치고 나면 곧 가을이 가고 겨울이 오는 것, 인생도 마찬가지다.

겨울은 추수해서 저장하는 계절이므로 秋收冬藏(추수동장)의 계절. 인생도 추수가 끝난 것이다.

이제는 겨울. 눈 내리고 얼어붙어 곡간에 뜰 양식을 쌓아두지 않으면 겨울과 같은 노년은 쫄쫄 굶다 죽어야 한다. 쫄쫄 굶는다는 말은 더럽고 추하게 늙고 치매로 고생하고 똥오줌을 못 가려 딸이라도 새끼들이 할머니한테 안기려 들면 막아 버린다.

아들도 몰라보고 며느리를 누구냐고 묻는 것이다. 밥을 즈면 이걸 밥이라고 주느냐면서 저년이 나 죽으라고 똥을 퍼다 줬다고 태연하게 헛소리를 하는 건 좋은데 불같이 상상도 못하게 화를 내고 살림을 뒤엎고 소리를 지르다 엉엉 울고 매우 사나워지는 현상이다.

먹어서는 안 되는 것을 먹겠다고 우기고 주는 것은 전부 악담을 하며 걷어차면 그런 노인이 집에 계셔 자식들 교육상 얼마나 나쁠까 하여 할 수없이 요양원에 보내기는 했으나 실은 문제덩어리였다. 두 손 두 발 다 들게 질리는 것이 바로 변비까지 와서 매번 관장을 해도 안 돼 손가락을 넣고 변을 파내야 한다.

파내지 않으면 죽는다고 악을 쓰는데 요양병원 간병인도 사람이거늘 자기 부모도 아닌 돈 때문에 그 짓을 한다지만 잡아 비틀고 완력을 안 쓸까. 제발 빨리 죽는 게 조상이 도와주는 거라는…… 말은 안 해도 생각은 그것뿐이다.

빨리 죽는 것도 잘 죽(사)는 것에 든다. '과연 이게 잘 죽은 것 맞나. 지긋지긋한 노인네…….' 정말 남편이라고 남편 대접을 해주고 싶다가도 정나미가 떨어지는 것은 악인인 탓이 아니라 인간은 다 그럴 수밖에 없다. 뒈지지 말고 돌아가셔야 한다.

저자의 동창생 중에 어려서부터 공부도 잘하고 얼굴도 예쁜 안 여사라고 있다. 구청에서 잘 챙기면 효부상을 줘야 할 안 여사는 하루 일과의 시작이 시어머니 관장하는 일이라더니 매일 관장약으로도 안 되어 손가락을 항문 안에 넣어 그 안에 뭉쳐진 돌덩이 같은 변을 파내는 일을 했다.

그렇게 섬유질 음식을 드려도 걷어차고 야채를 드시지 않아 뭉칠 대로 뭉친 변은 눈을 속이고 너무 많이 먹는 치매병 때문이다. 그래도 말한 것처럼 안 볼 때는 강압을 할까 하여(간병인들 죄송합니다)

요양병원에 끝내 보내지 않고 잘해야 1~2년일 거라고 시작하여 60
대가 넘도록 그 짓(?)을 했는데 결론은 늘 "저년이 나를 죽이려고 한
다"는 억울한 말만 듣는 거였다. 그리고 냄새가 나니까 목욕을 하루
에도 두 번, 세 번 시켰다 한다.

이제 80대 부부를 마친다. 더 젊은 60대부터 서둘러 80대를 준비하
라는 것이다. 치매만은 미리미리 막아야 한다. 이미 80대가 되어서는
못한다. 세 살 버릇은 소용없고 60대 나이에 80대를 준비하고 100세
를 준비해야 한다.

그러므로 정신문화연구시리즈는 '노인학'과 더불어 '임종학'이라
는 책을 쓸 것이다. 히말라야 산 등정에 준비 없이 어찌 성공하겠나.
대충 준비해서는 오르지도 못하고 오르다 죽는다.

/제21장/

이혼은 天逆(천역),
않고도 살 수 있다

오해와 신뢰론(誤解·信賴論)

　　　　　　　　10년 단위 세대별 『부부학 콘체르토』도 정점에 섰다. 무겁게 첨부하건대, 세상에 둘도 없는 둘이 하나가 된 부부라지만 부부가 이혼하면 이제껏 했던 말은 모두 다 메아리가 되어 허공에 흩어지고 만다는 말부터 시작한다.

　『부부학 콘체르토』에서 가장 중요한 것은 두말할 필요도 없이 첫째는 반으로 갈라지지 말고 같이 살아야지 아니면 무슨 말을 해도 귓전에 걸리지도 않아 소용없고 꿩도 매도 다 날아간 결과가 된다. 주지한바, 이 책은 잘 살라는 것이며 이혼을 막자는 데에 저술의 목적이 있다.

　어쨌든 부부는 천년이고 만년이라도 헤어지지 말고 같이 살아야 한다. 그래야 다른 말이 필요하지 아니면 아무짝에도 쓸데없는 헛소리다.

　이혼하지 마라. 싸우더라도 희망이 있다. 남편이 폭력을 휘둘러도 달라질 것이니 이혼만은 하지 말아야 한다. 참 시대에 뒤떨어진 말로 들릴지도 모르겠으나 이혼은 천역이다. 천역(天逆)이란 하늘을 거스르는 짓이다. 하늘을 거스르면 땅은 말할 것도 없이 어그러진다.

　이혼한 부부에게는 더 이상 부부로 살아야 하는 인간된 행복이 사라져 버린다. 이혼하고도 잘만 산다 하려느냐? 무슨 말인지는 아는데 참고 참고 또 참고 이혼만은 어떻게든지 막아야 한다는 것이 기본이다.

　허나 두 가지 경우가 있다. 하나는 내 의지로 안 되는 경우이며 하나는 내가 이혼 않고는 더 이상 견딜 수 없어 아무리 말려도 내가 하겠다고 하는 경우다.

　전자는 불가항력이고 후자도 인간의 한계여서 그렇다면 원론이 그렇다는 말로 더는 강요하지 않겠다. 싫다고 다 버리고 집을 나간 남편을 기다릴 만큼 기다렸다거나(반대도 마찬가지), 안 하려고 몸부림치다 치다 더는 술 먹고 행패부리고 가정에 무관심한 채 엇나가 도박이나 하고 빚은 늘어 날마다 싸우기만 하여 애들이 다 삐뚤어지게 생긴 상황이 한두 해도 아니라면 이혼하는 수밖에 없다. 천역인 줄 알지만 사는 것이 더 극심한 천역일 바에는 보다 천역이 적은 방법이 이혼이라면 해야지 어쩌겠는가.

　단, 누가 하란다고 하지는 말고, 세상이 그러하니 나라고 세상을 거스르고 사는 게 바보라고 하는, 조금이라도 자의가 아닌 타의에 의한 이혼이라면 좀 더 잘 생각하라 하고 싶다.

　이런 경우도 있다. 사고나 병으로 하나가 먼저 세상을 떠나 혼자 사는 경우다. 이 경우에도 20부까지 한 말에서는 쓸 말이 반 밖에 안 될 것이다. 이것도 불가항력이라 이혼과 다름없어 결론은 사별이지만 어쨌거나 반쪽으로 되돌아왔다는 점은 같다.

불쌍한 일이다. 이런저런 사연으로 이혼한다는 것 딱한 일이고, 어쩌다 배필이 먼저 세상을 떠났다는 것도 가슴 아픈 일이다. 다만 사별과 이혼은 많이 다르다. 현실 환경의 문제보다 보이지 않는 정신의 영역에서 다르다.

사별한 경우는 천역이 아니어서 사별한 그 누구와 재혼해도 스스로에게 기가 눌리지 않아 정신이 건강하다는 것이다.

그러나 이혼하고 재혼하면 아무리 잊으려 해도 이혼한 상대가 살아 있다면 재혼을 해도 피차 새로 만난 부부지간 자신이 먼저 떳떳함에 위축될 수 있다. 그러나 어디 요즘 세상이 꼭 그런가? 이혼하고도 더 행복하게 잘 사는 부부가 얼마나 많으냐는 것이다.

누구를 만났더니 하는 말이 "내가 평생 살면서 가장 잘한 일이 하나 있다면 그 인간하고 이혼한 것이다"라는 말을 들었다. 새로 만난 사람이 너무 좋고 전에 살던 사람과 어떻게 살았는지 모를 정도로 행복하다는 것이다.

그러냐 하고 축하한다 하고 말았지만 그건 1절이고 2절 3절······ 인간이란 겪어봐야 알고 겪어볼수록 장점보다 단점이 더 많이 보이게 돼 있으므로 저 마음이 죽는 날까지 같을지는 모르겠다는 생각은 아직도 한다.

사람이란 어디까지나 사람이다. 배고프면 먹어야 하고 먹으면 눕고 자고 싶고 자고 일이나면 화장실에 가게 돼 있다. 미스코리아라도 항문에서는 구린내가 나는 법이다. 처음에는 방귀도 달다면서 참지만 세월이 가다 보면 그의 장점이 그의 단점이 되기도 한다. 사람에 대해 기대하지 말아야 한다.

사람은 특별난 사람이란 없는데 특히 남편감이나 아내감 부부는 사람과 사람이 만나 사는 것이므로 때가 지나면 점점 단점이 더 크게 보일 우려가 있으니 그때를 또 잘 넘길 각오가 어떠냐는 점은 짚어주고 싶다.

부부가 사는 데는 정이 첫째지만 나중에는 정보다 돈이 첫째로 바뀐다. 돈이 다냐고 하지만 그건 쉽게 할 말이 아니다. 어떡하면 밥 못 먹고 사느냐 하지만 사람은 밥만 먹고 살지 않는다. 말 타면 종 두고 싶고 배부르면 졸리고 졸리면 만사가 귀찮은데 곁에서 흔들어 대면 귀찮을 때가 있는 그게 사람이다.

이혼에 대하여는 나름 누구나 다 아는 것이 있다. 저자가 이혼에 대해 아는 것은 "오해가 무섭다"는 것이다. 부부 사이를 병들게 하는 것의 으뜸은 신뢰가 무너지는 것이다. 거짓말 한다고 여겨질 때부터 부부 사이는 금이 간다. 거짓말 안 하면 된다는 말로 단순화하기 어려운 이유가 많다. 꼭 거짓말을 해야 될 경우도 있다.

누구랑 가서 왜 늦었느냐 할 때 무심코 있었던 사실을 그대로 말하면 쓸데없는 상상이나 할 것 같아 잘한다고 내뱉은 말이 "친구들끼리 갔지……"라고 하는 것인데, 그 친구 중 누가 뜻밖에도 유부녀와 만나는 줄 몰랐는데 부적절한 관계에서 유부녀들 서너 명이 동석하여 저녁 먹고 노래방을 가게 될 경우가 그렇다.

아예 저녁식사 자리부터 나는 모르는 여자들과 밥 먹지 않는다고 빠지지 못하다 결국 노래방까지 갔더니 한 여자가 "사장님 멋지시네~" 하며 블루스 한번 추자고 대들 때 "난 여자에게 안기는 것도, 안는 것도 싫은 사람이요" 하고 쉽게 떼밀어지나?

오다가다 한 번 만나고 말을 사이에 면박이라도 주면 공기가 이상해진다. "누가 연애하자는 것 아닙니다." 이렇게 나오면 난감해진다. 그러니까 간단하게 동창들이니 계원들이니 회사동료들과 밥만 먹고 왔다고 하는 것이 크게 싸울 일도 문제 될 일도 아니지 않은가? 그런데 오해라는 것이 쉽게 다스려지지 않으니 문제다.

어떻게 알았는지가 중요한 게 아니라 느닷없이 지난 토요일, 정말 친구들하고 저녁만 먹었느냐고 갑자기 다그칠 경우 사랑하기 때문에 표정관리가 참 어렵다. 끝까지 오리발을 내밀게 돼 있다. 안색이 변하면 안 되니까 힘들여 시치미를 뗀 것이다.

그런데 여자들이 3명 있었다는 것을 안 것이다. 누가 그러더냐고 해 봤자 "어쩌면 안색도 안 변하고 이렇게 뻔뻔하게 거짓말을 하느냐"라고 대들거나 울면 이제부터 오해가 커지는 것이다. 아무 일 없는데도 상상해서 다그친다. 생사람을 잡아도 유분수라 해봤자 점점 더 악화되고 만다.

거짓말을 얼마나 잘하는지 모른다고 나오면 한두 번 별 생각 없이 던진 말부터 꼬투리를 잡은 까닭에 진실을 이야기해도 거짓으로 밀어붙인다. 시작은 정말 아무것도 아니다. 그런데 나중에 보니 벽이 엄청 높아진 것이다.

아예 시나리오를 써 댄다. 이상했다는 억지인데 행동 하나하나 말 한마디 한마디를 전부 비틀고 오해하는 것이다. 부부 사이가 틈이 나는 것은 순간이다.

사실이 맞는 경우도 같다. 술이 너무 취해서 술기운에 너무 깊이 빠진 경우도 있다. 주로 비즈니스 관계로 교제용 술을 먹을 경우 소위 2차라는 말이 이거다.

그럴 때 2차를 갔었다 할까? 아니라 할까? 마누라 하고 살기 싫고 이혼할 생각이 아니라면 갔어도 안 갔다고 하게 마련이다. 악종인가? 악종이 아니라 후회하면서 일단 불을 키우지 말고 부부 사이를 지킨다고 한 거짓말이지 속이고 또 그 짓을 하기 위해 한 말이 아니다.

반대로도 생각해 보자. 사실 그대로 누구하고 어디 룸살롱에 가서 양주 100만 원어치 먹고 2차로 접대부와 어떤 호텔 몇 호실에서 외도를 했다고 하면 어떨까?

아내가 참 믿을 만하다 하고 더욱 사랑해 줄까? 부부가 이혼으로 갈 갈래길은 인생 3만 날(82년) 가운데 부부로 살아온 1만 5천 날에 1만 5천 번이나 있을 수도 있다.

재혼하고 이혼하기를 잘했다는 이여, 더 살아봐야 안다. 그놈이나 저놈이나 이놈이나 아예 방 안에 가둬 먹이고 붙어살면 모를까 세상을 산다면 바깥공기를 쐬는 순간 부부 사이에 필연 거짓말을 해야 될 일은 세지도 못한다.

이렇게 어려운 부부 사이를 『부부학 콘체르토』라고 쓴다는 것은 어리석은 일일수도 있다. 하지만 아무도 손을 대지 않고 피하기만 하니 저자가 나서는 것인데 몇 번을 그만둘까 하는 생각이 왜 들지 않았겠는가.

부부는 바람 같고 구름 같은 것이다. 가만히 꼼짝 못하게 붙들어 세울 수가 없는 사이다. 그런데도 백년해로가 가능한 사이라면 모순

일 수도 있으나 모순에도 이치가 있다.

정답은 이것이라고 수학처럼 말할 수 없으나 그 이치란 두루뭉술 대충 말하면 부부는 낱낱이 따지고 다 알면 못산다는 것이다.

그런가 하면 무관심하게 묻지도 따지지도 말아야 한다는 말도 틀린다. 이도 저도 아니게 들릴 것이나 차분히 말하면 오해의 이치를 알아야 한다.

오해가 신뢰를 허물면 사랑이 변한다. 앞서 말한 노래방이나 2차나 남편은 옳았다. 그러면 아내가 잘못이냐고 서둘지 말아야 한다. 우선 남편이나 아내나 각각의 생활이 있고 처한 환경이 있다는 것을 알아야 한다. 지혜가 있어야 한다는 것이며『부부학 콘체르토』에서 말한 지식이 있어야 한다는 뜻이다.

『부부학 콘체르토』는 이혼사유에 대해 현재는 오해와 신뢰만을 짚는 중인데 말고도 부부를 이혼하게 만드는 원인은 많다. 아내의 경우도 방안에만 갇혀 살지 않고 밖에 나가야 할 일이 있다. 무슨 장에 가서 시간이 그렇게 오래 걸렸느냐고 따지고 들어오면 남편이 죽일 놈이 아니다.

실제로 오래 걸리지 않은 경우도 있고 사실 너무 오래 걸린 경우도 있게 마련이다. 오래 걸리지도 않았는데 오래 걸렸다 해도 문제지만, 정말 오래 걸렸는데 왜 오래 걸렸느냐고 일체 묻지 않아도 또 문제가 된다.

앞서 말한 것처럼 아내의 경우도 친구들과 점심 먹을 일도 생기고 뒤집어보면 아내가 앞서 말한 남편이 되고 남편이 아내의 경우가 되기도 한다.

그러면 이제부터는 남편이 아내가 이상하다고 오해한다. 이상하지도 않건만 이상하게 몰고 갈 경우가 있다 스스로 생각해도 남편이 화낼 짓을 했더라도 거짓말은 아내가 하고 안색도 변치 않은 사람은 아내가 될 수도 있다.

더 나쁜 경우도 있다. 사람은 늘 같으면 살(피부접촉: 성욕)맛을 잃는다. 그날이 그날이고 늘 무변화의 삶이라면 어떤가? 따분하고 지루하고 심심해도 평생 참을 사람 있나?

병중에 큰 병은 심심(한)병이고 따분증이다. 사람이 집에 있을 때도 있고 밖에 나갈 때도 있고 여자라고 청소하고 밥만 하고 살라면 숨막혀 살 사람 없다.

심심병은 늘 뭔가 다른 것을 찾는다. 나가 다니며 누굴 만나기도 하고 식당도 가고 요즘 대다수가 다니는 노래방도 가는 것이고 술, 이 술도 한 잔씩 할 수도 있는 일이다. 정말 하나님이 미운 것은 왜 부부를 이렇게 복잡하게 만들었는지 불만이다.

싸울 일이 너무 많고 따질 일도 많은 것이며, 왜 툭하면 화내고 삐치고 어디 이러려고 결혼한 건 아니지 않는가? 그런데 정신적으로 압박을 지나치게 받다보면 사람이 돌(미칠) 지경이다. 차라리 미친년이 되거나 아니면 넋 빠진 사람이 되라는 건지 당체 왜 시집을 왔나 모르고 후회될 때가 많다. 답은 먼저 이러하다는 원리를 잘 아는 것이다. 남편은 그렇고 아내는 이렇다는 각자의 심리지식을 터득해야 한다.

남성학이나 여성학은 상대를 잘 알라는 것이며 알아야 할 이유는 그래야 부부로 잘 살고 이혼하는 상황을 막을 수 있다는 학문이다. 그럼 남성학에서 말한 남성은 어떻다는 것이며 여성학은 무엇을 말한 것인가.

가장 남자다운 것은 가정을 지키고 아내로부터 오해를 받지 않는 것이며, 가장 여성적이라 하는 것은 남성이 사랑하기에 좋은 여성이란 무엇인가를 가르치는 것이니 어렵다마는 이것은 전부 상대를 아는 것이다.

부부로 사는 데는 낭패를 막는 자기관리가 기본이다. 어떻게 하면 자기관리를 잘하는 것인지 머리 아픈가? 머리 아파하지만 말고 기왕 시작하였으니 이마를 질끈 동여매고 생각해 보자. 오해하지 않는지 수시로 살피라는 것이다. 오해가 자라면 간통현장을 본 것보다 더 무섭다.

일단 남편이고 아내고 금도를 넘지 말아야 한다. 과다한 술자리는 피하는 게 상책이다. 술이라는 음식은 참 대단하여 부부로 맺은 엄청난 끈을 자르고 가르는 힘이 있다.

그러나 술 안 먹고 어떻게 사느냐 하면 저자도 말이 막힌다. 하지만 진정 술 안 먹고 살면 부부 이혼율은 절반도 더 줄어든다. 그래도 절대 술은 못 끊는다면 술자리에서 그어야 할 금이 있다. 술버릇 참 어려운 얘기지만 술 먹는 원칙을 법처럼 정해야 한다.

과음하지 말고 이성과 동석하지 않으면 술맛이 없다는 그릇된 생각을 깨야 한다. 그런 자리는 박차고 일어설 게 아니라 부드럽게 사양할 수 있어야 건강에도 좋고 부부에게는 이게 제일 좋은 보약이다.

현실 한국은 자살률 세계 1위로부터 음주량도 1위다. 그러다 보니 이혼율도 1위가 됐다. 만약 술 문화가 바뀐다면 이혼율은 절반으로 줄어들 것이다. 안 먹는 게 제일 좋지만 자식도 마음대로 안 되는 것을 정신문화 할아비라도 술 끊으라 하진 못한다.

다만 술 습관을 바꿀 수는 있다는 것이다. 알 것이다. 술 끊고도 싶고 줄이고 싶고 오래 끌지 않고 싶다는 것은 다 알 것이다. 알지만 안 되는 것이 습관이다. '담배 끊어라, 술 끊어라, 도박 끊어라, 그 버릇 고쳐라……' 참말로 헛소리다. 애들도 아니고 하나마나한 말을 무엇 때문에 할까.

허나 생각해 보면 술로 인해 부부가 멀어지고 오해하고 애들이 삐뚤어지고 건강 망치고 이혼의 위기도 온다면 술을 마시더라도 정신은 차려야 한다.

특히 남편들의 경우 저자도 남자이므로 장담해도 될 말이 있다. 술김에 2차 가고 이건 다 술 핑계라고 대드는 아내의 말은 맞지만 남편들의 2차나 외도는 아내 사랑과는 다른 감정이다.

사랑에도 질이 있고 품격이 있다. 100점짜리가 있고 50점짜리도 있다. 이게 남자다.

2차가는 여자와 부부되어 살고 싶어 갔는가? 그런 남자는 없다고 장담하고 싶은데 여자들은 이점 이해하지 못한다.

남자는 남자인 자신을 나는 남자라고 무한대로 확인하고 드러내는 나쁜 본능이 있다. 되나마나 씨를 뿌리려 하고 뿌리고 나면 기억도 않는 특성이 있는데 여자는 역시 변명이나 핑계로 보고 악성으로 보는데 진실은 아내 사랑 다르고 2차 사랑이 다르다. 그건 괜히 간 거라고 하는 말도 안 되는 소리를 할 때 여자들은 미치고 환장하는 것이다.

여자의 본성은 또 다르다. 씨를 받으면 받고 버리는 것이 아니라 받아 키우는 1절보다 2절에 더 큰 비중을 둔다. 그래서 여자가 바람이 나면 돌아오지 않는다는 말은 통설이 아니라 과학이다.

남자는 사정하면 끝나나 여자는 받고 품어 기르고 낳는 데까지 전부가 남자의 단 몇 초의 사정과 동일한 의식이다. 그러므로 남자의 외도가 가정을 깨는 원인이 된다는 말은 남편이 외도하면 아내의 상처가 럭비 볼처럼 예상 밖으로 튕겨져 나가는 상황으로 연결된다는 말이다.

남자는 바람피우지 않아도 되는 존재고 반대로 바람을 피워도 되는 참 이상한 본성이 있다. 스스로에게 아무런 책임 자체를 느끼지 않아 이를 건성이라 한다.

건성은 진정의 반대이며 위선이다. 남자는 무책임하게 방사한다. 그러나 그게 원인이 되어 아내가 오해하는 것인데 오해의 실체를 뜯어보면 저 사람은 나를 사랑하지 않고 아내로 보지도 않고 가정을 가정으로 보지도 않고 2차에 눈이 멀어 자식도 안중에 없고 이미 이혼할 각오가 끝난 사람이라고 줄을 줄줄 달아버리는 것이다. 그래서 정이 떨어지고 이혼을 결심하게 된다.

그러면 이때 남자는 깜짝 놀란다. 내가 이혼할 꿈도 꾼 일 없다 거나, 당신을 여전히 사랑하고 가정과 애들이 최고라고 하는 이치에 맞지도 않는 말을 떠벌리는데 남자의 입장에서는 이치에 맞는 말이지만, 여자의 입장에서는 인간도 아닌 사람으로 보여 악마같이 느껴지는 것이다.

다시 왜 이렇게 되었는지 그 첫 원인을 분석해 보면 바로 술 관리 잘못이 제일 크고 다음은 아내를 너무 믿고 거짓말을 한 것이고 다음은 아내가 마음에도 없는 생사람 잡는 말을 하니까 점점 더 머리가 복잡해지면서 원인을 없애는 게 아니라 점점 더 늘려가게 되면서 틈

새와 간격(사이 관리 미숙)이 너무 크게 벌어져 이혼 지경에 오는 것이다.

저자가 자주하는 말에 '여자가 더 잘 만들어진 창조물'이라는 말이 있다. 남자는 여자에 비해 대충 만들어진 것이 분명하다. 바람은 자신이 피우고 일은 자기가 더 악화시켰으면서도 막상 이혼장에 도장을 찍게라도 되면 억울해 하는 것이다. 다시 한 번 이혼만은 하지 말자면서 원하는 대로 다 해준다고 헛소리를 한다.

이미 다 쏟아진 물인 줄도 모르는 것이다. 왜냐고? 자기는 변한 사실이 없다는 이중인격자 같은 생각의 틀을 못 깨는 것이다.

지금도 아내가 최고고 다른 여자는 싫다는 것이다. 물론 나가서 살림까지 차려놓고 넌 필요 없으니 이혼하고 가라는 남자도 있지만 수는 적다. 열에 아홉은 자기가 왜 아내와 이혼해야 되는지를 자신도 모른다. 왜냐하면 지금도 사랑한다는 것인데 말이 안 되게 들려도 이게 진실이다.

여자의 경우는 많이 다르다. 여자도 바람은 난다. 남자처럼 술김에 인사불성 되어 술로 실수한 경우 빼고는 여자가 바람이 났다 하면 대개는 그 남자에게 속은 경우가 제일 많고, 다음은 완전히 마음이 돌아선 경우다.

남자에게 이제 말한 그런 부실한 면이 있다면 여자의 경우는 허영심에 자기가 자기에게 깜빡 속아 넘어가는 경우다. 사랑을 착각하는 것이다. 어떤 착각인지 얼마나 알고 짚을까 모르겠으나 첫째는 남편한테 질려 버리고도 또 다른 남자의 면모 등에 속는 것이다.

남편이 집밖에 모르고 일만 알고 놀 즐도 모르고 어디 한번 가자고도 않고 돈만 쌓는다면 완벽하게 봐야 하는데 속 터지는 남자로 본다. 그래도 이런 남편은 일단 경제력이 있으므로 여자가 변심할 여지는 적으나 그래도 그런 경우가 있다면 그 돈을 가지고 다른 멋진 남자와 만나는 경우다.

역시 아주 드문 경우지만 술도 잘 먹고 술 먹으면 활발하게 춤도 잘 추고 소위 기백이 있고 카리스마가 넘쳐 밀음직한 남자. 경우에 따라서는 주먹깨나 쓰는 음지의 사나이를 대장부 기질의 멋진 남자로 착각하는 것이다.

그런 남자에게 술로 인사불성 되어서라도 몸 한번 줬다가는 세상이 이런 천국인줄 몰랐더니 완전 오르가즘에 빠져드는데 남자의 테크닉이 아니라 자기가 만든 착각성 자기도취다.

이런 점에서 판단력이 남자만 못한 것이 여자다. 남자는 천하절색 미인이 아무리 색을 잘 써도 속지 않고 아내에게서 떨어지지 않아 반댄데 여자는 또 반대다.

이렇게 보면 남자가 참 어리석다 하겠으나 여자가 더 어리석다. 말을 바꾸면 남자는 멍청하고 여자는 바코라 하겠는데 둘 다 같은 말이라도 좋다.

다음은 남자가 경제력도 없으면서 멍청하면 여자는 또 어떤가. 돈 있는 남자에게 약하다. 남자들? 돈 있으면 돈 잘 쓰는 게 본능이다.

남자란 특히 새 여자에게는 간도 빼준다. 그러면 여자는 역시 환상에 빠진다. 가뜩이나 남편이 배신했다고 느끼는(오해) 중인데 남자가 능력 있는 사람이다 보니, 게다가 자기에게는 아낄 사람이 아니라고 보이니 이참 저참 일을 내는 것이다.

상스럽지만 『부부학 콘체르토』니까 노골적으로 말하랴? 남자는 내 여자(아내)가 아니면 몸을 아끼지 않고 충성한다. 찌르고 돌리고 기술력이 백배 증가하는 본능의 동물이 남자다.

남편은 대충 때우고 나가떨어지는데 새 남자는 최선을 다한다. 다시 황홀경에 빠져 그대로 굴러 떨어지는 것이 여자다. 내 여자가 돼보면 1년도 안 가 그놈이 더 시원찮아지는 이유는 남자는 그릇이 바뀌면 초능력을 발휘하게 되는 본능 탓이다.

돈 있겠다, 일(?) 잘 하겠다, 다정하겠다, 말이나 행동은 남편과 반대겠다, 어디서 이런 남자가 있었나 싶은 대단한 착각을 하는 건데 이게 바로 자기가 자기 자신에게 속는 현상이다.

허나 진실은 그놈도 별수 없다. 그래서 한 번 이혼하면 두 번은 자동이다. 그러나 결론은 뻔하다. 남자란 일단 따먹고 나면 구두쇠로 변한다는 것이다. 살림이라도 차리고 보면 남자들 돈 안 쓴다. 시쳇말에 잡은 고기 떡밥 줄 바보가 없다는 말이 정답이다.

일단 돈을 뿌리고 기술을 다 동원하는 이유는 낚시로 비유하면 떡밥, 미끼를 다는 것이다. 잡으려고 온갖 수작을 다 동원하지만 상대가 독신 남성이라도 일단 남편 버리고 애들 버리고 나와 같이 산다고 하면 남자의 절반은 변해 있다.

드디어 도장 찍고 나와 살림을 차리면 벽창호로 변한다. 여자들이여, 하늘이 맺어준 이유가 있다. 하늘을 거역하고도 행복하리라 믿는 생각자체가 어리석은 바보다.

이 정도 가지고 천역을 막을 방책이라 하기에는 많이 부족한 줄 안다마는, 정리를 해보면 이혼하지 않을 됴방이 많다. 우선 남자의 거짓말은 별것 아니다. 웃음으로 받아 넘겨도 문제되지 않고 부부 정은 더 깊어지고 사이는 더 좋아질 수 있다. 마찬가지로 남자의 2차도 별것 아니다. 그것은 진정이 아닌 겉바람이고 마음은 아내에게 깊이 꽂힌 그대로다.

여자가 잘못 바람이 났어도 마찬가지다. 한번 실수이거나 무조건 착각이다. 이혼하자 하면 이미 때가 늦었으나 알 건 알아야 한다. 아내가 내게 오죽이나 실망했으면 이 지경이 됐는지 돌아보면 아내가 돌아보는 남편을 다는 몰라도 절반은 안다. 화낼 일도 아니고 구타할 일도 아니고 자기 탓이다.

천역을 막으려 해도 막판 벼랑에서 뛰어 몸이 공중에 떠 버렸을 때는 늦었다. 그러나 뛰어내릴까 말까 준비하는 기간은 길다. 바로 이때 이런 이치를 깨달아 사전에 부부가 서로를 깊이 이해하는 방향으로 풀어야 한다.

하지만, 이제 이미 볼 장 다 보고 이혼한 부부라면 무어라 할까. 가서 잘 살거든 살게 두고 마음을 접으라 하랴?

재혼을 하든 않든 술은 끊거나 줄이고 습관은 바꿔야 한다. 혹여 수 삼년이 지났는데도 보니 역시나 둘 다 잘 살지도 못하고 그 모양 그 꼴이거든 만나서 재결합을 시도해 볼 일이다.

그래도 안 되면 할 수 없다. 다만, 이혼했더라도 이혼한 상태에서의 천리(하늘이 이치)는 실존하니 더 이상은 천역이라도 범하지는 말 일이다.

/제22장/

5년마다 결혼식을
올려라

회혼식을 맞으며 사는 부부를 본다

이제 다음 23장을 끝으로 신개념정신문화연구시리즈 『부부학 콘체르토』를 마칠 것이다. 『부부학 콘체르토』가 하고자 하는 말을 한마디로 요약하라면 백년해로 하되 서로가 감사하며 행복하고 건강하게 죽 살아야 한다는 것이다. 이때의 건강함이란 몸과 마음이며 바로 이 마음이라는 것이 정신적인 건강이다.

부부사랑도우미 『부부학 콘체르토』를 마치견서 우선 저자가 앞세울 메시지가(말이) 있으니 읽고 가자.

♡♡

"동자은, 진산벽, 홍금회……." 처음 듣는 말일 것도 같아 기억하기 좋게 머리글자만 따서 쓴 부부행복을 위한 저자 추천 '엔젤 가이드'다. 단 9개의 저 단어가 뭔가 싶어도 이제 독자(부부)들 머리에 저장부터 한다는 생각을 해 보기 바란다.

'동자은'이란 '동혼식→자기혼식→실버혼식'이라고 하는 부부가 첫

결혼식을 마치고 15년차부터 매 5년 주기로 올리는 부부행복가이
드를 말하고, '진산벽'이란 '진주혼식→산호혼식→벽옥혼식'을 세
글자로 줄인 것이며, '홍금회'란 '홍옥혼식→금혼식→회혼식'을 세
글자로 줄인 것으로서 모두 9글자밖에 안 되니까 돌돌 외우고 그대
로 살기를 바라는 독자사랑과 저자의 후손들에게도 내리는 명이다.

이렇게 적극 추천하는 부부행복 실천 강령(꿀단지)은 이 책 22부의
결론이다. 이는 신혼 첫 결혼으로부터 시작하여 독자 여러분에게
(저자의 아들딸 후손 포함)같은 부부가 열 번의 예식을 올리라는
부탁이고 명령이다. 이때 무슨 결혼식을 열 번이나 올리느냐고 이
의를 제기하지 말 것은 이게 부모와 천지신명이 원하고 바라는 것
은 이게 진심이라는 점 때문이다.

부모는 일편단심 내 아들 내 며느리가 죽을 때까지 행복하게 살기
바란다. 꿈에도 상상하기 싫은 것이 내 아들 며느리가 갈라져 이혼
하는 경우로서 이건 절대 반대, 백년 천년 만년 천국에 가서도 부
부로 살기를 바라는 이것이 부모의 진심이며 100% 하나님의 마음
이고 천지신명과 조상님의 마음이다. 여기서 엇나가면 그건 물어볼
것도 없이 마귀의 심성이다.

헛소리라도 이혼하라 하면 그건 마귀다. 가령 누군가가 상담에서
웃자고, 또는 깨우침을 주기위해, 인용문이나 사례적 비유로, 혹은
사고의 폭을 넓혀주기 위해서라도 "그까짓 거 뭐 이혼하지 왜 그러
고 사느냐?" 한다면 천사의 말이 아니거나 턱 미치지 못하는 소리다.
서문에서 말한 세 가지 – 행복하냐, 참고 마지못해 사냐, 이혼할까
망설이냐 – 의 문제에 부딪쳐 누군가를 만나 상담하더라도 이 점만
은 꼭 명심해야 한다. "그런 남편하고 더 살고 싶어요?" "더 살면
행복할거 같아요?" "차라리 혼자 사는 게 낫다는 생각은 들지 않아
요?" "그러면 뭐 혼자 살지 왜 그러고 살아요?" 이런 말은 천사의
말이 아니다.
자식문제를 놓고도 "아들 나이 스무 살이 넘었지요?" "나이가 서른
살이 넘었으면 제가 알아서 해야지 신경 쓴다고 돼요?" "돈 있으면
대주든지, 그러니까 일을 하지 않잖아요?"라는 말도 천사의 말에는
미치지 못한다.
이유가 뭔가? 천지신명이나 짝지은 하늘이 부부로 맺어주고 부모
가 평생 기도한 것은 갈등과 고초로 괴로워도 부부는 같이 살고 죽

어도 한집 귀신이 되고 죽어서도 같이 손잡고 천국에 둘이 같이 오라고 하는 것이 진심으로 바라는 것이라고 하는 까닭에서다.

"소나 말이나 개미가 이런 문제로 고민하고 살까요?" "짐승도 그런 고민 않고 사는데 사람이 왜 짐승만도 못한 고민을 하지요?"라는 물음도 천사의 말이 아니다. 사람은 짐승과 달라 동물성이 아닌 인간성을 부여받아(품부) 짐승에 견주면 맞지 않는다. 사람이니까 이런 고민을 하고 그런 고민의 굴레에서 짐승처럼 훌훌 벗어내 던지지 않는 인간성이 엄존하는 건데 이걸 내던지라는 말은 천사의 말이 아니다(품위학 참조).

아들 나이가 서른 마흔이 넘었을지라도 신경 쓰지도 않고 돈도 대주지 말고 아예 코드 뽑고 스위치 빼라는 말은 절대적 천사의 말에서 멀다.

늙은 부모라면 응당 자식에게 보호받고 부추김을 받아야 하는 것 맞지만 다 버려도 부모는 자식을 위하여 기도하는 일(신경 쓰는 일)까지 던져버리면 짐승이 아니니까 그르다는 이유에서다.

아들의 나이가 환갑을 넘고 부모는 100살이 되어도 하나님의 본성 그대로 자식에게서 코드 뭉치를 빼서는 안 되고 기도를 끊어서도 안 되는 이것이 하나님의 마음이며 이게 인간닫이 가진 동물과 차별된 동물성의 반대말인 '인간성'이다.

그런데도 이걸 버리고 끊고 접으라고 한다면 역효과, 역설, 이를테면 못 알아들으니까 찌르는 말로 깨닫게 하기 위한 비유 등등으로의 인용·적용은 할 말이지만 상담의 결정 판결문으로 주거든 그대로 받지는 말아야 한다. 『부부학 콘체르토』가 만능이라는 말이 아니며 부부를 만든 천지의 조화와 뜻과 인연과 섭리를 더 중히 여기라는 뜻이다.

부부는 부부로 만난 것 자체가 감사다.(제1장 참조) 이렇게 만난 부부가 살다보면 산전수전 다 겪게 된다. 갈라질 이유도 많고 사랑하고 받을 이유도 무수히 많다.

핵심은 그 모든 것의 근본은 태어나 부부로 만나 산다는 것에 대하여 감사함이 마땅하다. 싸운 것도 행복을 위해서였고 오해도 행복하게 잘 살고 싶은 마음에서 일어난 것이고 거짓말이나 행동은 물론 때로 술 취해 들어온 것도 부부로서 행복하게 살고 싶은 기본욕망의 또 다른 표현이었을 뿐 갈라지고 이혼하고 싶은 뜻은 아니었다.

그러니까 부부가 된 것이고 지금도 산다. 그 모든 사연들을 가슴에 담고 그래도 산다면 부부는 감사의 극치가 응집된 존재다. 그러니까 평생 신혼 첫 결혼의 마음으로 서양 청교도들이 기독교 사상에서 전래된 "동자은진산벽홍금회" 예식을 감사의 열매로 부모와 조상과 하늘에 바치는 삶을 살라는 것이 천사의 마음으로 쓴 이 책『부부학 콘체르토』의 결론이므로 독자와 저자의 후손들 모두가 받으라는 말이다.

참고로, 저자의 아들딸 내외는 아직 동혼식이 좀 남았다. 아들은 2017년 10월 17일이고 딸은 2019년 10월 19일이 각각 15년이 되어 첫 동혼식을 맞는 날이다.

부부도 직장과 마찬가지다. 아무리 좋은 직장에 들어갔어도 들어가서 제대로 못 견디고 옷을 벗으면 허사다. 부부 역시 아무리 사랑하여 결혼했어도 어느 날부터 사랑이 식고 정이 내려가면 엄청난 불행이다. 반대로 올라가야 한다.

살수록 정이 도타워지고 볼수록 결혼하기를 잘했다 해야지 청년시절 얼떨결 결혼하고 아이를 낳아 물리지는 못하는데 정은 떨어져 살기는 살아도 사는 게 힘이 든다면 참 불행한 일이다. 그러니까 본서 이『부부학 콘체르토』는 단정적으로 말한 것이다. 부부는 가꾸기 나름이라는 것이다.

정도 관리해야 한다. 기계만 그런 게 아니라 사랑도 다듬고+쓸고+닦고+조이고+기름을 쳐야 한다. 키워야 한다. 결혼할 때보나 갈수록 더 잘해서 좋아져야 한다.

그것을 확인하라고 하는 게 '동자은→진산벽→홍금회'라고 하는 9개의 글자인데 자, 이제 그러면 말미에 다시 짚기로 하고 다음으로 가자.

♡ ♡

TV이야기부터 시작한다. 어느 집이고 TV 없는 집이 없는 지금 적정되는 것은 부부가 부부로 사는 데 있어 부부와 TV의 생활환경이 백년해로를 도와주지 않는다는 문제다. 이 점에서 도와주어야 할 환경이라 하면 가장 큰 도움을 요청받고 싶은 것이 연속극·드라마라 부르는 TV지만 도움대신 훼방꾼이 되니 여기서부터 생각해 보자.

지금은 TV가 부부처럼 가까운 세월이다. 모든 유행과 풍속, 그리고 부부의 문화까지 직·간접 TV드라마의 영향을 받는다. 부부싸움은 다반사고 이혼도 불사하는 드라마는 나도 이혼할 생각을 부추기는 면이 있다.

싸우는 모습도 마찬가지다. 보통 부부라면 문제가 되지도 않을 것도 문제가 되어 TV에서 부부가 싸운다. 이럴 때는 어떻게 무어라 주장하며 싸우는지 싸우는 방법도 세세하게도 알려 까지 주고 있다.

자신은 몰랐던 문제도 드라마에 보면 중요한 문제여서 드라마 얘기를 하다가도 싸운다. 하여간 TV드라마가 부부싸움의 본을 보여주고 선생처럼 잘 가르쳐 준다.

참고 살면 바보라는 것을 세뇌시키기도 한다. 의심하지 않던 문제도 그냥 넘어가면 안 된다는 것도 실습까지 시켜준다. 그러니 부부의 선생님은 드라마 속에 나오는 가상부부들이다.

그러고도 비교하게 만들고 상대적 박탈감과 피해의식도 일깨워 준다. 좋은 집에 좋은 차에 좋은 옷에 으리으리하게 잘 사는 집이라면 싸울 일이 없을 것 같아 보이는데도 TV는 그래도 싸운다.

시부모님 문제에도 스승이 되어 준다. 막 싸우라는 것이다. 세월이 지금은 변했다고도 부추긴다. 외도문제, 음주관련, 직장여직원과의 관계, 가정에 무관심한 줄 몰랐는데 이런 저런 문제들이 모두 마땅히 싸워야 할 문제라고 자세하게 알려도 준다.

이해하라는 것이 아니라 반드시 따지라는 것이다. 착하게 살면 바보 되니 야무지고 똑 부러지는 똑순이같이 할 말하고 살라고 의식을 흔들어 버린다.

어쩌다 한 번도 아니고 1년 365일 수년 동안 보고 듣는 것이 전부 싸우는 이유를 교육하고 방법도 구체적이다. 그러니 순진한 부부들이 정신이 번쩍 들어 아무렇지도 않게 싸우는 것이다. TV에서도 이러면 싸우더라는 의식이 굳었다.

나를 저렇게 살게 해주지도 못한 무능한 남편주제에 하는 행동이 이게 뭐며 말이라도 그럴 수밖에 없느냐는 생각이 뇌리에 박히는 줄도 모르는 사이에 박힌 것이다.

저자가 드라마나 시청자 된 독자들 이해를 못해 벽창호처럼 하는 말은 아니다. 결론은 그게 아니라고 해도 결론이 드라마가 막을 내리는 6개월 정도 후 하루 이틀로 문을 닫아 의식이 깨닫지 못하고 6개월 내내 싸우는 모습만 보여주는 것이다.

말하자면 천사론이라 할 것인데, 천사를 설명하자니 마귀와 다른 점이 이러하다고 설명하는 과정이 길고 세세한 까닭에 체질에 배는 것이 싸우는 모습으로 박히는 역효과 현상이다.

달리 말하면 재작년 불특정 다수를 겨냥한 서울역 물품보관함 폭발물 설치사건에 비유된다.

공공의 다중시설에 폭발물을 설치하는 것이 범죄행위이며 그런 범죄의 대가는 인생을 부러뜨린다고 하면 될 일인데, 그 말은 몇 개월 지나 언론에 한두 줄로 나오고 일단 사건이 터지는 순간 그 사건의 전모를 확대하여 상세하게 알려주는 것이다.

어디서, 어떻게, 폭발물을 구하고 설치했는가에 대한 보도가 너무 세밀하다 보니 가뜩이나 사회 불만을 가진 몇몇이 같은 방법을 힌트로 얻어 모방범죄 행위를 자세하게 배워 죄가 줄을 잇는 현상과 같다.

천사의 결론은 점 하나만 찍고, 마귀 설명은 책 한 권을 만들어 세상을 오염시키는 역효과가 드라마의 부정적 요소라는 뜻이다.

드라마는 모든 국민이 숨을 죽이고 타라보며 심취의 정도를 넘어 아예 종속의식을 이끌어 병들게 하는 현상이 두드러지다. 그러므로 부부를 지키려면 드라마를 잘 만들어야 한다. 재미의 최정상이 무엇인고 하면 그것은 부부싸움을 구경하는 것이란다. 부부싸움은 무의식적으로 넋을 잃게 만드는 묘한 구경거리 중에 으뜸이다.

그러니까 시부모는 무시하고 장모님은 깜빡 죽는 이상한 짓이 이상한 게 아니라 그렇게 안 하는 것이 이상한 거꾸로 몰고 가는 현상이 드라마의 부작용이라 하겠다. 이 중요한 책에다 웬 드라마 얘기를 꺼내느냐 하지 말아야 한다.

드라마는 시청률이 20~40%라 그대로 계산한다면 국민 5천만에서 매일 2천만이 본다는 뜻이고, 150회를 한다면 누계 30억이 봤다는 얘기다.

국민, 특히 부부들이 부부로 사는 데 있어 드라마의 영향은 받는 줄도 받은 줄도 모르면서 세상을 지배한 것이 현실 TV드라마라는 사실은 정신문화연구시리즈에서 말하지 않고 넘어갈 수가 없는 사회병리와 부부병리 치료·처방상 매우 중요하기 때문이다.

부부가 건강해야 아이가 건강하고, 아이가 건강해야 청년이 건강하고, 청년이 건강해야 국민 모두가 건강해진다. 그것은 바로 국력의 근본이다. 나라가 무너지듯 누더기가 되는 가장 효과적 파괴 방법은 드라마 작가도 모르는 사이 드라마에 친 독약이 하는 짓이다.

화학무기처럼 부부를 병들게 하는 드라마의 역작용은 백번을 말해도 부족하다. 이에 아니라 해도 드라마 작가와 감독은 국민의 선생이다.

대학 강단의 교수는 50명이나 100명을 놓고 강의하지만 드라마 작가는 시청률이 20%대라면 한 시간 강의에 1,000만 명을 병들게 할 수도 있고 부부싸움이 일어나게도 만든다.

누가 조사를 해봤나 모르겠으나 국민의식조사를 드라마 중심으로 해보면 자신도 모르는 사이에 피가 바뀐 자신에게 놀랄 일이다. 모두가 드라마 속의 주인공과 같은 말을 하고 같은 사고를 하고 같은 부류의 부부싸움을 한다.

저자는 앞뒤가 막힌 사람은 아니다. 작가도 사람이고 초능력을 기대하지 못한다는 것과, 드라마도 존재할 목적이라 할 재미성과 시청률을 무시하지 못하고, 그래야 광고주가 따라붙고 시청자가 관심을 기울인다는 정도는 물론, 작가와 감독의 입장을 아예 무식하게 이해를 못하지도 않는다. 다만 통계가 없을 따름이지 드라마가 수많은 부부를 싸우게 했다. 이혼도 부추겼다.

반사회적으로 오게 하여 미풍양속을 수없이 몰아낸 것도 드라마다. 가랑비에 옷 젖는 줄 모른다고 미모의 주인공이 등장해 현실 같은 가상의 인물로 진짜 같은 연기를 가짜로 하는 바람에 매료되게 마련이었다.

그렇다고 드라마가 부부를 갈라놓는다고 악을 쓸 일도 아닌 이유는 증거가 없다. 보이지도 않아 은연중에 국민의 눈을 사시로 만든 결과가 바로 이혼율 세계 1위 국가로 오는데 공훈을 따진다면 드라마가 훈장감이다.

저자도 아는 것은 드라마를 통해 하려고 하는 말의 내용은 간단하다. 목적도 분명하다.

"그래도 부부는 허물을 덮고 이해하고 용서하며 백년해로 행복하게 살아야 자식들이 엇나가지 않고 건강하게 자란다"라는 말이 핵심 메시지라는 것 안다.

그러나 드라마의 재미성과 시청률과 광조주의 광고비 대비라고 하는 방송사 영리적 측면에 접근하다 보니 이런 저런 여러 요인으로 인하여 부작용이 발생한 것이다. 이걸 뉘 책임이라 하지도 못할 일 맞다.

하지만 본말이 전도되고 목적보다 과정이 각인되어 그로서 부부가 받아들이는 각도와 사고의 변질이라는 측면은 백번 짚어 유념해도 부족한 게 사실이다. 부부와 드라마는 가정과 국가의 미래에 끼치는 영향이 얼마나 크다 할지 모를 정도다.

여기에는 방송사와 제작사와 광고주라고 하는 삼각형 득실 관계적 하자(영리문제) 벨트가 굴러가고 있다. 방송사는 광고에 눈이 멀었다. 광고는 시청률과 정비례한다. 시청률의 생리는 쌈 구경이다.

좋은 드라마보다 부부가 싸우는 드라마를 욕하면서 보는 시청자들의 오묘한 심리가 막장 불륜 퇴폐와 윤리파괴를 요청하는 격이다.

재미와 관심과 시청률이라고 하는 것, 일단 막장이 최고다. 그러니까 작가에게 시청률은 독약이다. 막장으로 가라는 말보다 더 압박하는 시청률…… 작가는 시청률의 노예가 되어 작품성보다 시청률만 생각하고, 그러면 고료가 천정부지로 올라가게 된다. 결국 대본에서 정신을 빼고 볼거리와 흥밋거리를 추구한다.

들어보면 건강 드라마를 쓰는 작가의 대본료는 1회당 기백만 원인데 비해 막장 잘 써내는 작가의 고료는 1회당 수천만 원을 넘는 현실을 아는가? 이것은 시청자가 부추긴 결과다. 하루에 연봉 1년치를 받는 작가는 퇴폐 작가라는 것이 결국은 글 창녀짓을 하고 있다고 보는 게 정신문화다.

한국의 알토란 같은 부부를 지키려면 드라마를 개혁해야 한다.

신세대적 사고와 핵가족화의 장점 좋다. 그러나 어긋나면 그 결과는 엉뚱하다는 점을 매회 방송 때마다 유념하고 콕콕 짚어주는 대사가 필요하다.

이에 그저 부정적인 시각으로 본다고만 하지 말아주기 바란다. 이렇게 좋은 세월에 그 재미나는 드라마가 부부를 병들게 한다는 것이 얼마나 억울한 일인가. 1회당 수천만 원, 많으면 억대 의 돈을 들여 국민을 병들게 하고 부부를 병들게 한다면 그것은 국가적 손실이며 자살행위다.

다음, 또 부부를 신음하게 하는 병원균으로 CF라 불리는 광고시장 확대의 문제다. 역시 TV가 부채질을 해대는 광고방송은 형편이 넉넉지 못한 부부들에게 패배·상실·불만·허탈감을 주면서 삶의 의욕을 잃게 만든다. 광고방송은 드라마가 편당 기천 만 원이라면 출연 모델로가 억대는 보통이다.

아니라도 젊고 예쁜 모델들이 현란한 의상을 입고 나와 제품을 반복해서 선전해대는 바람에 갖고 싶어 가슴에 멍울을 만든다.

이에 따른 역반응도 결론은 부부 사이를 다시 생각하게 만들고 직접적인 기류가 아니면서 상당한 바탕화면 노릇을 하여 다른 여자들은 호화롭게 사는데 나는 이게 뭔가 싶어 마음에 노여움을 자라게 만든다. 이 문제 역시도 그 힘이 하도 막강하여 어떻게 막아낼 도리가 없다.

부부 사이에 TV채널 선호도가 달라 남편은 거실, 아내는 안방에서 뉴스와 드라마를 나누어 보게 되어 감정의 소통이 막히게도 만든다. 동시에 광고방송까지 마음을 흔들어 부부 사이에 없던 불만을 폭발물처럼 던지는 것이다.

그렇다고 드라마를 만들지 말라고도 못하고 광고 좀 하지 말라고도 못할 일인 것처럼, 아내나 남편에게 그런 것 좀 보지 말라고 하면 그것도 싸움거리가 되고 만다. 부부가 되어 살아가는데 세월이 변하여 이제는 도움을 받는 대신 연타석 훼방을 당한다. 부부싸움을 말리는 대신 더 심하게 싸우게 만든다. 그렇다고 '세상을 원망하랴 내 아내를 원망하랴'라는 유행가 가사처럼 탄식만 할 수도 없는 노릇이다. 이에 묘방은 없는 것일까?

정신문화연구시리즈 『부부학 콘체르토』는 이렇게 말한다. 나를 지키며 드라마를 보라는 것이다.

드라마는 현실 그대로를 사실대로 보여주기도 하나 보다 정확한 분석은 꾸미고 가꾼 화장한 여인보다 되 아름답게 변장을 한 모습을 보여주게 돼 있다는 것이다. 어떻게 설명할 방법이 없다면 어떤 경우 심하면 드라마를 거꾸로 해석하면서 보아야 한다는 역설이다.

드라마에서 하는 말을 반대로 가려듣고 거꾸로 말할 일이며, 재벌 집이나 상류층들의 화려한 삶 역시도 그림의 떡이나 다르지 않다고 자꾸 접고 자르면서 봐야 제대로 보인다는 뜻이다.

요즘은 좀 줄었으나 불륜이나 삼각관계, 혼외 남녀 간 오해받을 만한 만남, 음주문화라든지 반사회적이고 윤리적이지 못한 설정 따위 등등 모든 드라마가 보여주는 반대로 보는 눈도 가져야 균형이 잡힌다는 말이다.

광고도 비슷하다. 저건 절대 필요하지 않다는 마음으로 냉정하게 보아야 한다. 그로서 사치와 낭비에 젖어든다거나 가정경제에 피해를 받는다는 것도 생각해 가며 가려보는 눈을 가져야 한다는 것인데 알고 보면 이게 다 인간의 본능적 탐욕이다. 불교에서 말하는 '탐진치'라는 걸 들어봤는지?

요약하면 싸우게 만들고, 요약하면 마음에 병들고 상처받게 만들기 위한 목적은 아니지만, 예상치도 못한 부작용이 부부와 가정을 병들게 하는 것이 광고이며 드라마의 폐단이라는 단면이 다분하다는 사실이다.

이렇게도 말한다. 세상에서 가장 듣기 싫고 짜증나는 말이 착하게 살라는 것이며, 이해하고 용서하고 어쩌고 하는 공자말씀이고 부처님 가운데 토막 같은 말이라는 말이 있다.

그렇게 보면 정신문화 『부부학 콘체르토』는 반가운 말이거나 듣기 좋은 말이 아닐 수도 있다. 이 대목을 극복해야 한다. 극복하는 방법은 진지해지는 것이다.

특히 황혼 이혼이 청년 이혼을 월등히 앞질러버렸다는 통계다. 덩달아 황혼 재혼이 4~5배나 또 늘었다는 통계도 나왔다. 웃고 말 일인지 버럭버럭 소리를 지를 일인지 독자 여러분은 이를 어떻게 생각하는가?

정신문화적 측면에서는 돈은 떨어져도 사나 정이 떨어지면 못산다는 말에 동의한다. 먹기 싫은 음식은 먹어도 보기 싫은 사람은 못 본다는 말에도 동의한다.

특히 사랑하다 정이 무너지면 사랑하지 않음만 못한 것 잘 알고, 사랑했기 때문에 미워하게 되고 그러므로 그 미움은 도저히 하루도 더 못살겠다는 숨통을 조여 죽더라도 이혼이나 한 번 하고 죽겠다고 하는 심정 어찌 정신문화를 연구한 저자가 모를 리 있나? 잘 안다.

그래도 백년해로를 위해 참고 살고 말도 안 되는 이해하고 살라는 무지막지한 말은 하지 않는다. 하게 되면 이혼하고 숨통이라도 트고 살겠다는데 동감하고 그러라고 하련다. 단, 이혼은 쉬우나 혼자 사는 것은 만만치 않다는 말은 하고 간다. 하여 재혼하고 산다 하면 그러라 하겠지만 재혼도 세월이 가면 초혼과 다르지 않다는 말은 꼭 해주고 싶다.

그러나 어려서 철없을 때 만난 초혼은 첫 단추 때는 몰랐으나 살다 보니 낀 단추마다 전부 잘못 끼워졌으나 이제는 황혼의 나이가 되어 이해심도 넓어졌고 무엇보다 실패의 경험을 한번 했으니 초혼의 실패를 절대 반복하지 않겠다고 한다면 재혼을 축하한다는 마음 진정이다.

하지만 또 혹 하나를 붙이게 된다. 재혼의 여정 역시도 『부부학 콘체르토』 전체의 흐름도와 다르지 않다는 것이다. 경험과 연륜 좋고 맞는 말이지만 일단 초혼에 망가진 후 재혼의 탑 역시도 첫째는 나 자신이 변화되지 않으면 허사라는 점은 알아야 한다.

재혼하였다면 초혼이라 치고 『부부학 콘체르토』를 다시 두세 번 정독하라 권한다. 이렇게 권하면서 한마디 덧붙인다면 또 '결혼+이혼+

재혼＋재재혼'의 길로 가지는 않아야 한다는 것이다.

어차피 부부란 불안한 조립이다. 완성이자 또 다른 불완성의 시작
도 된다.

5대조 6대조 할아버지들이 지금 지하에서 통곡하실 일은 내 며느
리 내 손자가 이혼하고 혼자 살고 새로 시집장가 가는 바람에 우리
집 귀신인지 남의 집 귀신인지 헷갈리기 십상이다.

귀신은 뉘 집에서 제사상을 차리고 뉘 집으로 찾아갈지 도무지 세
상이 이렇게 변한다는 것에 벌떡 일어날 일이나, 세상의 환경이 변하
고 의식이 바뀐 마당에 정신문화가 무어라 해 봤자 입만 아플지도 모
를 일이다. 하지만 정신문화는 강하여 할 말이 또 있다.

때는 마침 오늘이 바로 2011년 5월 21일 부부의 날이다. '둘이 하
나'가 부부인데 이 말의 어원은 성경 창세기에 있다.

하나님이 흙으로 첫 사람 아담을 만들고 그 코에 생기를 불어넣으
니 생영(生靈)이 되었다는 것이 인간이다. 다만 하나님이 보시기에 좋
았으나 아담이 혼자 사는(獨處) 것을 보고 아담에게 배필을 만들어 주
려하여 아담을 깊이 잠들 게 한 후, 그의 갈비뼈를 뽑아 하와를 만든
사람이 여자다.

그리고 둘이 하나가되라 하시매 아담이 하와를 보고 "이는 내 뼈
중의 뼈요 살 중의 살"이라고 하는 만족과 감사를 표한 것이 부부다.

더불어 하나님이 말씀하시기를 "생육하여 번성하고 땅에 충만 하
라" 하심으로 인하여 부부가 완성된 것이다. 하나님은 또 "이제는 둘

이 아니라 하나"라는 말이 바로 '둘이 하나'라는 말과 맞아떨어진다.

부부는 둘이 아니다. 그래서 가정의 달 5월에 부부의 날을 제정한 정부는 2와 1이 겹치는 5월 21일을 부부의 날로 정한 것이다.

그러니까 부부로 짝을 만나지 못한 남녀는 피차 독처하는 자다. 더불어 둘이 모여야 하나가 되는 것이므로 독처자는 하나가 아니라 반쪽이다. 하여 불완전한 절반의 인간이라고 봐도 된다. 그런데 반쪽을 합치면 가운데 금이 있어 부부는 하나가 되지 못한다는 말도 하던데 천사의 말이 아니다. 물방울은 둘이 합쳐도 가운데 금이 가지 않으며 부부가 온전히 하나가 되라는 것이 천사의 『부부학 콘체르토』이다.

사람 '人'자를 비유하기도 하더라. 人이라는 글자는 비스듬히 누운 빗금 두 개가 서로 기대고 받쳐 줌으로써 人, 즉 사람이 완성되는 것이라고도 한다.

부부가 아닌 사람은 사람이나 늘 넘어진다는 불완전함이다. 빨리 짝을 이루고 모두 결혼하라는 것이 하나님의 명령이다.

사람은 태어나 걷는 데만 1년이 걸린다. 스스로 밥 먹고 뛰고 옷을 입고 몸을 유지하기까지에는 5년을 넘어 10년여가 지나야 한다. 개·돼지는 빠르다. 소는 태어나면서부터 뛴다. 사람은 오래 가야 성장하는 만큼 반쪽의 모양새를 갖추는 데에도 장장 20여 년이나 걸린다.

실로 짝을 이루고 사람 人이라는 글자의 반쪽 된 자격을 갖추는 것은 금방 되는 것이 아니다. 그래서 대기만성(大器晩成)이다. 빨리 되는 일 치고 온전하기 어려운 반면에 오랜 시간이 소모되는 물건일수록 품질이 우수하다.

그런 연유에서 과거에는 15세 안팎에서 짝을 지었으나 지금은 30세에 이르러야 결혼을 하는 이유도 온전한 반쪽, 즉 받쳐줄 생활 기반과도 밀접하게 연관된다는 긍정적 측면도 있다. 그러나 아직도 덜 익었다고 40세가 넘도록 짝을 거부하는 사람은 생각을 바꾸고 속히 결혼하는 것이 옳다.

결혼은 하늘의 법칙이다. 자연의 법칙이라 해도 된다. 우주의 질서라고 해도 좋다. 천하 만물은 모두 결혼하여 짝을 이룬다고 해도 틀리지 않는다. 곁들여 결혼은 이혼을 무시한다. 이놈의 세상이 이혼을 자연스레 받아들이라 하는데 천지신명이나 부모나 조상님이 하나님은 강력 반대여서 천사의 메시지는 기도해 줄 테니 부부 사이를 지혜롭게 관리하고 천국까지 같이 가라 한다.

지금(5월임) TV를 보면 과수원 사람들이 사과밭에 핀 꽃을 큰 붓으로 쓰다듬는 화면이 보인다. 암술과 수술이 만나야 열매가 맺힌다는 꽃의 결혼식이므로 부부와 같다.

오지의 산짐승이나 들짐승도 모두 짝을 이루고 후대를 낳는 것은 부부가 되어 자손을 낳는 것과 같은 자연의 이치다. 무엇하나 자연의 이치를 거스르지 않아 거스른 종족은 씨가 말라 이미 멸종하고 말았다.

인간의 경우도 마찬가지다. 결혼하지 않거나 자식을 낳지 않으면 대가 끊겨 가문이 문을 닫아야 한다. 하여 부부는 인간의 근원이다.

이와 같은 부부로 만나는 큰 뜻을 꼭 자세하고 세심하게 잘 알아야 되는 것은 아니다. 다만 부부로 만난다고 하는 것은 세상에 단 한 사람의 남녀에 한함으로 세계 인구가 70억이라면 반반 잡고 35억 명 가운데 단 한 명이 나의 반쪽 배필이 되는 까닭에 어느 누구와 만나는 보통의 인연보다 3억 5천만 배나 되니 그 귀하고 존귀함은 말로서 다할 수가 없다(제1장 참조).

그러므로 부부로 만났으면 그것이 자연의 섭리이며 조상과 부모에 대한 마땅한 도리라는 것을 알아 35억 배나 행복하게 잘 살아야 할 이유가 있다.

이와 관련한 우리의 역사는 일부종사(一夫從死)라 하여 시집을 한번 갔으면 남편이 외도를 하거나 말거나 죽는 날까지 남편으로 모시고 살라 해 왔는데 지금은 부부에 대한 관념이 달라진 것만은 분명한 사실이다.

그럴 만해야 일부종사지 그럴 이유가 없다면 이혼하지 않을 수 없다는 말에 그래도 살라고 하지 못하는 것은 일리가 있는 말이라 부부 피차 그럴 만한 백년해로에 반하는 생각과 행동을 하지 말고 천륜과 인륜에 따라 본분을 지켜야 마땅한 것이다.

그런데, 반면 서양문화는 다르다. 흔히 서양은 이혼이 성행하고 부부윤리의식이 더럽고 타락된 줄잘 못 알기 쉬우나 그렇지 않다.

서양이고 동양이고 인간답지 못한 부류가 있게 마련인 가운데 서양에서의 이혼다반사가 엉뚱하게 한국에 와서 큰 꽃을 피우고 있다는 현실은 자성해야 한다.

정통 서양문화의 일부종사 개념은 一夫一妻제도다. 서양은 한 사람과 만났으면 다른 사람과 만나는 불륜은 간음(姦淫)이라 하여 십계명으로 엄벌하던 전통에 따라 한국에는 없는 아름다운 문화가 간개했다.

우리는 동혼식이라는 말부터 생소하지? 결혼 후 15년차가 되면 이를 동혼식이라 하여 결혼식처럼 맞았으며, 이로부터 5년마다 결혼기념일을 맞으면 살아온 날들을 감사하고 살아갈 날들에 부부되어 잘 살 것을 재 다짐하는 성대한 의식을 거행해왔다(본 제22장 초입참조).

한국은 어떤가. 환갑이나 진갑 칠순 팔순잔치는 요란을 떨지만 부부 결혼기념일은 신세대 일부에서나 의미를 두나 아직 전체에는 정착되지 못하였다.

기성세대는 이런 의식 자체가 없다. 그럼 기왕 말이 나왔으니 부부의 날을 축하하고 부부가 더 행복하게 자연의 순응하며 잘 살기를 바라는 마음에서 서양 결혼기념일 문화를 짚어보고 우리도 잘 배우는 날이 되자. 아예 이대로 받아들이겠다는 결심까지 굳히기로 하자. 주지하는바, 본 제21장 서두에 했던 결론에 들어가자.

먼저 결혼 15주년이 되면 부부가 서로 구리로 된 선물을 주고받는 동혼식(銅婚式)을 치른다.

5년 후 결혼 20주년이 되면 부부간에 자기(磁器)선물을 주고받으며 자기혼식(磁器婚式)을 치른다. 다시 5년 후 결혼 25주년이면 우리가 혹간 들어본 실버웨딩(silver wedding)이라 해서 은으로 된 선물을 주고받는 은혼식(銀婚式)을 거행한다.

30주년에는 진주로 된 선물을 교환하며 진주혼식(眞珠婚式)을, 35주년이 되면 산호를 교환하는 산호혼식(珊瑚婚式)을, 40주년이 되면 벽옥 선물을 주고받으며 벽옥혼식(碧玉婚式), 45주년이 되면 홍옥을 선물하면서 홍옥혼식(紅玉婚式), 50주년이 되어야만이 우리가 익숙한 골드웨딩(golden wedding)이라 부르는 금혼식(金婚式)을 거행하면서 금으로 된 선물을 주고받는 금혼식을 또 올리는 것이다.

그러니까 금혼식을 올릴 때까지 부부가 안 죽고 잘 살고 이혼이란 꿈도 못 꾸게 잘 살아야 하는 것이 서양의 전통문화다. 우리는 이런 것을 본받아야 한다. 부부가 결혼한 것은 시작에 불과하다는 뜻이다. 잘 사는 것이 중요한 것이다.

이렇게 5년마다 성대한 결혼기념식으로 마침내 결혼 60주년을 맞아야 회혼식(回婚式)을 맞는다. 25세에 결혼했으면 85세까지 둘 다 안 죽고 같이 잘 살 때 회혼식을 맞는다면 30세에 결혼하면 부부가 90세가 돼야 회혼식이다.

여기서 그게 아니라 이게 맞다고 하는 주장을 할 사람도 있을 모양이다. 결혼 1주년부터 시작해야 한다면서 틀렸다고 한다면 문화가 다르니까 요지부동 이 책이 말한 게 맞다고는 하지 않겠다. 그럼 다른 주장이 많지만 그 중에서 한 가지 예를 들어본다. 물론 이 밖에도 문화와 풍속에 따라 다른 방식도 있을 것이라는 점도 기억해 주기 바란다는 뜻이다.

♡결혼 1주년－종이(지)혼식[紙婚式, Faper Wedding] 아직은 당기면 찢어질듯 사랑의 아직은 깊이가 얇다는 뜻 ♡결혼 2주년－짚(고)혼식[藁婚式, Staw Wedding]이제는 포근한 사랑을 느낄 정도로 깊어간다는 의미 ♡결혼 3주년－얼음사탕(빙과자)혼식[氷菓子婚式, Candy Wedding] 녹아 내릴 듯 위태로울 수 있는 시기라는 뜻 ♡결혼 4주년－가죽(혁)혼식[革婚式, Leather Wedding]이제는 가죽처럼 질긴 사랑이 시작되는 시기라는 뜻 ♡결혼 5주년－나무(목)혼식[木婚式, Wooden Wedding] 푸르른 나무처럼 사랑이 무럭무럭 자라는 시기라는 뜻…… (차츰

건너 뛰어) ♡결혼 7주년 – 꽃(화)혹식[花婚式, Flower Wedding]진정한 아름다움을 알아가는 시기라는 뜻 ♡결혼 10주년 – 석혼식[錫婚式, Tin Wedding]지금부터는 (주석처럼)무거워져 사랑의 값이 무르익는 시기라는 뜻…… ♡결혼 12주년 – 비단(견)혼식[絹婚式, Linen Wedding]비단처럼 살가운 사랑이 시작되는 시기라는 뜻 ♡결혼 15주년 – 수정혼식[水晶婚式, Crystal Wedding]수정처럼 맑고 고운 사랑의 결실을 맺을 시기 ♡결혼 20주년 – 도자기혼식[陶器婚式, China Wedding]이제는 여러 자손들로부터 존경을 받을 시기 ♡결혼 25주년 – 은혼식[銀婚式, Silver Wedding]자손들이 보석처럼 빛나기 시작하는 시기 이제부터는 보석들이 점점 좋은 것으로 바뀌듯 가정도 부부관계도 보석처럼 빛나게 되는 것을 의미함 ♡결혼 30주년 – 진주혼식[眞珠婚式, Pearl Wedding] ♡결혼 35주년 – 산호혼식[珊瑚婚式, Coral Wedding] ♡결혼 40주년 – 녹옥혼식[綠玉婚式, Emerald Wedding] ♡결혼 45주년 – 홍옥혼식[紅玉婚式, Ruby Wedding] ♡결혼 50주년: 금혼식[金婚式, Golden Wedding] ♡결혼 60주년 – 회혼식[回婚婚式, 결혼한 지 60갑자를 되돌아왔다는 뜻 ♡결혼 65혹은 75주년 – 금강석혼식[金剛石婚式, Diamond Wedding]이제는 다이아몬드처럼 그 사랑을 무엇과도 비교할 수 없을 정도로 탄탄하고 아름답게 다져져 빛난다는 뜻.

여기서 기억할 것은 『부부학 콘체르토』는 어떤 게 맞고 어떤 게 틀린다거나 좋고 나쁜 것을 가리자는 목적과는 멀다. 가령 결혼 15년차를 동혼식으로 하는 거냐 수정혼식으로 하라는 거냐, 이런 시시비비는 무관하여 구리라거나 수정이 중요한 것이 아니므로 수정도 좋고 구리도 좋단 뜻이다. 이것은 풍습이며 문화일 따름이므로 아예 나의 정성을 들여 뜨개질한 스웨터나 어딘가 해외 출장을 가서 사온 의미 있는 상품으로 대신 하여도 되는 일이다.

다음 제23장에서 쓰게 될 것이지만 어떤 방법이냐고 하는 그게 중요한 게 아니고 말 그대로 맞이하는 정신, 즉 생각이 중요하고 감사함을 안다는 것이 중요하다고 보아 신개념정신문화연구시리즈다.

또 위에서 보면 결혼 1주년부터 시작하여 지혼식→고혼식→빙과자 혼식→석혼식→목혼식→화혼식→석혼식→견혼식까지를 지나가야 15 주년이 되고 동혼식이나 수정혼식을 맞는다고 볼 것이지만 므든 것이 자유다. 다만 분명한 것은 부부가 안정되게 평생을 살아갈 이유와 의미를 포함한 변치 않는 감사함을 더하라는 뜻이다.

서양문화나 동양문화나 부부는 백년해로다. 남이 이혼하니가 나도 할 수 있다는 생각은 천사의 마음이 아니다. 동양이나 서양을 따지고 가린다거나 과거 현재를 따질 일이 아니라, 서양 아니라 오지문화라 도 좋은 것은 받고, 한국문화라도 나쁜 것은 물리치라는 것이 부부의 지혜다. 드라마에서 싸우거든 반대로 살아야 현명한 부부다.

특히 부부관련 서적이 많지만 가려서 보아야 하고 그가 아무리 유명인 이라 해도 받을 만한 교훈이나 상담만을 받아 들여야 한다. 백 번 강조하건대, 이혼하라는 말은 천역이며 불행을 끌어안는 어리석음의 극치다.

우리네 후손들은 지금 온갖 아름답고 복된 문화 대신 나쁜 이혼문화가 잘못 들어와 이혼율 세계 1위의 부끄러운 국가가 되고 황혼 이혼이 으뜸의 자리에 올랐다. 부끄러운 줄 알아야 한다.

각별히 부탁하고 명령하건데 분방(分房: 방을 따로 쓰고 따로 자는 것)하지 말고 한평생 동침하라. 후대들이여! 5년마다 한 번씩 복 되고 아름다운 백년해로(百年偕老)의 전통을 되살려 "동자은, 진산벽, 홍금회"의 하늘과 땅과 부모와 조상, 그리고 천지신명이 내리주신 대로 행복의 본이 되는 부부의 삶을 가꾸어가기 바란다.

/제23장/

동자은 · 진산먹 · 홍금회
가이드

＃ 5년마다 부부가 드릴 36가지 감사와 기도문 예시

등자은·진산벽·홍금회가 무슨 말인지 모른다면 앞의 제22장을 보아야 한다.

보았다면 평생 같은 아내와 같은 남편하고 신혼 첫 결혼식부터 모두 열 번의 예식을 올리고 살라는 것이 『부부학 콘체르토』의 주문이라 하겠는데 과연 그렇게 할 수가 있겠느냐? 이때 그렇게는 못하겠다는 생각이 든다면 그게 곧 마귀가 주는 생각이다.

할 수 있다. 해야 한다. 못 할 이유가 없다. 작심하면 되는 일이다. 천하만사가 그러하듯 둘이 만나 부부가 되어 사는 모든 것은 마음먹기에 달렸고 생각하기 나름이며 순종하느냐 거역하느냐의 문제일 뿐 조금도 어려울 게 없는 일이다. 또 해서 나쁠 게 없는 것이 아니라 연달아 좋은 일만 이어지고 하늘과 땅의 축복이 넘치게 된다.

19세기(1800년대)적 기독교국가 영국에서 처음 시작된 이 예식은 먼저 왜 15년째가 되어야 첫 동혼식을 올리는 것인지 생각해 보아야 한다.

부부로 만나 최소한 15년쯤 살기 전에는 아직 잔치판까지 벌릴 부부라 하기에는 이르다는 뜻인가도 싶어 이제야 제대로 잡힌 부부라는 의미일 거라고 본다. 격, 즉 부부라고 판을 벌리려면 우선 부부기반을 다지라는 의미다.

심지어 신혼여행하고 돌아와 이혼수속을 밟는 부부도 있다는 이렇게 죄악이 넘치는 세상에서 지긋하게 터를 좀 굳히라는 뜻이겠다. 더불어 다른 부부가(세월이 그러니까) 깨진다고 나도 깨진다는 것은 안 될 일이고, 그런 것을 보거든 반대로 우리는 저러지 말아야지 하는 다짐을 하는 것이 올바른 자세라는 의미를 새기라는 등 시류에 흔들리지 말 것에 대한 경고일 수도 있다고 보인다.

또 15년을 살아온 이때가 되면 첫째 둘째 셋째, 많으면 5명의 자녀까지도 출산할 수 있는 청년의 시기다. 청년기는 정력이 왕성하고 몸이 튼튼하여 마치 꽃피고 열매 맺는 봄과 같은 태동의 시기다. 부부로 짝이 지어졌고 마침내 수정(착상)이며 발아(잉태)이며 발화(태교+출산)이자 숙성(수유)과 결실(성장)의 시기다.

이때 여기서 꼭 알아야 할 것은 부부로 만나서도 생산을 못한 부부는 부부로 인정해주지 않는다는 의미가 강하다. 이것이 천국의 법이며 부모와 조상들이 내리는 판단 기준이다.

부부지만 출산도 못하고 아직도 앙알거린다거나 후대를 못 본 부부는 나무는 나무지만 아직 나무라고 쳐주지 않는다. 열매 없는 포도나무는 잘라 불살라 버리라는 뜻이다. 과거 우리 조상들은 본처가 자식을 낳지 못하면 후처를 들이고 아예 젖혀버리던 풍속도 일리가 있으며 참을 만큼 참고 기다려 주는 한계가 꽉 찬 때가 동혼식을 맞는 15년이다.

여기서 모진 말을 한마디 하자. 생산하지 못하면 갈라져야 한다. 남자는 다른 여자를 만나 생산할 것이며 여자도 다른 남자를 만나 생산하는 쪽으로 가야 천지신명과 조상이나 부모는 물론 본인 자신을 위해서도 이게 온당하고 그것이 내가 나되어 사는 목적에 부합한다. 극언을 하여 미안하지만 부부됨의 최고 가치는 생산임을 강조하기 위한 말이니 듣고 잊어라.

인생(부부) 최고의 가치라 할 자식을 낳아야 부부라는 뜻이다. 말하자면 첫 신혼예식은 부부가 되는 출발이지 아직 부부라기보다는 부부가 된다는 우리네의 약혼보다 조금 더 나간 정도라고 보아도 될 미완성 걱정되는 부부라는 의미다.

그러나 부부로 만나 이렇게 15년을 잘 살았다면 이제는 부부로서 어디 내놓아도 손색이 없는 완전한 배필이 된 것이다. 물론, 그간 어찌 불화가 없고 위기가 없었다 하겠느냐마는 이는 드물고, 대개 부부간에 마냥 좋기만 하지 여간해서는 흠이 보이지도 않는 시기다. 게다가 2세들까지 태어나다 보니 부부간에 어떤 흉허물이 보일 겨를도 없이 둘이 좋아 죽고 못 산다 할 정도로 콩깍지가 두툼하니 죽을 둥 살 둥 모르는 시기다.

이 책에서 말한 20대 부부와 30대 브부 시기여서(제14~15장) 물불을 가리지 않고 남들이 볼 때는 눈꼴이 시릴 그런 시기다. 그러나 15주년이 지나서면 40대 부부 시기에 접어들게 되그 따라서 남편도 자리가 잡히고 돈도 여유가 생기게 됨에 따라 부부는 이때부터가 중요하다.

부부위기라는 문제도 40대, 즉 동혼식 이후에 닥쳐오는 것이 보통이다(제15장 참조). 그러므로 동혼식을 통하여 부부의 사랑을 재확인 다짐하고 천지신명과 천사의 도움이 변함이 없도록 기도해야 한다는 것이 동혼식의 진정한 의미다.

그렇다면 동혼식은 어떻게 올리라는 예식이냐는 생각이 들 것이다. 먼저 어떤 원칙은 없다. 바로 나대로의 내게 맞는 방식이라는 얘기다. 이는 천차만별일 것이므로 풍습이 다르고 문화가 다른 각 나라별 인종별 성향과 관습에 따라 모두 다를 것이니 이는 첫 결혼식도 문화와 풍습에 따라 다른 것이나 마찬가지다.

하지만 저자는 천사의 사명의 띠고 '동자은, 진산벽, 홍금회'라고 하는 9가지 예식에 대하여 나름 축복의(견본) 말을 해야 할 의무감을 느낀다. 그래서 참고하여 복된 예식을 치르라는 뜻에서 조언의 말을 쓸 참이다.

먼저 대상을 알아야 한다. 대상 1번은 상대방 부부다. 아내는 남편에게, 남편은 아내에게 감사한 마음을 바치는 예식이다.

나를 아내로 남편으로 맞이하여 부부가 되어준 그가 고맙지 않은가? 그러나 고마움은 내 생각 속에나 든 것이지 구태여 꺼내 놓고 고맙다 감사하다 하기가 멋쩍기라도 하단 말이냐? 이것은 바꿔야 마땅한 생각이다. 남자가 자발적 게 무슨 일일이 '고생했다, 고맙다' 이런 속내를 드러내면 '경하다, 채신없다'는 이런 사고는 한국인들의 경우 버려야 할 바람직한 사고가 아니다.

이때 참 중요한 것 하나를 짚을 것은 부부 당사자만이 아니라 감사 대상은 복수(둘이요 셋)라고 하는 점이다. 우선 계식이라 했으니 둘이서 그저 마주보고 대화만 하라는 것이 아니라는 점을 명심해야 한다. 첫째가 상대 부부지만 이건 좁은 의미이고 광의적 본질은 천지와 만물을 창조한 하나님 부처님이라든가 천지신명을 모신 예식이다.

첫 결혼식은 일가친척을 모시고 올린 예식이었다. 이제부터 올리게 될 9번의 예식은 일가친척 이웃 지인들을 모시고 올리는 예식과 다르다. 예식에 동참하게 되는 대상은 지금 현재의 가족이 중심이다.

양가부모, 자녀, 형제…… 이때 마음을 편하게 가져도 되는 것은 여의치 못할 경우 양가부모를 모시면 좋지만 모시지 않아도 상관없다. 절대적으로 꼭 동석할 대상을 최소화 하면 부부 2인과 자녀만으로도 족하다.

그럼 어떤 내용으로 어떤 형식에 따라 예식을 올리느냐 할 적에 저자보다 본인들이 더 잘 알지 않겠느냐 하고 달까도 싶지만, 다 안다 하여도 말해주고 싶은 조언이 있다.

꼭 명심할 것은 '감사+감사+감사+감사의 예식'이라는 점이다. 9번이나 올리게 될 부부예식은 못한 말, 맺힌 갈도 하며 투정하고 따지자는 것은 아예 근접도 하지 못하게 막아야 한다. 오직 감사한 이유들만을 앞에 놓고 감사한 내용만으로 채워야 한다는 점이다.

잘 몰라 그렇지 잘 생각해 보면 감사할 게 백만 배, 천만 배나 더 많다. 그러나 15년간 살아온 날들을 돌아보면 감사는커녕 서운한 일도 있게 마련이다. 기분 나쁜 일도 겪었고 왜 저러나 싶은 블만도 많았음이 사실일 것이다. 그러나 거듭 말하거니와 '감사뿐이어야' 한다.

100에서 50은 감사하고 나머지 50은 불만이었다 할 수도 있을 것이나 불만은 덮고 잊고 치우고 감사를 드러낸다는 것이 목적이다.

둘을 부부로 짝지은 그분들의 본의가 무엇인지 알 일이다. 남자와 남자가 만나 살게 하지 않고 남자와 여자로 짝을 지어 살게 한 이유는 앞서 누차 한 말처럼 결실이 목적이다. 자녀를 낳고 후손으로 대를 이어 번성하게 하려면 남자끼리는 안 되고 여자끼리도 안 된다. 이래서 부부의 최종 목적은 생산이라 하였으며 이 책은 이게 본질이다.

그래서 과연 15년을 살았다. 그 명령대로 생산도 했다. 궂은 날, 갠 날, 흐린 날, 폭풍우 쏟아지고 눈보라치는 날들도 있었지만 그러나 그래도 15년을 살아왔고 자녀들도 잘 커가고 있다.

아픈 이야기나 괴로운 이야기도 꺼내면 꺼낼 게 있으나 부부의 두 번째 본질을 기억할 일이다. 그것은 바로 피차 까발리고 흉 뜯을 고발자거나 감시자로 짝을 지어 공산당처럼 일러바치고 지적하고 나무라며 뜯어 고치라고 한 것이 아니라 정반대다. 곧 피차의 부족함을 보충하며 살라는 것이 부부다.

여자는 약하다. 남자는 강하지만 단순하다. 하나는 뼈가 굵고 하나는 뼈가 약하다. 한쪽은 여리고 한쪽은 담대하다. 한쪽은 태반이 있고 한쪽은 태반이 없다. 하나는 섬세하고 부드러우나 한쪽은 뻣뻣하고 억세다. 남자와 여자가 얼마나 다르냐고 하는 많은 사례가 있지만 이 것은 모두 피차의 보완을 위한 기묘한 장치라는 것이 중요하다.

이 말은 부부란 허물을 들추라는 것이 아니라 허물이 나올 적마다 덮고 감싸 안고 보듬으라는 사랑(상생)관계라는 사실이다.

남편이 아니면 어찌 아들을 낳으며 아내가 아니면 어찌 딸을 낳았을 것인가. 그러니까 향후 9번이나 올리게 될 '동자은, 진산벽, 홍금회' 이 거룩한 예식은 감사하고 고맙고 눈물겨운 감사함이 하늘에 사무쳐 이렇게 감사한데 어찌 이 감사함을 그러려니 하고 말도 행동도 없이 그냥 넘길 수가 있겠느냐고 하는 뜻에서 행하여 마땅한 것이다.

함에도 불구하고 가령 그럴 필요가 없다거나, 그렇게까지 꼭 해야 되느냐는 생각이 든다면 저자가 묻는다 "그대가 동물이냐?" 만일 동물이라면 저자가 답한다. "맞다, 그럴 필요 없다."

인간과 동물이 얼마나 어떻게 다른가의 문제는 함께 출간 된 품위학을 보아 알 것이나 같은 부부라 하여도 부부에게도 수준이 있고 격조가 있다(제10장) 하였다.

고상한 부부로 품위 있게 살 것인지, 아니면 겨우 짐승보다 조금 나을 정도 수준의 천박한 부부로 살고 말 것인가의 선택은 부부 당사자에게 있다. 그러므로 저자는 적극 곤하면서 기준을 잡으라면 부모와 조상과 짝을 지어준 천지신명의 뜻대로 그분들로부터 칭찬받는 부부로 살라는 것이다.

부부가 사는 모양새는 30억 명이 다 다르다. 구태여 다시 지나간 내용을 반복할 일은 없지만 결론이라건 고상하게 살고 행복하게 살며 사랑하고 사랑받고 살되 하늘과 땅과 천하 만민과 자자손손을 넘어 천국에 이르기까지 창조주의 소원대로 살라고 하는 것이다. 그러기 때문에 그중에 중요한 예식이 바로 '동자은, 진산벽, 홍금회' 예식이 된다는 것이다.

그럼 어떤 방법·형식이 좋을까에 대하여 저자의 개인 생각을 말한다. 경건하게 맞이하며 굳지 말고 단정하되 형식에 얽매이지도 말고 무질서 하지도 말라는 것이다.

일단 부부가 예식의 날을 맞기 전 기도로 준비에 들어간다. 자녀들에게 알리고 양가 부모에게 알린다. 특히 조상님들께도 알리고 천지신명께도 미리 고하여 알려야 한다.

이때 종교가 있으면 종교의 방식이 좋겠지만 종교가 없으면 조상님께 올리는 제사의 형식이 좋다. 무종교요 제사를 지내는 가정이면 형식은 간단하다. 앞에 놓은 신위 즉, 지방에 현고학생이나 현고대제학이다 현고정경부인이니 유인이니 하는 글 대신 현고 아무개 무슨씨 조상님들 신위라고 써 놓고 제사상과 똑같이 차리고 절하면 아주 쉽고 간단하다.

앞서 제22장에서 본바, 동혼식이거든 어디 가서 기성품을 사든지 맞춰오든가 하여 동혼식에 맞는 구리로 된 선물을 교환하는 절차는 꼭 거쳐야 한다. 작은 반지라고 하면서 이때 값을 따질 일은 아니다.

그러나 형식적 차원에서 보아 이렇게 하자니 감회가 약한가? 그렇다면 주례선생님을 모셔올 수도 있겠으나 결혼 15년차에 접어들었다면 주례선생이 80세에 이르지 않았을지 몰라 모신다 한들 동혼식 한 번이겠고 차기 자기혼(磁器) 예식에는 모시기 힘들 모양이다.

아무튼 무종교든 유종교든 상관없는 일이다. 아니면 과거 양반의 고택에 보면 주로 안채 뒤 높은 곳에 조상의 혼백을 모신 사당이 있으므로 그 자리에서 예식을 올려도 좋을 것 같다.

한편 종교인의 경우라면 형식은 종교의식을 따르라 하련다. 불교인의 경우 사찰에서 첫 결혼식을 올렸다면 그 사찰을 방문하여 스님께 고하고 결혼 15주년을 맞아 동혼예식을 올리려 하니 도와 달라 하면 흔쾌히 받아주실 것이다. 아예 예불형식을 취하여 스님께 집례를 부탁해도 좋을 일이다.

불상에 108배도 드리고 기도 올리며 불전에 봉헌도 하고 불사를 산책하며 스님들의 덕담도 들으면서 다가올 자기혼식이나 실버혼식에 대한 날들을 맞아 갈 사랑의 에너지를 비축하는 계기를 삼으면 좋을 것이다.

기독교인인 경우에도 비슷하다. 성혼한 교회를 찾을 수도 있고 다녀온 신혼여행지로 갈 수도 있으나 자유롭게 정하여 상관없을 것이므로 형식에 얽매일 필요는 없다. 오직 새로운 새 마음으로 부부로 살아갈 마음을 더 잘 닦고 다지는 것에 의미를 둘 일이다.

그러면 애매하게 들릴까 하여 모범 기도에 대한 안내문을 남긴다. 이는 종교를 구별 지을 내용이 아니다. 편의상 기독교적인 용어나 불교적인 용어를 쓸 수도 있을 것이나 바람직한 경우는 부부가 각각 기도문을 작성하는 게 어떨까 싶다.

가정에서 자녀들과 오붓하게 드리는 예식이어도 부부가 작성한 기도문이 올려지면 부모나 조상이나 하나님이 기뻐하실 것이며 복을 주실 것이다. 중심은 감사에 두고 앞으로도 주시는 축복을 고맙게 받아 아내와 남편하고 행복하게 잘 살겠다는 내용이 중심을 이루게 될 것이다.

자, 그렇다면 이제 9번에 걸쳐 맞이하게 될 '동자은, 진산벽, 홍금회' 예식에서는 무엇을 감사하며 어떻게 기도하는 것이 천사의 도움을 받는 기도라고 할까에 대해 차례로 써갈 것이다. 물론 이렇게 많은 감사의 기도를 매번 빠짐없이 올리기는 어려울 수도 있다. 그러므로 아래에 쓴 36가지의 기도 사례는 하나의 예시이며 바탕에 깔고 드릴 기도에 따른 마음의 자세를 쓰는 것이므로 그때그때 기도가 나오는 대로 선별하여 성심껏 올리기 바라는 뜻에서 개념만을 정리한 것이다.

1. 나로 하여금 이 땅에 태어나되 짐승이나 초목이 아닌 사람으로 태어나 살게 하신 보이지 않는 큰 손(하나님+부처님)의 섭리와 그 뜻에 감사드린다.

2. 내가 태어나는 원인이며 대신한 몸이 되어준 아버지와 어머니께 감사하며 두 분이 서로를 사랑한 그 사랑의 마음이 생겨난 것에 감사하고 고마운 마음을 기도로 올린다.

3. 아버지의 사랑을 기꺼이 받아들여 옷섶을 풀어 자신의 몸 안에 담긴 태문을 열어 준 어머니께 감사하고 그 고마운 마음을 되새기며 감사의 기도를 드린다.

4. 그날 밤 모태에서 잉태된 신비로운 일들을 떠올리며 열 달 동안 모태에서 내가 나되어 성장한 과정을 떠올려도 보며 그동안 감당한 어머니의 몸 상태의 변화(입덧도) 등을 생각하며 감사의 기

도를 드린다.

5. 당시 먹을거리를 어머니에게 제공허준 땅의 모든 물산을 생각하며 그로서 내 몸이 내가 되어 자라나게 돈 양분이 되어준 것에 감사한 마음을 기도로 올린다.

6. 그때에 어머니의 발길이 실족하지 않고 지켜져 안전하게 자라날 환경이 유지된 과정을 그려보면서 깊은 감사의 기도의 드린다.

7. 한편, 같은 비슷한 시기에 내 아내(남편)도 다른 몸과 혼경에서 잉태 되고 그러한 조건에서 자라나고 있었음을 빠뜨리지 말고 알뜰하게 챙기며 일일이 감사하고 고마운 마음을 감사의 기도로 올린다.

8. 그곳이 어디였는지 각자의 잉태 장소를 떠올리며 할 수 있으면 가끔 방문하여 그와 같은 환경 여건이 되어준 산천초목과 자연 환경에 고마움을 인지하고 세세하게 감사의 기도를 올린다.

9. 남편은 부산, 아내는 서울, 아니면 남편은 대구, 아내는 필리핀, 남편은 한국, 아내는 미국, 하나는 미 동부, 하나는 미 서부, 각각의 출생지가 다르고 기후도 달랐다. 그곳이 어디였으며 어떤 환경이었는가를 떠올려 보면서 느가 그 땅을 만들고 누가 나의 부모 되어 나를 잉태하고 모태 안에서 어떤 음식을 먹은 어머니의 양분을 공급받으며 내가 자라났는가를 생각해 보면서 그 땅

과 지역의 터전을 고맙게 여기며 감사의 기도를 드린다.

10. 출생 장소와 당시 시대환경을 알라. 저자의 경우 충주 가마골 광산마을이고 정부수립 13일 전이었다. 모두들 나의 잉태 처와 출생지를 찾아 그곳을 가볼 일이며 가서 눈으로 보고 어머니를 지켜준 산천을 보며(당시를 떠올리며) 감사하고 산이나 냇물이나 나무 한 그루까지 회상하며 보호막이 되어준 그곳을 고맙게 여기며 감사의 기도를 드린다.

11. 아내(남편)가 모태에서 자라난 곳을 갈 일이다. 역시 주위를 둘러보고 내 아내가 그곳 나의 장모님(시어머님) 모태에서 안전하게 자라도록 울타리가 되어준 그 땅을 고맙게 여기며 감사기도를 드린다.

12. 어머니의 발이 실족하지 않았음에 감사드린다. 어머니가 먹은 음식이 탈이 나지 않았음에 감사한다. 먹을거리를 자라게 하고 익게 하여 어머니가 먹는 대로 내게 양분을 공급함에 차질이 없었음을 고맙게 여기고 어머니의 입과 치아와 식도와 위장을 생각해 보며 모친의 온 몸을 행해 감사기도를 드린다.

13. 나무 하나 돌 하나, 오솔길과 거기서 같이 생명을 유지한 모든 것이 내 어머니를 상하지 않게 해준 것을 감할 것이며 태내에서의 열 달간 내가 나로 성장함을 생각하며 감사의 기도를 드린다.

14. 마침내 만나 부부가 되고 보니 각각 어디서 태어나고 어떻게 자라났는지도 모르는 두 사람이 부부로 한 몸을 이루고 산다. 그러기까지 누가 우리를 길렀는가 생각해 보면 자연환경이 지켜주고 부모가 길렀다. 이를 감사하는 기도를 드린다.

15. 성장기—0세에서 결혼하기까지의 20년~30년간 각각의 어림잡아 10,000날을 되돌아보라. 넘어지지 않고 떨어져 부러지지 않고 다치지 않고 키가 크고 병들지 않고 몸이 성장하였다. 누가 이 일에 애쓰고 수고하였나 생각하면 1등 공로자는 부모님이다. 양가 부모님이 나를 위해 힘스고 애쓰며 가슴 조였던 날들을 회상하면서 그렇게 지극정성으로 나를 먹이고 입히고 가르친 날들을 기억하며 감사의 기도를 드린다.

16. 너희 둘이 부부가 될 줄 생각지도 못하고 자라나 드디어 둘이 만났던 그날의 첫 만남을 극진히 감사하게 기억함이 온당하다. 그날은 언제이며 그때 누가 나를 아내와 만나도록 만날 여건을 만들어 주었는지 생각하면 고마운 일이므로 이를 감사하며 기도드린다.

17. 나와 아내를 낳고 기른 양가의 부모님은 젊었었다. 세월이 가는 동안 두 사람을 기르시기에 때로는 무리하고 애간장이 녹는 일이 많았다. 그런 수고와 정성이 아낌없이 먹게 하고 입게 하고 배우게 하여 결혼적령기에 이르도록 하는 토대가 된 것이다. 얼마나 고마운 일인지 이를 감사하고 기도드린다.

18. 이런 양가 부모의 축복으로 결혼하여 가정을 이룬 그날 첫 결혼식을 맞은 감동을 감사로 저장하고 양가부모님의 소망을 되새겨 그 소망을 결실해 드려야 함이 너희 부부의 마땅한 도리다. 동물이 아닌 인간으로 살면서 부부되어 15년을 살아온 것은 천운이며 기적임을 고맙게 여겨 감사의 기도를 드린다.

19. 둘이 만나 신혼 첫날밤을 보냈던 그날은 내가 만든 환경이 아니다. 남편의 믿음직한 팔과 아내의 가냘프고 사랑하기에 최적한 몸은 내가 내 수고로 얻은 것이 아니라 양가 부모님(하나님)이 내게 거저 주신 축복의 선물이었다. 그때는 잘 몰라 제대로 감사치 못한 고마움을 기도로 올린다. 기꺼이 내 아내가 된다고 나를 받아준 남편의 마음은 누가 인도하여 내게 왔는가를 생각해 볼 일이다. 아내가 내게 몸을 주고 내가 아내에게 묻혀 신혼을 맞던 그때는 지구를 넘어 우주가 총 집결된 사랑의 향연이었다. 이제 그 놀라운 행복의 기운이 내려진 것은 알았으니 감사하고 고마움이었음을 자각하며 기도 올린다.

20. 15년을 같이 살았지만 피차에게 부족함도 있었으나 넘침도 많았다. 더 이상 아끼고 주지 않은 것도 바치기를 거부한 것도 없이 살아왔다. 그래도 부족하다고 느낀 날도 많았고 더 달라고 요구한 마음도 많았다. 행복한 날이 더 많았지만 불만의 날도 있었다. 감사를 모르고 고마움 대신 욕심을 더 많이 냈던 날들을 돌아보며 웃어라. 미안하다고, 그리고 잊어달라고. 이제는 고마움의 무게는 억 만 톤이요 부족하다 함은 반근으로 줄인다

고 다짐하는 기도를 드린다.

21. 자녀가 태어났다고? 놀라운 일이다. 누가 너의 아들딸 자녀를 너에게 주었는지 깊이 생각하라. 천지신명께서 생명을 내려주고 아내가 남편이 내 자녀의 몸을 만들었다. 부부는 서로에게 감사해 마땅한 존재다.

22. 한편 너희 부부를 만든 양가의 부고가 계시고 출생환경이 되어진 땅과 하늘이 있었고 천지신명이 높은 곳에서 내려다보심으로 자녀가 태어나 자라고 있음에 얼마나 고맙고 감사한지 극진한 예의로 기도드린다.

23. 자녀가 건강하고 영특하다. 부모가 된 우리 부부마저도 놀랄 때가 많다. 어느새 말하고 걷더니 뛰고 어느새 글자를 읽고 갈수록 예뻐지고 총명해진다. 누구의 자녀인가? 너희 부부의 자녀지 누구자식이라 하리. 이런 자식을 내게 준 이는 아내요 남편이라 부부는 무한정 고마운 존재고 감사한 존재다. 부부가 아니면 어디서 내 자식이 생길 거며 어찌 아비 되고 어미가 되었겠나 생각하며 부부는 서로에게 절하며 극진한 감사의 기도를 드린다.

24. 하지만 이때 꼭 잊지 말아야 할 게 있어 너의 자녀는 진정 너의 양가 부모님의 자녀가 순서상 앞선다. 너희 부부를 통해 낳게 하였을 뿐 양가 부모님이 네 자녀의 주인이라면 인정하겠는가?

예로 순종함이 온당하다. 양가 부모는 너를 낳은 너의 주인이기 때문이며 너희는 너의 주인 된 부모의 대역을 맡았을 뿐이다. 자녀는 양가 부모님의 진소유로 알고 이제야 자식 된 도리를 한 줄로 알아야 한다. 마침내 자식 된 도리를 하였으니 여기까지 인도된 것을 고맙고 받아 감사하며 기도를 드린다.

25. 여기서도 한 걸음 더 나아가 깊이 생각하며 깨달아 알아야 할 게 있다. 너의 부모는 천지신명이 만들었다. 그러므로 결론은 귀여운 너의 자녀는 천지신명의 아들이며 딸이라 인정하라. 하나님의 자녀요 너는 관리자이며 이름하여 부모일 뿐이다. 너희 자식이라 내가 만들었다 하지 마라. 하늘이 내려준 생명이며 하늘이 만든 너의 몸에서 대신 낳게 한 것을 잊으면 불효다. 이것을 알게 하셨으니 감사하고 기도하며 자녀를 점하고 낳게 하고 자라도록 도운 안 보이는 하늘과 땅에 감사의 기도를 드린다.

26. 태어나 살게 하신 모든 것에 감사하되 오늘까지 나를 먹고 자라게 도와준 모든 것을 떠올리며 감사하라. 햇빛에 감사하고 공기와 물에게 고마운 마음을 바치며 나를 서게 한 땅의 고마움도 기억하며 감사하라. 산과 들에서 나를 숨 쉬게 한 식물에게 감사하며 논밭에서 자라나 나의 식량이 되어준 많은 곡식들에게 감사하며 기도하라.

27. 농부의 수고를 잊지 말고 어부의 고초를 생각하며 세상이 무너지거나 재앙을 당하지 않은 것을 감사하라. 내가 만나지 못한

북태평양 원앙어선에서 명태를 잡고 고등어를 잡은 선원들을 감사히 여기며 지금까지 오고간 발자국들에게 감사하며 나를 태워준 자동차에게 고마운 마음을 가져라. 만났던 모든 이들에게 받은 도움을 감사하며 만난 적도 없는 이들이 채취한 원유와 석탄으로 살아온 것에 감사하며 기도드린다.

28. 하늘의 별과 달과 떠다니는 구름과 아침안개, 철따라 내려준 빗물에 생명을 담아 주고 내리는 눈에게도 감사하며 보이지 않는 곳에서 물을 길어 관을 따라 내 집에까지 보내주는 수도국의 수고를 고맙게 여기고 전력회사를 운영하는 사람들에게도 고마운 마음을 가져라. 장난감, 가자도구, 학용품, 냉장고, 세탁기, TV, 침대, 이불, 의자와 책상을 만든 손이 누구이며 수저와 접시를 만들어준 손들의 사업이 번창하였는지 안부를 물어라. 보이지 않는 수많은 손길들의 수고와 땀으로 살아왔고 살아갈 날들을 고맙게 여기고 감사의 기도를 드린다.

29. 사회와 국가가 우리 부부를 안정되게 지켜준 것을 감사하라. 운영해 가는 정부를 욕하지 말고 늘 위하여 기도하며 그들에게 천지신명의 도우심이 풍족하시기를 빌고 기도하여라. 지혜를 내려 달라고 기도하고 그들에게 이 나라 이 국민 우리 지구촌을 선한 뜻대로 운영해 갈 사명을 만 배로 감당하게 해 달라고 기도하며 삶의 기반이 되어준 모든 법에 순종하며 감사의 기도를 드린다.

30. 어려서부터 나를 알고 만나고 보았던 분들을 떠올리며 감사한 마음을 띄워 보내라. 나를 가르친 스승을 기억하고 나의 선배 동료 형님 아우 선배와 후배를 모두 합하면 몇 명인지 세어보아라, 1,000명을 넘어 10,000은 족할 터이나 우리가 잊고 생각하지 못할 뿐이므로 그들에게 고마운 뜻을 담아 하늘에 띄우면 배달은 잘될 것이니 감사하는 마음으로 기도드린다.

31. 절망을 물리치고 희망을 불어 주시며 나쁜 기억을 잊게 해주고 그것으로 인해 심사가 뒤틀리지 않았다는 것보다 더 고맙고 감사한 것은 그 무엇과도 견줄 수 없다. 유익하지 않은 일들을 잊게 해주어 마음에 상처가 나지 않았음을 고맙게 여기고 감사기도 드린다.

32. 자나 깨나 나를 생각하는 이가 있으니 누구냐? 맞춰보라. 그가 바로 하나님이며 하나님의 분신 부모다. 생존한 부모는 생존한 하나님이며 소천하신 부모는 영이신 하나님의 성령과 같이 너를 그리워한다. 그분들이 너를 잊지 않음이 재산이며 복중에 복이다. 이 감사를 모르거나 잊음은 불효요 복의 그릇이 빌까 하니 늘 기도드린다.

33. 거스르지 않도록 기도하라. 하늘과 땅과 바다와 그 안의 모든 만물들이 나를 돕고 있으므로 그 어느 것도 거스르지 않기를 다짐하고 기도하라. 물과 바람과 태양빛을 고맙게 여기고 거스르지 말 것이며 먹을거리를 겸손하고 감사하게 받는 마음속 깊

은 곳에서 감사를 발산하고 눈을 부드럽게 뜰 것이며 말은 유순하게 하고 늘 방글방글 웃으며 기쁘게 살아야 한다. 이런 마음을 주심에 감사하고 기도드린다.

34. 아내를 거슬려 울게 하지 마라. 거듭 말하려니 아내를 울리지 마라. 아내가 울면 조상이 울고 하늘이 운다. 안 보이는 부모를 울리는 것과 무엇이 다르다 하겠는가…… 남편을 거스르지 말되 싫다는 것은 내가 좋아도 거슬려 우기지 말아야 한다. 자녀를 노하게 하지 말고 사랑으로 양육하며 자녀에게 고마움을 무한대로 공급하되 결코 성내지 말고 부드러운 눈빛으로 늘 밝게 웃어라. 자녀가 말썽과 고집을 무리거든 할아버지의 눈으로 보고 웃으며 하나님의 심정으로 대하며 같이 웃고 안아라. 세 번째 말하려니 아내를 웃으며 살게 할 것이며 터럭만치라도 그 마음에 슬픔이 스며들지 못하게 막고 씻고 닦아주고 행복을 공급할 연구로 기도를 가득 채워라. 최고의 효도는 부부가 마주보고 웃는 것이다. 최대의 성불은 부부가 마주보고 웃는 것이다. 하나님께 영광 돌리는 방법은 쉽다. 부부가 웃으며 살아라. 화날 일도 웃음으로 풀겠다는 기도를 드린다.

35. 예배하라. 절하라. 하나님과 부처님, 천지신명과 부모 만나기를 아내와 남편을 만나는 것처럼 함이 마땅할을 깨달아 기도드린다.

36. 한평생 살아갈 날들에게 넘치도록 공급해 줄 하늘의 뜻을 거스르지 말고 감사하게 받아라. 넓고 큰 남편의 광대한 사랑의 샘

이 막히지 않게 하고 아내의 마음에 맑고 행복한 날들이 끊어질 일이 없음을 믿으며 부부된 도리를 즐거움으로 누리며 서로에게 떠주고 퍼주며 살겠다고 다짐하는 기도를 드린다.

신개념정신문화연구시리즈 04
『부부학 콘체르토』를 완독해 주서서 감사합니다.

천광노 ─────────

장로교 신학교 졸업
한국정신문화(더 잘 세움)연구원장
현) Q・R News(구 충청시대) 주필
　　토요신문(민주일보) 논설 고문
　　(사) 교통장애인재활협회 고문
　　대전 제일장로교회 집사

歷史다큐小說『민족의 스승 月南李商在』(전 5권)
『基督教讚揚學』
『敬歎讚詩』(전 5권)
『생각學』
『對話學』
『棄位學』
『잃어버린 세월』(전 5권)
『江華旅記』
『場生草』
『逆說사랑學槪論』

찬양(성가)집 레코드 & 카세트테이프 제1집~제11집까지 출반
(작사 및 작곡 약 150여 곡)
고신・합동・통합・합동보수, 전국 총회 및 노회 특별출연 찬양선교
1984년 한국기독교100주년 선교대회(100만 성도 회집) 특별출연 2회
(여의도 광장 빌리 그레이엄 목사 설교 전 특별찬양)
일본선교여행 2개월 20여 교회순회 찬양 선교(일본어판 찬양집 출반)
전국 도시, 농・어촌, 섬, 기도원 등 1,500여 교회 순회 찬양선교
기독교 청주방송・부산방송 찬양학 방송강의
대전 극동방송 찬양학 강의, 장애우를 위한 교양칼럼・크리스천 교양칼럼 방송강의
울산 극동방송 크리스천 교양칼럼 방송강의

kclc1000@naver.com
H・P: 011-401-3639

세상을 만든 부부

부부학 콘체르토

초 판 인 쇄 | 2012년 10월 19일
초 판 발 행 | 2012년 10월 19일

지 은 이 | 천광노
펴 낸 이 | 채종준
펴 낸 곳 | 한국학술정보㈜
주   소 | 경기도 파주시 문발동 파주출판문화정보산업단지 513-5
전   화 | 031) 908-3181(대표)
팩   스 | 031) 908-3189
홈 페 이 지 | http://ebook.kstudy.com
E - m a i l | 출판사업부 publish@kstudy.com
등   록 | 제일산-115호(2000. 6. 19)

ISBN   978-89-268-3841-9 04330 (Paper Book)
        978-89-268-3842-6 05330 (e-Book)
        978-89-268-3833-4 04330 (Paper Book Set)
        978-89-268-3834-1 05330 (e-Book Set)

이담
/Books 는 한국학술정보(주)의 지식실용서 브랜드입니다.